KB214398

생각을 깨우는 **히브리어 365**

김근주 지음

않이다
프로젝트

저자 김근주 | 기독연구원 느헤미야 연구위원

서울대학교 경제학과를 졸업하고, 장로회신학대학교 신학대학원에서
목회학 석사(M.Div.)와 신학 석사(Th.M.) 학위를 받은 후,
영국 옥스퍼드대학교에서 칠십인역 이사야서의 신학적 특징을 다룬
논문(The Identity of the Jewish Diaspora in the Septuagint Isaiah)으로
박사(D.Phil.) 학위를 받았다.
기독연구원 느헤미야 연구위원이며, 일산은혜교회 협동목사로 섬기고 있다.
봄이다 프로젝트가 펴내는 Bible in Hand | 교양인을 위한 성경 시리즈 중
구약편 해제를 집필했다.

생각을 깨우는

히브리어 365

김근주 지음

히브리어 단어 의미를 알게 되면
우리의 상상의 넓이와 깊이는 확장된다

구약성경은 히브리어로 기록되었다. 오늘날 영어는 전 세계 공용어이기라도 한 양 그 위세가 대단하지만, 히브리어는 그야말로 변방의 작은 지역에서 쓰이던 언어에 불과했다. 그마저도 주전 6세기 초 예루살렘과 유다가 멸망하면서 점점 덜 쓰이는 언어가 되고 말았다. 이후 이스라엘 백성은 주전 2세기 중반에서 1세기 중반까지 짧은 세월을 제외하고는 국가 자체를 이루지 못한 채 고대 중동 세계 전역에 흩어져 살아가게 되었다. 그럼에도 불구하고 온 세상을 휘어잡는 강력한 제국이 아니라 국가 자체가 사라진 민족이 고백하고 보존한 그들의 신앙은, 그들도 점점 사용하지 않게 되어 이후로 일상에서는 쓰이지 않게 된 언어로 기록되었다. 그렇게 이루어진 구약성경이 지금까지도 온 세상을 향해 하나님의 깊고 선하신 뜻을 증언한다는 점은 놀랍고도 놀랍다. 영향력은 숫자나 위세나 크기 같은 것과는 전혀 무관하다는 것을 명료하게 보여주는 예라 하겠다.

히브리어 알파벳은 원체 우리에게 익숙하지 않아서, 히브리어를 배우는 일은 진입장벽이 꽤 높다. 히브리어를 배우겠다고 마음먹은 사람들 가운데 대부분은 한 달 정도 지나면, "굳이 배울 필요가 있을까? 이미 잘 번역된 우리말 성경이나 영어 성경이 수두룩한데"라는 생각이 슬그머니 들기 시작한다. 이렇게 힘든데 내가 배운다 한들, 그런 번역 성경보다 더 잘 이해할 수 있을까라는 생각도 뭉게뭉게 피어올라 계속 공부할 힘을 잃기 십상이다.

모든 그리스도인들이 히브리어를 배워서 혼자 힘으로 구약을 읽어야 할 필요는 없다. 히브리어를 어느 정도 배웠다 해서, 번역된 성경보다 더 정확하고 깊게 번역할 수도 없다. 히브리어를 배우는 까닭은 새로운 번역을 시도하는 데 있지 않다. 히브리어를 알게 되면, 해당 단어나 표현에 대해 음미하는 일이 가능해진다.

'미슈파트'라는 단어를 예로 들어보자. '미슈파트'의 기본적인 의미는 '재판'인데, 이 단어의 의미에는 재판을 이루는 '심리 과정'도 있고, 재판을 통해 내려진 결론인 '판결', 악을 저지른 이들에 대한 '심판', 그리고 이 모든 과정을 통해 최종적으로 달성되는 결과로서의 '정의'라는 뜻까지 있음을 알게 될 때, '미슈파트'에 대한 우리의 이해는 훨씬 깊어진다. 한 단어 안에 '원인과 결과'가 모두 들어 있는 것은 히브리어에서 흔히 볼 수 있다. 개역성경은 이 단어를 대부분 '심판'이라 옮겼지만, 이 단어에 대해 간략하게나마 알게 될 때, 이 단어가 들어 있는 구절에 대한 우리의 묵상과 궁리는 필연코 달라질 것이다.

히브리어 단어 몇 개 안다고 해서 당장 우리 삶이 바뀌는 것은 아니다. 또 은혜가 철철 흘러 넘치게 되지도 않는다. 그러나 히브리어 단어를 알고 그 의미에 대해 알게 되는 일은, 우리의 상상의 넓이와 깊이를 확장시킨다. 배우고 알게 되는 기쁨, 그리고 그 단어의 의미를 알고 그 단어가 속한 구절을 읽을 때 좀 더 조곤조곤 음미하게 되는 즐거움이 생겨난다.

이 책은 이를 위해 나름대로 중요하고 다룰 만하다 싶은 단어를 선정해 그 단어가 속한 구절과 함께 해당 단어의 의미를 가능한 쉽게 풀이했다. 꼭 필요한 경우에만 문법적인 용어들(히브리어 동사의 여러 형태 같은 것들)을 최소한으로 언급하긴 했지만, 이 책을 읽기 위해 히브리어를 어느 정도 알아야 할 필요는 전혀 없다. 히브리어를 전혀 몰라도 이 책을 읽으며 히브리어 단어와 그 문맥 안에서의 의미를 나름대로 묵상할 수 있다.

한 번에 여러 단어를 휙 읽어버릴 수도 있지만, 하루 한 단어씩 읽어가도 좋을 것이다. 이렇게 읽으면서, 혹시라도 마음이 움직이면 정말 히브리어 기초 문법을 한 학기라도 배우는 것도 좋다. 히브리어를 배운다고 새로운 번역을 시도할 수는 없지만, 오늘날에 정말 좋은 참고 도구들이 많으니, 적어도 히브리어를 기반으로 음미하고 묵상하는 일은 가능하다. 당장 쓸모 있는 공부, 당장 삶을 변화시키는 공부는 아니지만, 생각이 깊어지고 배움의 기쁨을 누리게 되는 공부다.

이 책은 봄이다 프로젝트 이나경 편집주간의 제안으로 시작되었다. 처음에 70개 단어로 시작했다가 365개 단어로 확장되었다. 멋진 제안을 해주신 봄이다 프로젝트에 깊이 감사드린다. 덕분에 내 나름 의미있다 싶던 히브리어 단어들을 정리하고 궁리하는 풍성한 기회가 되었다.

히브리어를 배우고 원전을 읽어가는 일은 구약을 처음 배운 이래, 참 즐겁고 기쁜 일이었다. 필자가 누렸던 그 공부의 즐거움이 이 책을 읽는 독자들에게도 전해지기를.

2024년 3월, 김근주

 미슈파트

내가 아브라함을 선택한 것은, 그가 자식들과 자손을 잘 가르쳐서, 나에게 순종하게 하고, 옳고 **바른** 일을 하도록 가르치라는 뜻에서 한 것이다. 그의 자손이 아브라함에게 배운 대로 하면, 나는 아브라함에게 약속한 대로 다 이루어주겠다. _ 창 18:19

> **미슈파트**는 '재판'에서 비롯된 단어다. 재판의 기준이 되는 '법령' 혹은 '관습'을 의미하기도 하고, 재판 과정을 뜻하는 '심리', 그로 인한 '판결', 악인에 대한 '심판'을 의미하기도 한다. 최종적으로는 재판을 통해 억울한 이의 눈물이 닦여지고 악인에게는 합당한 처벌이 이루어진 상태를 가리키는 '정의'를 의미한다.

צְדָקָה 쩨다카

내가 아브라함을 선택한 것은, 그가 자식들과 자손을 잘 가르쳐서, 나에게 순종하게 하고, **옳고** 바른 일을 하도록 가르치라는 뜻에서 한 것이다. 그의 자손이 아브라함에게 배운 대로 하면, 나는 아브라함에게 약속한 대로 다 이루어주겠다. _ 창 18:19

'**쩨다카**'는 '올바른 관계'를 뜻한다. 하나님과 맺는 올바른 관계, 이웃과 맺는 올바른 관계라는 맥락에서는 실질적으로 '마음을 같이함'을 의미한다고 볼 수 있다. 하나님께서 사람을 향해 베푸시는 '마음같이 함'이라는 의미를 고려하면 이 단어는 '구원'으로 이해할 수도 있다. 재판이라는 맥락에서는 '죄 없음'을 의미하기도 한다.

 헤세드

오직 자랑하고 싶은 사람은, 이것을 자랑하여라. 나를 아는 것과, 나 주
가 **긍휼**과 공평과 공의를 세상에 실현하는 하나님인 것과, 내가 이런 일
하기를 좋아한다는 것을, 깨달아 알 만한 지혜를 가지게 되었음을, 자랑
하여라. 나 주의 말이다. _ 렘 9:24

헤세드는 언약을 맺은 관계 안에서 상대를 향한 사랑을 의미한다. 그래
서 우리말로는 '인자, 성실, 충성' 등으로 번역될 수 있다. 명철하다는 것
은 하나님을 아는 것이고, 하나님을 안다는 것은 그분이 우리 사는 세상
에서 **헤세드**, 미슈파트, 쩨다카를 행하시는 분임을 아는 것이다

 미드바르

*다윗이 유다 **광야**에 있을 때에 지은 시.*
하나님, 주님은 나의 하나님입니다. 내가 주님을 애타게 찾습니다. 물기 없는 땅, 메마르고 황폐한 땅에서 내 영혼이 주님을 찾아 목이 마르고, 이 몸도 주님을 애타게 그리워합니다. _ 시 63:1

미드바르는 광야를 의미한다. 광야는 물이 없어 마르고 황폐한 땅이다. 살아가는 데 필요한 것을 구하기 어려운 곳이기에, 여호와 하나님께서 우리의 생명이요, 피할 분이심이 명확히 드러나는 곳이기도 하다.

עָנִי / עָנָו
아니/아나브

주님, 일어나십시오. 하나님, 손을 들어 악인을 벌하여주십시오. **고난받는 사람**을 잊지 말아주십시오. _ 시 10:12

아니 혹은 **아나브**는 '환난을 당하다'에서 비롯된 단어다. 무수한 고생과 고통, 괴로움을 겪으며 납작해진 상태, 위축되고 쪼그라든 상태를 가리킨다. 그래서 이 표현은 자연스럽게 '가난하다'를 의미한다. 이 단어를 종종 영어로는 '험블'(humble)로 옮기고 우리말로는 '겸손한' 혹은 '온유한'으로 옮기지만, 기본적으로 이 단어는 '환난으로 인해 주눅든 상태'를 가리킨다. 하나님께서는 그렇게 위축되고 주눅들며 쪼그라든 이들을 잊지 않으신다.

달

가난한 사람을 티끌에서 일으키시며 궁핍한 사람을 거름더미에서 들어 올리셔서, 귀한 이들과 한자리에 앉게 하시며 영광스러운 자리를 차지하게 하신다. 이 세상을 떠받치고 있는 기초는 모두 주님의 것이다. 그분이 땅덩어리를 기초 위에 올려놓으셨다. _ 삼상 2:8

'가난하다'를 가리키는 단어 가운데는 히브리어 **달**도 있는데, 이 단어는 '약하다'에서 비롯된 말이다. 힘이 없어서 약하기도 하고 재물이 없으니 약하기도 하며 건강을 잃어 약하기도 하다. 오늘날 '약자'라는 표현에 딱 어울리는 단어다. 하나님께서는 약자들을 진토(塵土, 티끌과 흙을 통틀어 이르는 말)에서 일으키신다.

 에메트

주님의 의는 영원하고, 주님의 법은 **진실합니다.** _ 시 119:142

'진리'로 번역된 **에메트**는 '참됨, 신실'로도 옮겨진다. 우리는 이 단어로 절대불변의 어떤 것을 떠올리지만, 기본적으로 이 단어는 '언제나 변함 없고 한결같음'이라는 의미를 갖고 있다. 하나님의 율법이 진리인 까닭은 절대불변이라서가 아니라 부자나 가난한 자, 권력자나 약자 모두에게 한결같이 적용되어 사람을 차별하거나 구별하지 않기 때문이다.

 샬롬

의의 열매는 **평화**요, 의의 결실은 영원한 평안과 안전이다. _ 사 32:17

샬롬은 '꽉 참, 온전함'을 의미하고, '안전, 평안', 나아가 '번영, 번성'을 의미하기도 한다. 대개 '평화'라고 이해하기도 하지만, **샬롬**은 정신적인 것이나 물질적인 것을 모두 포함한다. 이사야서 구절은 그러한 평화 혹은 평안, 번영을 '공의의 열매'라고 선언한다. 평안과 번영은 추구한다고 얻어지는 것이 아니라, 공의를 추구할 때 그 결실로 주어진다는 것이다.

 토라

그 행실이 온전하고 주님의 **법**대로 사는 사람은, 복이 있다. _ 시 119:1

> **토라**는 '율법'이라는 의미로 널리 알려져 있지만 기본적으로는 '가르침'을 의미한다. 구약의 처음 다섯 책을 가리켜 **토라**라고 부르지만, 여기에도 좁은 의미의 율법만이 아니라 이야기들이 매우 많다는 점에서도, **토라**를 그저 '율법'으로 이해하는 것은 충분하지 않음을 보여준다. 하나님의 가르침, 하나님의 **토라**를 따라 걸어가는 삶이야말로 복되다.

_____

_____

_____

_____

_____

_____

_____

 티크봐

너의 앞날에는 **희망**이 있다. 네 아들딸들이 고향 땅으로 돌아온다. 나 주의 말이다. _ 렘 31:17

‘소망’ 혹은 ‘희망’으로 번역되는 **티크봐**는 ‘기다리다’라는 동사에서 파생된 명사다. 근본적으로 희망을 품는다는 것은 기다리는 것이다. 지금 이 전부가 아니고 장차 하나님께서 행하실 변화의 날이 있음을 기대하는 것이다. 하나님의 백성의 장래에는 희망이 있다.

 할라크

내가 주님의 법도를 열심히 지키니, 이제부터 이 넓은 세상을 거침없이
다니게 해주십시오. _ 시 119:45

> **할라크**는 '걸어가다'를 의미하는 동사. 히브리어에서나 우리말에서나
> '걸어가다'는 삶을 살아가는 것을 가리킨다. 시편 기자는 하나님의 법도
> 를 구했기에 그는 자유롭게 걸을 것이라 고백한다. 하나님의 법도를 구
> 한 이가 걸어가는 길은 권력이나 부귀, 다른 사람의 눈치나 비교에 매일
> 것 없이 넓고도 자유롭다.

אֵשֶׁת חַיִל

에쉐트 하일

이제부터는 걱정하지 마시오, 룻. 그대가 바라는 것이라면 무엇이든지 다 들어주겠소. 그대가 **정숙한 여인**이라는 것은 온 마을 사람들이 다 알고 있소. _ 룻 3:11

개역성경은 이를 '현숙한 여자'로 옮겼지만, 남편의 그늘 아래 주어지는 미래를 전부 포기하고 홀로 남겨진 시어머니 나오미를 죽음이 갈라놓을 때까지 따르겠다고 결정한 룻을 가리키기에는 매우 부족하다. 자신의 가족과 고향을 떠나 한 번도 가보지 않은 땅으로, 하나님의 부르심이라는 보장도 없이, 전적으로 나이든 어머니와 함께하기 위해 길을 떠난 룻에게 어울리는 말은 '용기 있는 여성, 용감한 여성'일 것이다.

אִישׁ חַיִל

이쉬 하일

나오미에게는 남편 쪽으로 친족이 한 사람 있었다. 그는 엘리멜렉과 집안간으로서, **재력이 있는 사람**이었다. 그의 이름은 보아스이다. _ 룻 2:1

개역성경은 보아스를 가리키는 표현으로 '유력한 자'라고 불렀다. 아마도 이런 표현이 주어진 것은 보아스가 재력이 있는 사람이었기 때문일 것이다. 룻이 자신의 결단과 삶으로 '에쉐트 하일', 즉 용기 있는 여성임을 보였다면, 보아스는 그가 가진 재력으로 이러한 표현을 얻게 되었다. 룻기 2장 이후에서 이제 보아스는 재력이 아닌, 자신의 선택과 삶으로 자신이 왜 **이쉬 하일**인지 입증해야 할 것이다.

 호크마

지혜가 부르고 있지 않느냐? 명철이 소리를 높이고 있지 않느냐? _ 잠 8:1

'지혜'로 번역되는 **호크마**는 사람이 살아가는 삶의 전 영역과 연관된다. '영적인 지혜, 세속적인 지혜' 같은 구분은 잠언과 구약이 말하는 지혜와는 거리가 멀다. 잠언 8장 1-3절은 지혜가 필요한 영역으로 길가 높은 곳, 네거리, 성문 곁, 여러 출입하는 문을 언급하고, 잠언 31장 10-31절은 양털과 삼을 구하는 일, 양식을 마련하는 일, 밭과 포도원을 일구는 일, 물레질을 하는 일, 가난하고 곤궁한 자를 돕는 일, 장사하는 일 등 그야말로 삶의 전 영역이 지혜와 연관됨을 보여준다.

015

רוּחַ
루아흐

내가 내 **영**을 너희 속에 두어서 너희가 살 수 있게 하고, 너희를 너희의 땅에 데려다가 놓겠으니, 그때에야 비로소 너희는, 나 주가 말하고 그대로 이룬 줄을 알 것이다. 나 주의 말이다. _ 겔 37:14

에스겔이 환상에서 보았던 골짜기는 죽은 지 오래되어 완전히 말라버린 뼈로 가득했다. 그러나 하나님의 '생기', 즉 **루아흐**가 그 안에 들어가자 모두 살아나서 하나님의 큰 군대가 되었다. 이 환상은 흩어졌던 이스라엘, 죽은 것 같은 포로 된 이스라엘이 다시 고국 땅으로 돌아오게 될 것을 의미한다. 하나님의 생기, 하나님의 '영'은 이처럼 죽은 자와 같은 이들로 다시 온전하고도 충만한 삶을 살게 한다.

 네페쉬

할렐루야. 내 **영혼**아, 주님을 찬양하여라. _ 시 146:1

개역성경은 이 단어를 자주 '영혼'으로 번역하지만, 구약성경은 사람을 영혼과 육체로 나누지 않는다는 점을 유의해야 한다. '영혼'으로 번역할 수 있지만, 여기서 '영혼'은 육체와 구별되는 어떤 것이 아니라, 그 사람 자체를 가리킨다. 사람 속에 있는 욕망이나 감정을 의미하기도 하고, 배고픔이나 목마름을 느끼는 부분, 나아가 '입맛' 혹은 '식욕'을 의미하기도 한다. 그러므로 **네페쉬**는 오해를 불러일으킬 여지가 큰 '영혼' 같은 번역보다는 '목숨, 생명'으로 이해하는 것이 더 낫다.

צֶמַח

쩨마흐

여호수아 대제사장은 들어라. 여기 여호수아 앞에 앉아 있는 여호수아의
동료들도 함께 잘 들어라. 너희는 모두 앞으로 나타날 일의 표가 되는 사
람들이다. 내가 이제 **새싹**이라고 부르는 나의 종을 보내겠다. _ 슥 3:8

쩨마흐는 '싹'을 의미한다. 하나님의 종을 가리키는 이 용어는 스가랴서
6장 12절에도 나오는데, 포로 귀환 이후 두 번째 성전을 건립하게 되는
스룹바벨을 가리킨다. 세속 사회의 강력한 제국인 바벨론의 임금 느부
갓네살을 상징하는 것이 땅 중앙에 높이 솟은 나무라면(단 4:10, 22), 하
나님의 종을 상징하는 것은 언제나 싹이다. 우리의 질고와 슬픔을 대신
겪을 고난받는 종 역시 '연한 순'과 같다. 예수님께서 말씀하신, 세상에
서 가장 작은 씨인 겨자씨도 이와 연관된다. 그래서 크고 놀라운 것에서
는 하나님의 행하심을 발견하기 어렵다.

 에베드

내가 땅 끝에서부터 너를 데리고 왔으며, 세상의 가장 먼 곳으로부터 너를 불러냈다. 그리고 내가 너에게 말하였다. 너는 나의 **종**이니, 내가 너를 선택하였고, 버리지 않았다고 하였다. _ 사 41:9

이스라엘은 하나님의 '종', **에베드**다. 종은 부림을 당하고 온갖 일을 다 해야 하고 주인의 심부름을 하며 주인을 섬겨야 하되, 도리어 주인이신 하나님께서는 땅 끝, 가장 막막하고 가장 눈에 띄지 않는 곳에서 이스라엘을 붙들고 부르며 택하신다. 하나님께서 그 종인 이스라엘에 행하심을 돌아볼 때마다, 그의 백성 된 이들 역시 종에게 어떻게 행해야 하는지 깨닫게 된다.

 아바드

주 하나님이 사람을 데려다가 에덴 동산에 두시고, 그곳을 **맡아서** 돌보게 하셨다. _ 창 2:15

> **아바드**는 '일하다'를 의미하는데, 다른 사람을 위해 일한다는 점에서 '섬기다'라는 의미도 지닌다. 대상이 땅이라면 '땅을 섬기다', 즉 '경작하다'가 되고, 대상이 가축이라면 '가축을 섬기다', 즉 '가축을 돌보다'가 되며, 대상이 하나님이면 '하나님을 섬기다', 즉 '예배하다'로까지 의미가 확장된다. 사람은 만물을 다스리는 존재인데(창 1:26, 28), '다스린다는 것'은 결국 '섬기는 것'이다. 사람은 자연과 생태계를 멋대로 파헤치고 짓밟으라고 지음 받은 것이 아니라 자연과 생태계를 노동과 경작, 돌봄을 통해 섬기도록 지음 받았다.

 바라

태초에 하나님이 천지를 **창조하셨다.** _ 창 1:1

'만들다'를 의미하는 여러 히브리어 동사 가운데, 오직 하나님만이 주어
로 쓰이는 동사가 **바라**다. 인류가 태양이나 달, 사납고 무서운 짐승 등
자연 숭배를 멈춘 것은 그리 오래되지 않았다. 놀랍게도 구약의 첫 번째
장인 창세기 1장은 태양과 하늘, 물, 큰 바다 짐승, 들판의 맹수, 그 모든
것들이 하나님께서 창조하신 것이라 선언한다. 그것들은 숭배의 대상이
아니라 하나님의 명을 따라 다스려야 하는 것들이다. **바라** 동사는 이사
야서 40-55장에서 가장 많이 쓰여서, 포로기 이스라엘을 향한 가장 큰
위로가 '창조주 하나님'임을 보여준다.

 탄닌

하나님이 커다란 **바다 짐승들**과 물에서 번성하는 움직이는 모든 생물을 그 종류대로 창조하시고, 날개 달린 모든 새를 그 종류대로 창조하셨다. 하나님 보시기에 좋았다. _ 창 1:21

'큰 바다 짐승'으로 번역된 **탄닌**은 다른 곳에서는 뱀(출 7:9, 10, 12, 신 32:33, 시 91:13, 렘 51:34), 바다 괴물(욥 7:12), 용(시 74:13, 148:7, 사 27:1, 51:9), 악어(겔 29:3, 32:2) 등으로 다양하게 옮겨졌다. **탄닌**은 주로 하나님과 그 백성을 대적하는 존재를 상징하는 신화적인 괴물로 그려진 다. 그러나 창세기 1장 21절은 놀랍게도 이 **탄닌**까지도 하나님께서 태초 에 지으신 피조물이라고 선언한다

 아하바

도장 새기듯, 임의 마음에 나를 새기세요. 도장 새기듯, 임의 팔에 나를 새기세요. **사랑**은 죽음처럼 강한 것, **사랑**의 시샘은 저승처럼 잔혹한 것, **사랑**은 타오르는 불길, 아무도 못 끄는 거센 불길입니다. _ 아 8:6

아하바는 사랑을 의미한다. 사랑은 죽음처럼 강하고 많은 물도 홍수도 이 사랑의 불을 끌 수 없으며, 온 재산을 다 주어도 바꿀 수 없다(아 8:6-7). 이 사랑은 남녀 사이로만 국한되지 않고 시어머니와 며느리 사이에도(룻 1:16-17), 남자와 남자 사이에도(삼상 20:17), 그리고 주님과 교회 사이에도(엡 5:25-27) 존재한다.

 베리트

모세는 피를 가져다가 백성에게 뿌리며 말하였다. "보십시오, 이것은 주님께서 이 모든 말씀을 따라, 당신들에게 세우신 **언약**의 피입니다." _ 출 24:8

> **베리트**는 언약을 의미한다. 놀랍게도 하늘과 땅을 지으신 하나님께서 당신이 창조하신 사람과 언약을 맺으신다. 하나님께서는 그 뜻대로 인간을 그저 좌우하는 것이 아니라 하나님과 약속을 맺는 언약의 당사자로 삼으셨다. 하나님께서 사람과 언약을 맺으시고 언약의 내용으로 그 백성이 따를 여러 규례와 법도, 율법을 주셨다는 것 자체가 인간을 향한 하나님의 은혜이고 존중이며 사랑이라 할 수 있다.

쉐올(스올)

네가 어떤 일을 하든지, 네 힘을 다해서 하여라. 네가 들어갈 **무덤** 속에는, 일도 계획도 지식도 지혜도 없다. _ 전 9:10

> 개역한글판은 **스올**을 '음부'로 옮겼지만 개역개정판은 히브리어를 음역해 그냥 **스올**로 옮긴다. 고대 이스라엘은 모든 사람이 죽으면 **스올**로 간다고 여겼다. 고대 이집트나 고대 메소포타미아에서는 사후 세계에 대한 이런저런 신앙이 있었지만, 놀랍게도 구약성경에 나타난 고대 이스라엘은 사후 세계에 대한 어떤 기대나 신앙을 전하거나 가르치지 않았다. 그래서 구약성경은 이땅에서 지금 살아가는 삶이 얼마나 소중한지를 명확하게 보여준다.

מַיִם חַיִּים  마임 하임

참으로 나의 백성이 두 가지 악을 저질렀다. 하나는, **생수**의 근원인 나를 버린 것이고, 또 하나는, 전혀 물이 고이지 않는, 물이 새는 웅덩이를 파서, 그것을 샘으로 삼은 것이다. _ 렘 2:13

'생수'로 번역된 히브리어 표현은 **마임 하임**으로, 직역하면 '살아있는 물'이다. '살아있는 물'이라는 특별한 물이 따로 있는 것이 아니라 모든 흐르는 물은 '살아있는 물'이다. 그래서 '생수'에 대조되는 것은 '웅덩이 같은 것에 고인 물'이다. 이스라엘은 상황마다 하나님을 의지하고 신뢰하기보다는 자신들이 필요할 때 언제든 이용할 수 있는 '웅덩이에 고인 물', 즉 강력한 열방의 도움을 더 의지했다. 하나님의 은혜는 저장하거나 모아둘 수 있는 것이 아니다.

데로르

너희는 오십 년이 시작되는 이 해를 거룩한 해로 정하고, 전국의 모든 거민에게 **자유**를 선포하여라. 이 해는 너희가 희년으로 누릴 해이다. 이 해는 너희가 유산 곧 분배받은 땅으로 돌아가는 해이며, 저마다 가족에게로 돌아가는 해이다. _ 레 25:10

데로르는 희년이 시작되는 날 그 땅에 사는 모든 주민을 향해 선포되는 '자유'를 의미한다. **데로르**는 '무엇에도 막힐 것 없이 거침없음'을 의미한다. **데로르**를 외치면 이전에 팔았던 땅이 무조건 원주인에게 돌아오고, 남의 집에 종살이하던 이들도 자유의 몸이 된다. 그래서 레위기가 증언하는 '자유'는 "옥에 갇혀도 내 마음은 자유해" 같은 관념적인 것이 아니라, 수고하며 경작하고 그 결실을 충분히 누릴 수 있는 기본적인 삶의 회복을 의미한다.

요벨

너희는 오십 년이 시작되는 이 해를 거룩한 해로 정하고, 전국의 모든 거민에게 자유를 선포하여라. 이 해는 너희가 **희년**으로 누릴 해이다. 이 해는 너희가 유산 곧 분배받은 땅으로 돌아가는 해이며, 저마다 가족에게로 돌아가는 해이다. _ 레 25:10

'희년'으로 번역된 **요벨**은 숫양의 뿔 혹은 그 뿔로 만든 양각 나팔을 의미한다. 아마도 희년 역시 나팔을 부는 것으로 시작되었기에 아예 희년을 가리키는 명칭이 되었을 것이다. 일곱 번의 안식년 다음 해, 즉 오십년 되는 해가 희년이며, 희년이 되면 모든 땅은 원주인에게 돌아가고 종살이하던 이는 해방되어 자신의 몸의 주체성을 되찾게 된다. 그런 점에서 희년은 가난의 대물림을 막고 언제든 새출발할 수 있게 만드는 사회적 틀이라고 할 수 있다.

 게울라

너희는 유산으로 받은 땅 어디에서나, 땅 **무르는 것**을 허락하여야 한다.
_ 레 25:24

'되사기'를 의미하는 **게울라**는 개역개정판에서 '무르기' 혹은 '속량'으로 번역되었다. 땅을 다른 사람에게 팔았더라도 다시 되살 수 있는 힘이 생겨서 되사겠다고 하면 언제건 되살 수 있었다. 극한 가난으로 가족 가운데 누군가 남의 집에 팔려가더라도 가까운 친척이 되사겠다고 하면 즉시 되살 수 있었다. 이 표현은 예수 그리스도를 통하여 믿는 자에게 주어지는 '구속'에도 쓰였다. 주님은 죄의 종이 된 이들, 죄로 인해 팔리고 가난과 슬픔에 내몰린 인생을 '되사셔서', 자유인으로 새 삶을 살게 하신다.

 올라

제물을 가져온 사람이 내장과 다리를 물에 씻어주면, 제사장은 그것을 모두 제단 위에다 놓고 불살라야 한다. 이것이 **번제**인데, 이는, 제물을 불에 태워서 그 향기로 나 주를 기쁘게 하는, 살라 바치는 제사이다.
_ 레 1:9

'번제'로 번역되는 **올라**는 예배자가 가져온 제물 전부를 불살라 하나님께 바치는 제사를 가리킨다. 하나님이 소나 양의 다 타버린 재를 즐겨하는 분이 아님을 생각하면, 하나님께서 번제를 통해 받으시는 것은, '하나님께 완전히 드려진 예배자'임을 알 수 있다. 하나님은 제물이 타는 냄새를 즐기시는 이상한 취향을 지닌 분이 아니라, 예배자가 자신의 삶 전부를 드리는 것을 기뻐하시는 분이다.

 민하

너희가 나 주에게 바치는 **곡식제물**은, 어떤 것이든지, 누룩을 넣지 않은 것이어야 한다. 나 주에게 살라 바치는 제사에서, 어떤 누룩이나 꿀을 불 살라서는 안 되기 때문이다. _ 레 2:11

> **민하**는 넓게는 예물 전체를 가리키고, 좁게는 예물 가운데 곡식으로 드 리는 것을 가리킨다. 속죄제의 경우, 매우 가난한 사람은 곡식으로 드릴 수도 있었다는 점에서, 곡식 제사로서의 **민하**는 가난한 자의 제물이라고 할 수 있다. 다른 제사와는 달리 **민하** 규정에는 꿀과 누룩을 넣지 말고 소 금은 꼭 넣으라는 규정이 있다(2:11, 13). 가난한 자의 제사이지만 결코 소 홀히 다루어져는 안 된다는 점, 그리고 누룩이나 꿀은 넣지 말고 소금은 넣으라는 규정에서 보듯, 치장하거나 꾸미지 말고 있는 그대로 나아오라 는 점이 강조되었다.

זֶבַח שְׁלָמִים

제바흐 쉘라밈

화목제사의 제물 가운데서, 너희가 주에게 흔들어 바친 가슴 고기와 들어 올려 바친 넓적다리를 나 주가 이스라엘 자손에게서 받아서, 그것들을 제사장 아론과 그의 아들들에게 주었기 때문이다. 이것은 그들이 이스라엘 자손에게서 영원히 받을 몫이다. _ 레 7:34

'화목제'는 **제바흐 쉘라밈** 혹은 **쉘라밈**, 짧게는 그저 **제바흐**라고도 불린다. 화목제와 다른 제사의 가장 큰 차이는 하나님께 제사드린 제물을 제사드린 예배자, 그리고 예배자와 함께 한 일행이 같이 먹는다는 점이다. 하나님께 드려지는 피와 기름이 있고, 제사장에게 드려지는 가슴과 뒷다리 부분, 그리고 예배자와 그 일행이 나머지 고기를 먹는다는 점에서, 화목제는 그야말로 참여한 모든 이들, 그리고 그 근처에 있는 이들까지 잔치를 누리게 하는 제사다. 그러므로 우리말 '화목'의 핵심은 '하나님과의 화목'보다는 '하나님 앞에서 사람들과의 화목'에 있다고 할 수 있다.

 하타트

사람이 위에서 말한 것들 가운데서 어느 하나에라도 잘못이 있으면, 그는 자기가 어떻게 죄를 지었는지를 고백하여야 하고, 자기가 저지른 죄에 대한 보상으로, 주에게 속건제물을 바쳐야 한다. 그는 양떼 가운데서 암컷 한 마리나, 염소 떼 가운데서, 암컷 한 마리를 골라서, **속죄제물**로 바쳐야 한다. 제사장이 **속죄제물**을 바쳐서 그의 죄를 속하여주면, 그는 용서받는다. _ 레 5:5-6

> **하타트**는 '속죄제'로 옮겨진 단어다. 알지 못한 채, 하나님께서 하지 말라 하신 일을 했음을 나중에 깨달았을 때, 자신의 잘못을 인정하고 성전에 찾아가서 드리는 제사가 속죄제다. 모르고 지은 죄가 가장 가벼운 죄일 것 같은데, 이처럼 속죄제 절차가 규정되었다는 것은 그 어떤 죄라도 가벼이 여겨서는 안 된다는 것, 그리고 실제로 꽤 많은 경우 모르고 저지르는 우리의 말과 행실이 다른 사람에게 더 큰 상처와 고통을 주기도 한다는 점을 돌아보게 한다.

아샴

거짓으로 증언하면서까지 자기의 것이라고 우긴 물건이든, 모두 물어
내야 한다. 그는 이 모든 것을 모자람이 없이 다 갚아야 할 뿐 아니라, 물
어내는 물건 값의 오분의 일에 해당하는 값을 보태어 본래의 임자에게
갚되, **속건제물**을 바치는 날로 갚아야 한다. 그는 주에게 바치는 **속건제
물**을 제사장에게 가져가야 한다. 그것은 양떼 가운데서 고른 흠 없는 숫
양 한 마리로서, 그 **속건제물**의 값은 네가 정하여주어라. _ 레 6:5-6

> **아샴**은 속건제로 번역된다. **아샴**의 근본은 다른 사람에게 끼친 손해다.
> 그래서 자신의 행동이 다른 이에게 손해를 끼쳤음을 인정하는 것이 먼
> 저고, 그 다음으로는 그 사람을 찾아가서 120%로 갚는 것이다. 그후에
> 야 성전으로 찾아가서 속건제 제사를 드려야 한다. 사람에게 사과하고
> 배상하는 것이 먼저고, 그 다음에야 성전으로 찾아가서 공식적인 제사
> 절차를 밟는 것이 속건제의 특별한 점이다.

אֹהֶל מוֹעֵד

오헬 모에드

이스라엘 백성이 진을 칠 때마다, 모세는 장막을 거두어가지고 진 바깥으로 나가, 진에서 멀리 떨어진 곳에 그것을 치곤 하였다. 모세는 그 장막을, 주님과 만나는 곳이라고 하여, **회막**이라고 하였다. 주님을 찾을 일이 생기면, 누구든지 진 밖에 있는 이 **회막**으로 갔다. _ 출 33:7

'회막'으로 번역되는 **오헬 모에드**는 '만남의 천막'으로 직역할 수 있다. 출애굽기에 따르면 이 회막은 이스라엘의 진 바깥에 위치하며 모세는 회막에서 여호와 하나님을 만나고 하나님께서는 모세와 친구처럼 이야기하셨다(출 33:11). 그렇게 모세가 들은 이야기를 온 이스라엘에게 전했다는 점에서, 온 이스라엘이 모세를 통해 하나님과 만나는 장소가 회막이라 할 수 있다. 레위기 전체는 이 '회막'에서 여호와께서 모세에게 이르신 말씀으로 표현된다(레 1:1).

 미슈칸

그들이 길을 가는 동안에, 낮에는 주님의 구름이 **성막** 위에 있고, 밤에는 구름 가운데 불이 있어서, 이스라엘 온 자손의 눈 앞을 밝혀주었다. _ 출 40:38

회막은 '성막'이라고도 불리는데, 이에 해당하는 히브리어 **미슈칸**은 쉽게 말해 '처소' 혹은 '거처'를 의미한다. **미슈칸**은 여호와께서 이스라엘 가운데 머무심을 강조한 표현이라 할 수 있다. 출애굽기의 회막은 이스라엘의 진 바깥에 위치한 반면, 출애굽기 40장과 민수기에서 언급되는 성막은 이스라엘의 진 한가운데 위치한다. 하나님의 뜻을 알리는 구름을 따라 이스라엘은 움직이고 멈추었다. 이스라엘은 다른 무엇도 아닌, 그들과 함께하시는 하나님으로 인해 특별한 백성이다.

 카도쉬

이스라엘 자손 온 회중에게 말하여라. 너는 그들에게 이렇게 일러라.
너희의 하나님인 나 주가 **거룩하니**, 너희도 **거룩해야** 한다. _ 레 19:2

거룩을 의미하는 **카도쉬**는 기본적으로 '구별, 분리'를 의미한다. 하나님
의 거룩하심은 하나님의 '다름'으로 이해할 수 있고, 여기에서 '절대 타
자'이신 하나님을 떠올리게 된다. 놀랍게도 그렇게 거룩하신 하나님께서
는 이스라엘을 그 백성으로 삼으셨고, 그들에게 하나님처럼 '거룩'할 것
을, '다를' 것을 명하셨다. 이스라엘의 존엄은 그들이 지닌 능력이나 실
력, 자질이 아니라 하나님을 닮는 거룩한 삶으로 부름받았다는 데 있다.

물

너희 가운데서, 남자는 모두 **할례를 받아야** 한다. 이것은 너와 네 뒤에 오는 너의 자손과 세우는 나의 언약, 곧 너희가 모두 지켜야 할 언약이다. _ 창 17:10

> **물**은 '할례를 행하다'를 의미하는 동사다. 할례는 아브라함 이래 하나님의 언약 백성의 표지다. 태어난 지 8일 만에 할례한다는 것은 하나님의 백성이 되는 것이 그들의 공로나 수고, 능력에 달린 것이 아니라 전적으로 하나님의 택하심으로 말미암는 은혜로 가능한 것임을 보여준다. 그래서 할례는 조금이라도 자랑할 것이 아니되, 이제 하나님께서 그 언약한 백성에게 명하시는 언약의 내용을 지키는 것으로 응답할 일이다.

 도드

아, **사랑하는 이**가 나에게 속삭이네. (남자) 나의 사랑 그대, 일어나오.
나의 어여쁜 그대, 어서 나오오. _ 아 2:10

도드는 숙부를 의미하기도 하지만(예를 들어 레 10:4, 렘 32:7 등), 특히
아가서에서는 '사랑하는 이'를 의미한다. 아가서의 여인은 그가 사랑하
는 이를 향해 **도디**, 즉 '내 사랑하는 자'라 부르고, 남자는 사랑하는 여인
을 향해 '어여쁜 자여'(야파)라고 부른다. 서로를 향한 두 사람의 사랑에
는 온갖 과일나무와 식물, 동물들까지 언급되어 하나님의 피조 세계 전
체가 그 사랑과 어울린다. 아가서에 나오는 서로의 육체를 향한 찬사는
'정신적인 사랑' 같은 말이 설 자리가 없게 한다. 서로 사랑한다면 그 자
체로 복되고 아름답다.

039

אֵל שַׁדַּי

엘 샷다이

아브람의 나이 아흔아홉이 되었을 때에, 주님께서 그에게 나타나셔서 말씀하셨다. "나는 **전능한 하나님**이다. 나에게 순종하며, 흠 없이 살아라." _ 창 17:1

아브람이 구십구 세 때 나타나신 하나님께서는 스스로를 **엘 샷다이**로 소개하셨다. 이 이름은 그리스어로 번역된 구약성경(칠십인경)의 번역 이래 현대어 성경에서는 대개 '전능한 하나님'으로 번역된다. 아브라함, 야곱, 이삭의 하나님을 가리키는 이름으로 자주 쓰였다(창 17:1, 28:3, 35:11, 48:3, 출 6:3). 믿음의 조상은 한 뼘의 땅도 얻지 못한 채 가나안 땅과 애굽 땅까지 떠돌았지만 그들은 **엘 샷다이**께서 조상들을 부르셨고 번성하게 하며 인도하신다고 굳게 믿으며 살아갔다.

 나사

그러므로 나 주 하나님이 이렇게 말한다. 내가 직접 **내 손을 들고 맹세하였다.** 진실로 너희의 사방에 있는 이방 민족들이 스스로 수치를 당하게 될 것이다. _ 겔 36:7

히브리어 동사 **나사**는 매우 많은 의미를 지닌 단어다. 무엇인가를 '들다, 들어올리다'를 의미하며(예를 들어 창 7:17), '얼굴을 들다'(예를 들어 왕하 9:32), '손을 들다'(예를 들어 삼하 20:21) 같은 표현으로 쓰이고, '싣다, 지다'를 의미하기도 한다(예를 들어 창 37:25). '손을 들다'의 경우에도 상대방을 공격하기 위한 행위를 가리키기도 하고(삼하 18:28), 하나님이 주어가 되어 하나님께서 그 백성을 위해 능력을 행하시는 것을 가리키기도 한다(시 10:12).

한편 하나님이 주어가 된 '손을 들다'라는 표현은 '맹세하다'를 의미하는 경우가 많다. 하나님께서는 아브라함, 이삭, 야곱에게 땅을 주시기로 '맹세하셨다'(출 6:8, '손을 들다' 표현이 쓰임). 에스겔서 36장 7절에서도 이 표현이 쓰였고, 새번역은 '손을 들다'와 '맹세하다'를 모두 포함시켜 번역하기도 했다. 특히 에스겔서에서 이 표현은 빈번히 쓰여(겔 20:5, 6, 15, 23, 28, 42, 44:12, 47:14), 이를 '맹세 양식'이라 이름지을 수 있다. 이런 전형적인 어구를 사용하면서 에스겔은 주 하나님께서 행하실 일의 확실함을 보여준다. 이스라엘이 그들 사방의 열방으로 인하여 '뭇 민족에게 수치'를 당했고(36:6), 이제 하나님께서 행하시리니 이스라엘 사방의 민족들은 '그들의 수치'를 겪게 될 것이다. 그들은 이스라엘에게 행한 대로 그들 역시 겪게 될 것이다. '행한 대로 갚으신다'는 원칙이 여기에서 적용된다. 이스라엘은 열방으로 둘러싸인 약소국이었으나 그들을 모욕한 이들은 모욕당할 것이다.

 나할라

당신들 가운데 가난한 사람이 없게 하십시오. 그러면 주 당신들의 하나님이 당신들에게 **유산**으로 주어 차지하게 하시는 땅에서 당신들이 참으로 복을 받을 것입니다. 주 당신들의 하나님의 말씀을 잘 듣고, 오늘 내가 당신들에게 명한 이 모든 명령을 다 지키면. _ 신 15:4-5

나할라는 '기업' 혹은 '유업'으로 옮길 수 있다. 이스라엘에게 주어진 땅은 여호와 하나님께로부터 주어진 땅이며 여호와께로부터 물려받은 땅이라는 의미를 담아낸 것이 **나할라**다. 그래서 **나할라**는 그저 재산으로서의 부동산을 가리키는 의미와는 거리가 멀다. 하나님께로부터 받은 **나할라**이기에, 이스라엘은 **나할라**에 적합한 삶을 살아야 한다. 그래서 **나할라**는 하나님께서 이르신 규례와 법도, 율법과 뗄 수 없다. **나할라**로서 이스라엘 땅은 하나님의 율법을 따라 살아가는 삶의 공간이다.

 나비

참으로 주 하나님은, 당신의 비밀을 그 종 **예언자**들에게 미리 알리지 않고서는, 어떤 일도 하지 않으신다. _ 암 3:7

'예언자' 혹은 '선지자'로 번역되는 단어는 **나비**다. 흔히 예언자를 두고 앞일을 말하는 사람처럼 생각하지만, 예언자는 하나님께서 이르고 행하시는 일을 백성에게 대신 전하는 사람이다. 예언자의 선포가 종종 미래 일을 이야기하지만 그의 모든 관심은 현재에 있다. 지금 하나님의 말씀을 듣고 돌이키는 것, 혹은 지금 하나님의 말씀을 듣고 주저앉은 곳에서 일어나 그 말씀을 신뢰하며 걸어가는 것, 바로 그것에 예언자 선포의 모든 초점이 있다.

גֵּר 게르

너희와 함께 사는 그 **외국인 나그네**를 너희의 본토인처럼 여기고, 그를 너희의 몸과같이 사랑하여라. 너희도 이집트 땅에 살 때에는, **외국인 나그네** 신세였다. 내가 주 너희의 하나님이다. _ 레 19:34

게르는 이스라엘 땅에 들어와 함께 살아가는 이들을 가리키며, 개역성경은 이를 주로 '거류민'으로 옮긴다. 레위기 19장 34절은 이스라엘 가운데 살고 있는 **게르**를 동포처럼 여기고 사랑하라고 단호하게 명령한다. 왜냐하면 이스라엘도 애굽 땅에서 **게르**였기 때문이다. 동포처럼, 자기처럼 사랑하라는 말씀을 생각하면, 현재 대한민국에 들어와 살고 있는 외국인 노동자나 난민 역시 한국인이 누리는 권리를 누리도록 하는 것이 마땅할 것이다.

 샵바트

유다야, 네가 **안식일**에 발길을 삼가 여행을 하지 않으며, 나의 거룩한 날
에 너의 쾌락을 일삼지 않으며, **안식일**을 '즐거운 날'이라고 부르며, 주
의 거룩한 날을 '존귀한 날'이라고 한다면, 그리고 이날을 귀하게 여겨
서, 네 멋대로 하지 않으며, 너 자신의 쾌락을 찾지 않으며, 함부로 말하
지 않으면. _ 사 58:13

> **샵바트**는 '안식'을 의미하기도 하고 '안식일'을 의미하기도 한다. 하나
> 님의 백성에게 가장 중요한 날을 꼽으라면 빠지지 않는 것이 **샵바트**, 안
> 식일이다. 분주하게 무엇을 하는 것이 아니라, 나도 쉬고 남도 쉬고 심지
> 어 가축까지 쉬게 하는 날, 그것이 하나님의 백성의 본질적인 특징이다.
> 이사야서 58장 13절은 '너의 쾌락'을 구하지 말라 이르는데, 이것은 재
> 미있는 일을 하지 말라는 의미가 아니라 '사사로운' 행동, 즉 자신만의
> 유익을 위한, 남에게는 피해가 되는 행동을 하지 말라는 의미다. 안식일
> 이 가축까지 쉬게 하는 날임을 생각하면, 안식일이 다른 이의 고통이나
> 눈물은 돌아보지 않은 채 나와 내 가족, 같은 교회 교인들끼리만 푹 쉬
> 는 날일 수는 없을 것이다.

 다바르

비와 눈이 하늘에서 내려서, 땅을 적셔서 싹이 돋아 열매를 맺게 하고, 씨뿌리는 사람에게 씨앗을 주고, 사람에게 먹거리를 주고 나서야, 그 근원으로 돌아가는 것처럼, 나의 입에서 나가는 **말**도, 내가 뜻하는 바를 이루고 나서야, 내가 하라고 보낸 일을 성취하고 나서야, 나에게로 돌아올 것이다. _ 사 55:10-11

> **다바르**는 '말씀'을 의미하며, '일, 사건'을 의미하기도 한다. 말이 곧 사건이다. 여호와 하나님의 입에서 나오는 말씀은 결코 헛되이 다시 돌아오지 않고, 땅을 적셔 소출이 나게 하고 사람으로 양식을 얻게 한다. 하나님의 사람에게는 다른 능력이나 실력, 재산이 아니라, 하나님의 말씀이 있다.

סֻכּוֹת 숙코트(숙곳)

이레 동안 너희는 **초막**에서 지내야 한다. 이 기간에 이스라엘의 본토 사람은 누구나 **초막**에서 지내야 한다. 이렇게 하여야 너희의 자손이, 내가 이스라엘 자손을 이집트 땅에서 인도하여낼 때에, 그들을 **초막**에서 살게 한 것을 알게 될 것이다. 나는 주 너희의 하나님이다. _ 레 23:42-43

숙곳은 히브리어 발음으로는 **숙코트**다. 가축이 거하는 외양간이나 사람들이 거하는 임시 거처를 의미하기도 하지만, 이스라엘의 절기 가운데 하나인 '초막절'에 만드는 '초막'을 의미하기도 한다. 이스라엘이 출애굽한 직후 머물렀던 장소가 **숙곳**인데(출 12:37), 초막절은 아마도 나뭇가지 등을 모아 대충 거처를 마련해 머물러서 붙은 이름일 것이다. 이스라엘이 초막절을 지키는 까닭은 이렇게 출애굽 직후 그들이 초막에 거하던 날을 기억하기 위해서다(레 23:42-43). 삶이 풍요로울 때든 심히 괴롭고 힘겨울 때이든, 초막절을 지킬 때마다 원래 우리는 아무것도 가진 것 없이 시작했음을 기억하는 것, 언제건 빈손으로 오직 하나님을 신뢰하며 걸어가는 삶임을 되새긴다.

 페싸흐

"그러면 여러분은 그들에게 '이것은 주님께 드리는 **유월절** 제사다. 주님께서 이집트 사람을 치실 때에, 이집트에 있던 이스라엘 자손의 집만은 그냥 지나가셔서, 우리의 집들을 구하여주셨다' 하고 이르십시오." 백성은 이 말을 듣고서, 엎드려 주님께 경배를 드렸다. _ 출 12:27

> **페싸흐**는 '넘어감'을 의미한다. 하나님께서 보내신 죽음의 천사가 양의 피를 바른 이스라엘 집을 '넘어갔음'을 기념하며 지키는 '유월절'의 이름이기도 하다. 고대 중동 지역에서 한 해의 목축을 시작하면서 한 마리의 양을 잡아 나누어 먹으며 일종의 '액땜'을 했다고 여겨지는데, 이스라엘은 이러한 고대의 풍습을 가져오되, 애굽에서 종살이하던 이스라엘을 지키고 구원하신 하나님을 기념하는 날로 바꾸었다.

 샤파트

고아와 억눌린 사람을 **변호하여**주시고, 다시는 이땅에 억압하는 자가 없게 하십니다. _ 시 10:18

이 동사는 '재판하다'를 의미하는데, **샤파트**를 포함해 '재판'과 관련된 의미를 가진 동사들의 목적어로 '고아, 과부, 가난한 자' 혹은 여기처럼 '압제 당하는 자'와 같은 이른바 '사회적 약자'가 놓이게 될 때, **샤파트** 같은 동사의 의미는 '~를 위하여 재판하다', 즉 '변호하다' 혹은 '신원하다'가 된다(예를 들어, 사 1:17). 법의 보호 없이도 살아갈 수 있는 부자나 권력자, 임금과 달리 고아, 과부 같은 가난한 이들은 법이 그들의 권리를 지켜주지 않으면 당장에라도 그 삶은 벼랑에 놓이게 된다. 구약성경에 따르면 법과 법을 집행하는 재판장은 명백히 가난한 자들의 권리를 지켜내기 위해 존재한다.

 고엘

네 친척 가운데 누가 가난하여, 그가 가진 유산으로 받은 땅의 얼마를 팔면, **가까운 친척**이 그 판 것을 무를 수 있게 하여야 한다. _ 레 25:25

'기업 무를 자'로 번역된 **고엘**은 '무르다'를 의미하는 동사, '가알'에서 파생된 명사다. 가난을 비롯한 특정한 상황으로 인해 자신의 땅이나 몸을 남에게 팔아야 했을 때, 그의 가장 가까운 친척이 와서 그렇게 팔린 값을 대신 지불하고 다시 무르는 권리를 행사해 팔린 땅과 몸을 회복한다. 그래서 '가알'은 '가까운 친척으로 행동하다'를 의미하기도 한다. 고대 이스라엘에서는 그렇게 **고엘** 제도를 통해 개인의 가난을 개인의 책임으로 넘기지 않고 친척 안에서, 즉 공동체 차원에서 대응하도록 제도를 만들었다. 예수 그리스도는 죄로 인해 죽음의 권세에 팔린 사람들을 위해 자신의 삶과 생명으로 값을 지불하고 우리를 다시 '무르셨다'. 주님이 우리의 친척이 되셨고, 이제 주님을 따르는 이들 역시 주님처럼 다른 이의 가까운 친척이 되어 서로를 지탱하고 책임진다.

 키페르

생물의 생명이 바로 그 피 속에 있기 때문이다. 피는 너희 자신의 **죄를 속하는** 제물로 삼아 제단에 바치라고, 너희에게 준 것이다. 피가 바로 생명을 지니고 있기 때문에, **죄를 속하는** 것이다. _ 레 17:11

키페르는 개역성경에서 자주 '죄를 속하다'로 번역된다. 그러나 죄와 무관하게 드려지는 번제의 경우에도 이 동사가 쓰인다는 점에서(레 1:4), **키페르**는 '(생명을) 대신하다'로 보는 것이 나을 것이다. 하나님께 드릴 수 있는 가장 합당한 제물은 바로 예배자 자신이다. 그러나 자신의 목숨을 그렇게 제단에 죽여 바칠 수는 없으니, 자신이 키우고 기른 가축 가운데 혹은 자신이 농사 지은 곡식 가운데 일부를 하나님께 제물로 드려 '자신을 대신한다'. 이렇게 **키페르**가 이루어지게 될 때, 하나님께서는 그 제사를 기쁘게 열납하신다.

יְשׁוּעָה   예슈아

하나님은 옛적부터 나의 왕이시며, 이땅에서 **구원**을 이루시는 분이십니다. _ 시 74:12

'구원'으로 옮길 수 있는 **예슈아**는 대적의 손에서 건져주심(예를 들어 사 60:18), 도와주심(예를 들어 시 3:2), 대적에 대한 승리(예를 들어 출 15:2) 등을 의미하며 그렇게 번역되기도 한다. 오늘날 기독교인들에게 '구원'은 언제나 죽음 이후의 영원한 생명과 연관해 쓰이곤 하지만, 구약에서 이 단어는 모두 이땅에서의 풍성하고 복된 삶과 연관해 사용된다. 하나님의 구원을 바라고 기다린다는 것은, 지금의 현실에서 눈을 돌려 하늘만을 바라보는 것이 아니라 지금 살아가는 삶의 변화를 포기하지 않고 기대한다는 것이다.

 테힐라

의인들아, 너희는 주님을 생각하며 기뻐하여라. 정직한 사람들아, **찬양**은, 너희가 마땅히 해야 할 일이다. _ 시 33:1

'찬양'으로 번역되는 **테힐라**는 시편과 구약성경에서 빈번히 쓰인다. '정직한 자'라고 해서 한 치의 거짓도 없다는 의미는 아니다. 33편에 앞서는 32편은 죄로 인해 심히 고통하고 괴로워하던 이가 마침내 하나님께 자신의 죄를 다 아뢰었더니 하나님께서 그 죄를 사하고 덮으셨음을 알려준다. '정직'은 자신의 연약함과 부족함을 숨기거나 위장하지 않고 있는 모습 그대로 하나님께 나아가는 것을 가리킨다. **테힐라**는 그렇게 '정직'한 이들에게 잘 어울리며 딱 맞는 노래다.

הַלְלוּ יָהּ
할렐루야

숨쉬는 사람마다 주님을 찬양하여라. **할렐루야.** _ 시 150:6

> "여호와를 찬양하라"를 의미하는 **할렐루야**는 시편 104편 35절부터 시작해 마지막 150편에서만 등장하는 시편 특유의 표현이다. 특히 146-150편은 **할렐루야**로 시작하고 **할렐루야**로 끝맺기도 한다. 이 다섯 편의 시편들은 여호와께서 가난한 자를 지키시는 정의의 하나님임을 선포하고(146:7-9, 147:6, 149:4), 이스라엘을 지으신 분(147:2, 149:2), 그리고 천지를 창조하신 분이심을 고백한다(147:4, 16-18, 148:1-6). 모든 악기를 동원해 그 누구라도 호흡이 있다면 여호와를 찬양할 일이다.

 골라

때는 제삼십 년 넷째 달 오일이었다. 그때에 내가 **포로로 잡혀온 사람들**과 함께 그발 강 가에 있었다. 나는 하나님이 하늘을 열어 보여주신 환상을 보았다. _ 겔 1:1

> **골라**는 '사로잡힌 자'라는 의미로, 주전 587년 예루살렘 멸망 즈음에 바벨론으로 끌려간 유다 포로를 가리키는 용어다. 나라가 완전히 망하고 성전도 파괴된 채, 이방 땅에 포로로 끌려갔던 '바벨론 포로' 사건은 그야말로 이스라엘에 지대한 영향을 끼쳤다. 비록 **골라**로 끌려간 이들의 숫자가 전 인구의 5%에서 20% 정도밖에 안 되었지만, **골라**의 존재 자체가 의지하고 내세울 것이 전부 끊어진 유다의 현실을 정확하게 보여준다. 그들에게는 구원의 확신 같았을 예루살렘 성전이나 다윗 왕가, 약속의 땅 거주 같은 것이 완전히 무너져버린 것이다. 그로 인해 도리어 이 모든 제도가 사실은 형식이었고 그 본질은 여호와 하나님에 대한 신뢰, 그리고 그의 율법을 따라 살아가는 삶에 있음이 분명해지게 되었다.

 마쉬아흐

"내가 **기름부어 세운 사람**에게 손을 대지 말며, 나의 예언자들을 해치지 말아라" 하셨다. _ 시 105:15

'기름부음 받은 자'를 의미하는 **마쉬아흐**는 영어로 음역되면서 '메시아'(messiah)로 발음되었다. 구약성경에서 **마쉬아흐**는 기본적으로 하나님께서 기름부어 세운 왕을 가리킨다(예를 들어 사울[삼상 24:6]과 다윗[삼하 19:21]). 대제사장 역시 머리에 기름부어 세워진 **마쉬아흐**다(예를 들어 레 4:3). 심지어 이방의 왕인 고레스 역시 **마쉬아흐**로 불리는데(사 45:1), 그의 알고 모르고 여부와는 상관없이 하나님께서 세워 사용하시는 존재라는 의미로 그렇게 쓰인다고 할 수 있다. 시편의 한 구절은 아브라함과 같은 믿음의 조상들을 그렇게 부르기도 한다(시 105:15). 그러므로 구약에서 **마쉬아흐**, 즉 '메시아'는 특별한 존재가 아니라 '하나님께서 택하고 세우신 존재'를 가리키는 보통명사다. 이 호칭이 특별한 의미를 지니게 되는 것은 제2 성전기 후반부에 이르러서다. 적어도 구약성경에 기반한다면, 모든 하나님의 사람은 하나님께서 택하신 '메시아'와 같다고 말할 수 있다.

 라함

어머니가 어찌 제 젖먹이를 잊겠으며, 제 태에서 낳은 아들을 어찌 **긍휼히 여기지** 않겠느냐! 비록 어머니가 자식을 잊는다 하여도, 나는 절대로 너를 잊지 않겠다. _ 사 49:15

라함은 '긍휼히 여기다'를 의미하는 동사이며, 이와 연관된 명사 '레헴'은 여성의 '포궁'(womb)을 가리킨다. 또 다른 명사형 '라하밈'은 '포궁'에서 비롯된 단어라 할 수 있으며, '긍휼'을 의미한다. 그래서 고대 이스라엘에서 '긍휼'은 자신의 태에 품은 아이를 향한 어머니의 사랑을 표현한다고 볼 수 있다. 이사야서 49장 15절 역시 시온을 향한 하나님의 긍휼을 자기 태에서 난 자녀를 향한 어머니의 사랑에 빗댄다. 이러한 구절은 여호와 하나님을 여성으로 그린다(또한 사 46:3). 또 다른 이사야서 구절은 시온을 회복하려는 하나님의 행하심을 해산하는 여인으로 표현하기도 한다(사 42:14).

 아파르

주님께서는 우리가 어떻게 창조되었음을 알고 계시기 때문이며, 우리가 한갓 **티끌**임을 알고 계시기 때문이다. _ 시 103:14

> **아파르**는 '흙' 혹은 '먼지'를 의미한다. 하나님께서는 땅의 '먼지'로 사람을 지으셨다(창 2:7). 흙 혹은 먼지로 만들어진 존재이니 흙으로 다시 돌아가는 것이 당연하다(창 3:19, 전 3:20). 들짐승과 새 역시 땅에서 취한 흙으로 만들어졌으니(창 2:19), 이에 따르면 사람과 짐승, 땅은 그 본질에 있어서 차이가 없다. 그러므로 사람이 짐승이나 땅을 함부로 대하는 것은 사실 자기 자신을 함부로 대하는 것과 마찬가지다. 하나님께서는 사람의 근본이 흙임을 아시고 불쌍히 여기신다. 그러므로 우리는 언제나 사람의 근본 체질을 기억하며 살아가는 것이 도리일 것이다.

 이르아

주님을 **경외하는 것**이 지혜의 근본이요, 거룩하신 이를 아는 것이 슬기의 근본이다. _ 잠 9:10

이르아는 '두려움'을 의미한다. 그 목적어가 여호와일 때의 표현인 '이르아트 아도나이'는 '여호와 경외'로 옮겨진다. '경외'라는 표현은 다소 그럴싸한 표현인데, 노골적으로 옮기면 '여호와에 대한 두려움'이다. 하나님 무서운 줄 알 때 올바른 깨달음, 올바른 분별력이 생긴다는 것이 잠언 구절의 의미다. 무엇인가 신비스러우면서도 깊은 종교적 느낌을 주는 '경외'의 실체는 '무서움, 두려움'이다. 우리네 옛말 가운데 "하늘 무서운 줄 알아야지" 같은 표현과도 통한다고 볼 수 있다.

טוב 토브

하나님께 가까이 있는 것이 나에게 **복**이니, 내가 주 하나님을 나의 피난처로 삼고, 주님께서 이루신 모든 일들을 전파하렵니다. _ 시 73:28

간편하게 '좋다'로 번역되는 **토브**는 단지 물질적이거나 그저 영적이기만 한 단어는 아니다. 특히 우가릿 문헌들에서 동일한 단어가 종종 '비'를 뜻하는 말로도 쓰인다는 점에서 구약성경에 쓰인 **토브** 역시 '비'를 염두에 둘 수 있다. 오직 하늘에서 내리는 비를 힘입어 살아야 했던 가나안의 현실에서, '비'야말로 **토브**이며 '즐거움'이고 '복'이며 '좋은 것'이다. 창세기 1장을 특징짓는 가장 중요한 단어의 하나가 바로 **토브**다 (7회 사용). 천지를 창조하신 하나님께서 그 세상을 보시니 보시기에 '좋았다'. 여호와를 경외하며 살 때, 하나님의 백성은 항상 '복'을 누리며 살게 된다(신 6:24). 그러므로 하나님의 규례의 목적은 그들의 '행복'을 위한 것이다(신 10:13, 12:28). 여호와께서 그의 목자가 되시매 그의 평생에 '선하심'이 그를 따른다(시 23:6). 그 무엇보다도 야훼를 가까이 하는 것이야말로 '복'이다(시 73:28).

צַלְמָוֶת 짤마붸트

내가 비록 **죽음의 그늘 골짜기**로 다닐지라도, 주님께서 나와 함께 계시고, 주님의 막대기와 지팡이로 나를 보살펴주시니, 내게는 두려움이 없습니다. _ 시 23:4

짤마붸트은 '그늘'을 의미하는 단어(**쩰**)와 '죽음'을 의미하는 단어(**마붸트**)가 결합된 것으로 '죽음의 그늘'을 의미한다. '짙은 어둠'을 의미하기도 하고(암 5:8), 죽은 자의 영역을 의미하기도 한다(욥 10:21). 그래서 살아있으나 죽은 것과 같은 삶, 혹은 겨우 살아있으나 이제 곧 끝날 것 같은 극히 고통스럽고 위험한 삶의 순간을 두고 '죽음의 그늘', **짤마붸트**라고 표현하기도 한다(시 44:19, 렘 2:6). 시편 23편 4절에서 시인은 자신의 삶이 **짤마붸트**의 골짜기를 걸어갈 때도 닥쳐올 재앙을 두려워하지 않는다고 고백한다. 그의 단호한 의지나 무서움을 모르는 용감함 때문이 아니라 그 모든 순간, 죽음의 그늘이 드리워진 순간조차도 하나님께서 그와 함께하신다고 믿었기 때문이다.

 예짜르

주님, 주님께 의지하는 사람들은 늘 한결같은 **마음**을 가진 사람들이니, 그들에게 평화에 평화를 더하여주시기 바랍니다. _ 사 26:3

개역개정역에서 '심지'로 옮겨진 **예짜르**는 기본적으로 토기장이가 토기를 빚을 때 사용하는 틀과 연관된 단어로, 그렇게 틀을 이용해 만들어진 토기를 의미하거나(사 29:16), 새긴 우상을 만드는 틀(합 2:18)을 의미하기도 한다. 하나님께서 사람을 흙으로 만드실 때 사용된 틀이라는 의미에서 '체질'을 뜻하기도 한다(시 103:14). 그리고 사람의 마음속에 있는 틀이라는 의미에서 '품은 뜻' 혹은 '상상, 계획, 목적' 등을 뜻하기도 한다(창 6:5, 신 31:21, 대상 28:9). "심지가 견고하다"는 것은 자신이 품은 뜻을 쉽게 버리거나 포기하지 않고, 연약함을 내세우며 접어버리지 않고 마음먹은 것을 지켜내는 것이다. 그러한 이에게 하나님께서는 평강에 평강을 내리신다. 3절 후반절은 그 실질적인 의미가 '여호와를 신뢰함'이라고 부연한다. 그러므로 환난의 때를 당해 그 마음이 흔들리지 않고 여호와를 굳건하게 신뢰하는 이에게는 하나님께서 베푸시는 넘치는 평강이 있다.

 에무나

마음이 한껏 부푼 교만한 자를 보아라. 그는 정직하지 못하다. 그러나 의인은 **믿음**으로 산다. _ 합 2:4

이 구절에서 '믿음'으로 번역된 **에무나**는 교만하되 속으로 올바르지 못함과 대조되는 것, 즉 겉과 속이 일치하는 신실함, 충실함, 순전함을 의미한다고 볼 수 있다. 이러한 '신실함'이 '의인'의 본질적인 특징이다. "의인은 그의 신실함으로 말미암아 살 것이다"라는 구원의 조건을 말하는 문장이 아니다. 악인이 그토록 득세하고 교만하나 그 속에서 올바르지 않으니 그것은 삶이 아니되, 오직 신실함 가운데 살아가는 의인이야말로 온전하고도 참된 삶을 앞으로도 살게 되리라 선포하는 문장이다.

야인

르무엘아, 임금에게 적합하지 않은 일이 있다. **포도주**를 마시는 것은 임금에게 적합한 일이 아니다. 독주를 좋아하는 것은 통치자들에게 적합한 일이 아니다. 술을 마시면 법을 잊어버리고, 억눌린 사람들에게 판결을 불리하게 내릴까 두렵다. _ 잠 31:4-5

포도주를 의미하는 **야인**은 하나님께 드리는 제사에도 빈번히 쓰였다 (민 28:7, 14, 신 14:26-27). 그 자체로는 즐거움과 기쁨의 상징이되, 나실인 서약과 같은 특별한 상황에서 금지된다(민 6:3). 무엇보다도 제사장이 직무 수행중에 **야인**을 마시는 것은 금지된다(레 10:9-11). 마찬가지로 임금도 **야인**을 마시는 것이 금지되는데, 술에 취하면 임금에게 나아오는 말 못하는 자와 고독한 자의 송사를 제대로 듣지 못하고 가난하고 궁핍한 자의 억울함을 풀어주지 못하기 때문이다. 만일 술에 전혀취하지 않았는데도 가난한 이들의 부르짖음이 들리지 않는다면 이미그는 술에 크게 취한 사람이다. **야인**은 그 자체로 즐거움의 상징이되, 문제는 다른 이의 눈물과 고통을 제대로 분간하지 못한다는 것이다.

 미슈테

만군의 주님께서 이 세상 모든 민족을 여기 시온 산으로 부르셔서, 풍성한 **잔치**를 베푸실 것이다. 기름진 것들과 오래된 포도주, 제일 좋은 살코기와 잘 익은 포도주로 **잔치**를 베푸실 것이다. _ 사 25:6

미슈테는 '마실 것'을 의미하지만(스 3:7), 이 단어가 쓰인 대부분의 경우에 그렇게 '마실 것'이 풍성히 제공되는 '잔치'를 의미한다. 이사야서 구절은 하나님께서 모든 빈궁한 자와 환난당한 가난한 자를 보호하시고 세상의 거세고 포학한 나라들의 성읍을 황폐하게 하신 날에(사 25:1-5), 기름진 것과 오래 저장한 포도주로 잔치를 베푸실 것이다. 기름진 것과 포도주를 풍성하게 먹고 마시는 잔치의 이미지는, 이 잔치에 참여하는 이들이 평소에도 그런 것을 쉽게 먹고 마시는 부유한 이들이 아니라 가난하고 힘겨운 이들이었음을 알려준다. 예수님께서 이땅에 계실 때 그분을 따르는 이들과 늘 먹고 마시며 지내어 그분을 대적하는 이들이 예수님을 폭식가요, 술주정뱅이라 욕하기도 했다는 내용(마 11:19)은, 주님과 제자들의 모임 역시 이사야서 본문이 증언하는 '하나님나라' 잔치의 모형이었음을 알려준다.

צִיּוֹן

찌욘

우리가 바빌론의 강변 곳곳에 앉아서, **시온**을 생각하면서 울었다.
_ 시 137:1

> **찌욘**을 우리말로는 늘 '시온'으로 음역한다. 시온은 예루살렘 한쪽의
> 다소 높은 구릉 지역을 가리키는 이름이었지만, 다윗이 그곳을 차지하
> 고 솔로몬 시대에 여호와의 성전이 세워진 이래, '하나님의 처소'를 가
> 리키는 상징적인 이름이 되었다. 시온은 하나님께서 거하시는 곳이니,
> 하나님의 다스리심을 상징하기도 한다. 이스라엘은 그들의 죄악으로
> 인해 시온에서 쫓겨났고, 바빌론 강변 곳곳에 거하면서 시온을 생각하
> 며 울었다. 그들에게 시온은 돌아갈 고향이자, 회복되기를 갈망하고 소
> 원하는 '하나님을 예배하며 순종하는 삶'이었다.

שַׁוְעָה
샤브아

세월이 많이 흘러서, 이집트의 왕이 죽었다. 이스라엘 자손이 고된 일 때문에 탄식하며 부르짖으니, 고된 일 때문에 **부르짖는 소리**가 하나님께 이르렀다. _ 출 2:23

샤브아는 '부르짖음'을 의미한다. 시편 기자들은 오직 하나님의 도우심을 구하며 하나님께서 그들의 **샤브아**를 들으신다고 고백하며 확신한다 (시 34:15, 145:19). 그렇기에 그들은 어떤 상황에서라도 체념하지 않고 주를 향해 부르짖는다(시 39:12, 40:2, 102:2). 애굽 땅에서 애굽 사람들이 부과한 고된 노동으로 신음하는 이스라엘 백성들은 탄식하며 부르짖었고, 놀랍게도 하늘의 하나님께서는 노예들의 그 **샤브아**를 들으셨다. 출애굽이라는 놀랍고도 엄청난 사건, 두고두고 기념되는 이 사건은 '노예의 **샤브아**를 들으신 하나님'에서 비롯된다.

 니함

주님, 돌아와주십시오. 언제까지입니까? 주님의 종들을 **불쌍히 여겨**
주십시오. _ 시 90:13

'나함'은 히브리어 동사 형태 가운데 하나인 '피엘형'에서는 '위로하다'
를 의미한다(예를 들어, 사 40:1). 그런데 동사 형태에서 재귀 혹은 수동
을 의미하는 '니팔형'인 **니함**은 '후회하다'를 의미할 수도 있고 '스스로
를 위로하다', 즉 '위로받다'를 의미할 수도 있다. 사람들은 자신들의 어
리석은 행실을 뒤늦게 후회한다(예를 들어 출 13:17). 미래를 알 수 없는
사람의 한계와 부족함 때문에 이런 후회는 늘 있기 마련이다. 그런데 놀
랍게도 하나님도 후회하신다. 하나님께서는 땅 위에 사람 지으신 것을
후회하시고(창 6:6), 사울을 왕으로 세운 것을 후회하신다(삼상 15:11).
또한 이스라엘의 죄로 인해 내리는 재앙에 대해서도 후회하신다(출
32:12, 14). 하나님께서는 모든 것을 다 아시는 분인데 어떻게 이렇게 그
뜻을 후회하며 돌이키실까? 근본적인 이유는 인간을 향한 사랑, 연약하
고 한계 있는 인간에 대한 하나님의 긍휼 때문일 것이다. 그래서 '나함'
의 니팔형은 "뜻을 돌이키어 긍휼히 여기다"라는 의미로도 쓰인다(예를
들어 삿 2:18, 시 90:13). 욥기 42장 6절에도 '나함'의 니팔형이 쓰였는데,
대개 '회개하다'로 번역되지만, 욥의 잘못이나 죄가 어디에서도 언급되
지 않는다는 점에서, '회개하다'보다는 '위로를 받다' 혹은 '뜻을 바꾸다'
가 더 적절할 수 있다.

שׁוּב
슈브

이스라엘아, 정말로 네가 **돌아오려거든**, 어서 나에게로 **돌아오너라**. 나 주의 말이다. 내가 싫어하는 그 역겨운 우상들을 내가 보는 앞에서 버려라. 네 마음이 흔들리지 않게 하여라. 네가 '주님의 살아계심을 두고' 진리와 공평과 정의로 서약하면, 세계 만민이 나 주를 찬양할 것이고, 나도 그들에게 복을 베풀 것이다. _ 렘 4:1-2

슈브는 '돌아오다'를 의미하는 동사. 이 동사가 특별하게 의미 있는 까닭은, 결국 구약 예언자들의 외침은 하나님을 떠난 백성을 향해 '돌아오라' 부르시는 하나님의 소리로 요약할 수 있기 때문이다. 누구라도 잘못을 저지를 수 있지만 중요한 것은 돌아가는 것, 돌이키는 것이다. 예레미야는 그저 후회하고 그저 한탄할 것이 아니라 "돌아올 것이라면 하나님께로 돌아오라"고 촉구한다. 하나님께로 돌아간다는 것은 막연한 후회와 뉘우침이 아니라, '진실과 정의와 공의로' 여호와 앞에서 살아가는 것이다.

נָעִים 나임

그 얼마나 아름답고 **즐거운가**! 형제자매가 어울려서 함께 사는 모습!
_ 시 133:1

'아름답다'로 옮겨진 **나임**은 다양하게 쓰인다. 여호와의 이름이 아름답고(시 135:3), 하나님을 찬양하는 것이 아름다우며(시 147:1), 지혜로운 가르침도 아름답다(잠 22:18). 하나님께서 각 사람에게 주신 기업도 아름답고(시 16:6), 주님의 오른편에는 영원한 아름다움이 있으며(시 16:11), 하나님을 찬양하는 악기인 수금도 아름답다(시 81:2). 아가서의 여인은 자신의 연인을 향해 아름답다고 표현하기도 한다(아 1:16). 이러한 용례들을 보면, 이 표현은 그저 외모를 가리키는 것이 아님을 알 수 있다. 우리네 표현으로 하자면 '멋지다' 혹은 '쿨하다' 같은 말로도 표현할 수 있겠다.

יַאֲזַנְיָהוּ 야아잔야후(야아사냐)

그런데 이스라엘의 족속의 장로들 가운데서 일흔 명이 그 우상들 앞에 서 있고, 사반의 아들 **야아사냐**는 그들의 한가운데 서 있었다. 그들은 각각 손에 향로를 들고 있었는데 그 향의 연기가 구름처럼 올라가고 있었다. _ 겔 8:11

야아사냐(히브리어 발음으로는 **야아잔야후**다)는 "여호와께서 들으신다"는 의미를 지닌 이름이다. 주전 7세기 말 이전에는 구약에서 볼 수 없던 이름으로 예루살렘의 멸망 즈음부터 이 이름이 쓰이게 된다. 기울어가는 나라로 인해 어떤 열망과 기대 같은 것이 이 이름이 퍼진 배경일 수 있다. 에스겔서 11장 1절에는 앗술의 아들 **야아사냐**가 언급되기도 한다. 8장과 11장에서 나오는 두 **야아사냐**는 모두 우상을 숭배하며 못된 꾀를 꾸미는 자들로 표현된다. 진실로 하나님의 응답을 구한다면 오직 그 하나님을 신뢰하는 것, 불의에서 떠나는 것이 필요할 따름이다. 멋진 이름이 멋진 삶을 저절로 보장하지는 않는다.

에벳멜렉

왕궁에 에티오피아 사람으로 **에벳멜렉**이라고 하는 한 환관이 있었는데, 그는, 사람들이 예레미야를 물웅덩이에 집어넣었다는 소식을 들었다. 그때에 왕은 '베냐민 문' 안에 머물러 있었다. _ 렘 38:7

에벳멜렉은 '왕의 종'이라는 뜻이다. 아마도 이것은 이름이었다기보다는 직함을 나타내는 표현이었을 것이다. 유다 말기 나라가 기울어가던 시절, 하나님의 심판을 선포했다는 이유로 예레미야는 왕과 고관들로부터 미움과 박해를 받아 멸망하기까지 마지막 10년을 거의 감옥에 갇혀 지냈다. 특히 38장 6절은 고관들이 왕의 허락을 받아 예레미야를 물이 없고 진흙만 있는 웅덩이에 던져 넣었다고 전한다. 이제 며칠만 지나도 예레미야는 그냥 죽게 될 것이었다.

그런데 이 소식을 들은 **에벳멜렉**은 예레미야를 이대로 두면 굶어죽을 것이고, 그를 이같이 대한 고관들은 악한 사람들이라고 왕에게 직언한다(렘 38:9). 왕조차도 고관들의 눈치를 보는 마당에 에티오피아 출신의 환관이 예레미야를 살려야 한다고 이렇게 말하는 것은 그야말로 목숨과 전부를 걸어야 하는 일이었으리라. 덕분에 예레미야는 살게 되었고, 얼마 후 예루살렘이 함락되어 모두 죽거나 끌려가는 그때, 하나님께서는 예레미야를 보내셔서 **에벳멜렉**이 하나님을 의지했기 때문에 생명을 상으로 받게 될 것이라 이르셨다(39:18). 본문은 **에벳멜렉**의 '믿음' 혹은 '하나님 의지'를 전혀 표현하지 않지만, 하나님께서는 **에벳멜렉**이 목숨을 걸고 의로운 예레미야를 살린 일을 어떻게 평가하셨는지 알 수 있다. 믿음은 몇 줄의 멋진 신앙고백으로 드러나지 않고, 억울하게 희생당하는 사람을 살리는 것, 부당한 누명을 쓴 이를 끝까지 지키는 행동으로 드러난다.

בְּלַטְיָהוּ

펠라트야후(블라댜)

그때에 주님의 영이 나를 들어올리셔서, 주님의 성전 동쪽으로 난 동문으로 데리고 가셨다. 그 문의 어귀에는 사람 스물다섯 명이 있었다. 나는 그들 가운데 백성의 지도자들인 앗술의 아들 야아사냐와 브나야의 아들 **블라댜**가 있는 것을 보았다. _ 겔 11:1

야아사냐와 마찬가지로 **블라댜**(히브리어 발음은 **펠라트야후**다)라는 이름 역시 유다 역사의 마지막 시기에 인기 있던 이름이다. 이 이름은 "여호와께서 건지셨다/구원하셨다"를 의미한다. 이 이름 역시 자신들이 처한 힘겨운 상황 속에서 여호와 하나님의 구원을 기대하고 갈망하는 바람이 반영되어 있다. 그러나 에스겔서 11장 13절에 따르면 곧바로 브나야의 아들 **블라댜**는 죽는다. 블라댜의 죽음은 유다와 예루살렘이 맞게 될 미래를 단적으로 보여준다. '구원'이라는 단어가 오늘날 교회에서 차지하는 중요성을 떠올릴 때 '구원의 확신' 같은 것이 결코 하나님의 백성을 구원할 수 없음을 **블라댜**의 사례가 잘 보여준다. 우리에게 필요한 것은 입술의 고백, 올바른 교리의 되뇌임이 아닌, 일상을 올바르게 살아가는 것이다.

 아슈레

복 있는 사람은 악인의 꾀를 따르지 아니하며, 죄인의 길에 서지 아니하며, 오만한 자의 자리에 앉지 아니하며 오로지 주님의 율법을 즐거워하며, 밤낮으로 율법을 묵상하는 사람이다. _ 시 1:1-2

아슈레는 '복되어라'라는 말로 옮길 수 있다. 구약에 47번가량 쓰였는데, 시편에서만 30번가량 쓰였다. 시편에서 복된 사람이라 불려지는 이들로는 주님께 피하는 사람(2:12, 34:8), 주님을 의지하는 사람(40:4, 84:5, 15), 주님을 경외하는 사람(112:1, 128:1), 주님을 자기 하나님으로 삼은 사람(33:12, 144:15), 주님 집에 거하는 사람(65:4, 84:4)처럼 하나님과 올바른 관계를 맺으며 살아가는 사람이 있다. 그런가 하면 가난한 자를 돌아보는 사람(41:1), 주님의 계명을 지키는 사람(119:1, 2), 정의와 공의를 행하는 사람(106:3), 그리고 그 허물과 죄가 용서받은 사람(32:1-2)도 있다. 그래서 '복된 사람'은 그저 '행복한 사람'이 아니다. 때로 어려움을 겪기도 하고 괴롭고 고통스러운 일이 있더라도 악인의 꾀를 따르지 않고 살아가는 삶, 끝까지 세상의 권력과 부를 의지하지 않고 오직 주님을 의지하는 삶, 그 율법을 즐거워하며 지키는 삶, 그런 삶, 그런 사람이 복되다.

켈라요트

주님께서 그들을, 나무를 심듯이 심으셨으므로, 뿌리를 내리고 자라며, 열매도 맺으나, 말로만 주님과 가까울 뿐, **속으로는** 주님과 멀리 떨어져 있습니다. _ 렘 12:2

켈라요트는 '콩팥'을 의미한다. 화목제를 드릴 때 기름과 함께 제물의 콩팥을 드리는데(레 3:4, 10, 15, 9:10) 이는 가장 좋고 귀한 것을 드린다는 의미다. 그래서 신명기 32장 14절에서는 밀 중에서 하나님께 드리는 가장 좋은 것을 가리켜 '밀의 콩팥 기름'이라는 말로 표현하고 새번역은 이를 '잘 익은 밀'로 옮겼다. 하나님께서 지으신 사람의 내장기관 전체를 가리킬 때 이 단어가 쓰이기도 한다(시 139:13, '장기'로 번역됨). 특히 콩팥은 감정의 장소로 여겨졌는데, 새번역은 이를 각각 간장(욥 19:27), 마음(시 16:7), 심장(시 73:21), 속(잠 23:16, 렘 12:2)으로 옮겼다. 구약의 신앙인들은 자신의 삶에 임한 고통과 괴로움을 모두 자신의 죄 탓이라 보지는 않았고, 때로 주 하나님께서 자신에게 화살을 쏘셨다고 표현한다. 이때 그들은 하나님께서 쏘신 화살이 자신의 콩팥을 꿰뚫었다고 표현한다(욥 16:13, 내장 / 애 3:13, 심장). 영어의 heart에 가까운 단어라 할 수 있다.

 카베드

내 백성의 도성이 망하였다. 아이들과 젖먹이들이 성안 길거리에서 기절
하니, 나의 눈이 눈물로 상하고, 창자가 들끓으며, **간**이 땅에 쏟아진다.
_ 애 2:11

카베드는 사람의 내장기관 가운데 하나인 '간'을 의미한다. 화목제의 경
우, 소와 같은 제물에서 기름 부위를 떼어 제단에서 태워 드리는데, 이
때 콩팥과 더불어 간엽 부위 역시 떼어져 제물로 태워진다(출 29:13, 레
3:4, 10, 9:10). 콩팥과 더불어 간 역시 사람의 가장 소중한 부분 혹은 깊
은 부분이라 여겨졌다. 화살이 간까지 이르면 죽게 된다(잠 7:23). 고대
중동에서 동물의 간을 관찰해서 점을 친 것(예를 들어 겔 21:26) 역시
간의 중요성에 대한 인식에서 비롯되었을 것이다. 콩팥과 비슷하게, 간
역시 사람의 감정의 장소라 여겼다. 위에 나오는 예레미야애가 말씀은
예루살렘의 멸망과 그로 인한 참상을 바라보는 이의 심히 큰 슬픔과 고
통을 "간이 땅에 쏟아졌다"고 표현한다. 고대인들에게 콩팥과 간은 슬
픔과 괴로움을 비롯한 온갖 감정의 장소였다.

לֵב / לֵבָב
레브/레바브

그는 나쁜 소식을 두려워하지 않으니, 주님을 믿으므로 그의 **마음**이 굳건하기 때문이다. _ 시 112:7

레브 혹은 **레바브**는 사람의 속을 가리킨다. 그러나 이 단어가 쓰인 용례 가운데 압도적인 다수는 '깨닫는 마음'과 같은 표현(신 29:4)에서 보듯 깨닫고 알고 분별하는 지각 혹은 지성을 가리킨다(또한 잠 22:17, 전 1:17, 7:22, 25, 8:5, 16). 지혜는 명철한 자의 마음에 머문다(잠 14:33, 18:15). '마음이 없는' 사람들은 무지하고 지각이 없는 사람을 가리킨다(잠 6:32, 7:7, 9:4, 렘 5:21, 호 7:11 등). 반면에 '총명한 사람들'은 '마음의 사람들'이다(욥 34:10, 34:34). 그래서 '마음을 얻는 것'은 지혜 혹은 지식을 얻는 것이다(잠 15:32, 19:8).

주 하나님을 아는 것 역시 '마음', **레브**의 기능이다(렘 24:7). 하나님은 '마음의 힘'이 강하신 분이다(욥 36:5). 그러므로 '마음을 다하여 하나님을 사랑하는 것'(신 6:5, 13:3, 30:6)은 감정의 영역보다는 지각의 영역과 연관된다. 내 모든 지식을 다해, 내 모든 분별을 다해 하나님을 기억하고 그의 언약을 기억하며 그가 행하신 일을 기억하는 것이다. **레브**는 종종 '콩팥'을 의미하는 '켈라요트'와 함께 쓰여 '마음과 감정', 즉 속마음 전체를 가리킨다(시 7:9 , 마음 속 생각 / 26:2, 속 깊은 곳과 마음 / 렘 11:20, 20:12, 생각과 마음 / 17:10, 마음 ⋯ 심장). 그런 점에서 '이성'과 '감정'은 애초부터 그리 명료하게 구분되는 것이 아니라는 점도 유념할 필요가 있다. 흔히 감정형이니 논리형이니 구분하는 것은 실제 사람을 제대로 반영하지 못한다. 감정이든 지성과 결합된 논리이든, 사람의 마음속에서 일어나는 일이다.

גְּמוּל
게물

멸망할 바빌론 도성아, 네가 우리에게 입힌 **해**를 그대로 너에게 되갚는 사람에게, 복이 있을 것이다. _ 시 137:8

이 구절에는 '가말'이라는 동사와 이 동사에서 파생한 명사 **게물**이 모두 쓰였다. '가말'은 좋은 의미로든 나쁜 의미로든 '행하다, 대하다'를 의미하는데, 여기에서 비롯된 **게물** 역시 두 방향의 의미를 모두 지닌다. 그래서 '행한 대로 되받음' 정도의 기본적인 의미를 갖지만, 악한 행실대로 되받게 되는 것을 가리키기도 하고(시 28:4), 가난한 자를 불쌍히 여긴 사람에게 주 하나님께서 그 행한 대로 갚아주시는 경우를 가리키기도 한다(잠 19:17). 악을 행한 자는 자신이 뿌린 악을 자신이 되받게 되고, 다른 이를 불쌍히 여긴 이는 자신이 뿌린 선으로 되받게 된다. 시편 137편은 자신의 힘을 휘둘러 약소국을 짓밟은 바빌론과 같은 세계 초강대국을 두고, 그들이 약한 이들에게 입힌 대로 같은 '해'를 받게 하는 이가 복되다 표현한다. 강대국에 휘둘린다 해도, 이와 같은 시편은 그 정신과 마음까지 굴복하지 않고 생생하게 살아있는 정신을 보여준다. 약자를 짓밟은 이가 해를 당하는 것은 단순한 복수를 넘어 정의의 실현이며, 하나님께서 이땅에 살아계심을 증언한다.

_____

_____

_____

_____

 가돌

주 우리의 하나님은 우리가 기도할 때마다 우리 가까이에 계시는 분이 십니다. 이와 같은 하나님을 모신 **위대한** 민족이 어디에 또 있겠습니까? 오늘 내가 당신들에게 주는 이 모든 율법과 같은 바른 규례와 법도를 가 진 **위대한** 민족이 어디에 또 있겠습니까? _ 신 4:7-8

하나님께서는 아브라함을 불러내며 그가 '큰 민족'이 되리라고 약속하 셨다(창 12:2). 거기서 '큰 민족'으로 번역된 표현이 신명기 4장 7-8절에 서는 두 번 '위대한 민족'으로 옮겨졌다. 창세기 12장 2절과 신명기 4장 7-8절에서 '크다, 위대하다'로 번역된 히브리어는 **가돌**이다. 신명기 본 문은 창세기의 약속에 대한 해석으로 이해할 수 있다. 무엇이 '큰 민족' 혹은 '위대한 민족'인가? 그것은 광활한 영토, 강력한 군사력, 혹은 막 강한 경제력 같은 것으로 결정되지 않는다. 이스라엘은 크고 위대한 민 족이되, 그 백성의 기도에 가까이 하시는 하나님을 모셨기에 위대하며, 하나님의 규례와 법도를 지녔기에 크다. 그렇기에 세상에서 가장 약하 고 가난하고 보잘것없는 이도 그 하나님과 하나님의 규례와 법도를 간 직하며 살아가기에 크고 위대할 수 있다. 하나님을 따르는 신앙은 세상 의 모든 능력주의나 차별을 단번에 부수어버린다.

 샤마트

일곱째 해에는 땅을 **놀리고** 묵혀서, 거기서 자라는 것은 무엇이나 가난한 사람들이 먹게 하고, 그렇게 하고도 남은 것은 들짐승이 먹게 해야 한다. 너희의 포도밭과 올리브밭도 그렇게 해야 한다. _ 출 23:11

6년 동안 땅에 씨를 뿌리고 농사를 지어 수확을 거두지만, 7년 되는 해에는 농사를 짓지 않아야 한다고 출애굽기 본문은 규정한다. 여기에서 '놀리다'로 옮겨진 동사가 **샤마트**다. 이 동사는 구약에서 거의 쓰이지 않는 동사로, 출애굽기 본문에서 '(손을) 떼다, 그냥 두다'를 의미하는 말로 쓰였다. 출애굽기 23장이 포함된 20장 22절부터 23장 33절을 '언약법전'이라고 부르는데, 이 법전은 7년마다 땅에서, 농사짓는 데서 손을 떼고 땅을 그저 두도록 규정한다. 그래도 절로 자라난 결실이 있을 텐데, 그것은 일차적으로 땅 없는 가난한 사람들의 몫이고 그 다음에는 그 지역에서 살아가는 들짐승들의 몫이다. 부지런히 일하고 뭐든 놀리지 않고 활용하는 것만이 가치 있는 것은 아니다. 하나님께서 정하신 질서를 따라 그냥 두는 것도 가치 있다. 그럴 때 함께 살아가는 가난한 이들과 들짐승까지 풍성함을 누리게 된다.

 쉐밋타

매 칠 년 끝에는 **면제**하여주십시오. 면제 규례는 이러합니다. 누구든지 이웃에게 돈을 꾸어준 사람은 그 빚을 **면제**하여주십시오. 주님께서 **면 제**를 선포하였기 때문에 이웃이나 동족에게 빚을 갚으라고 다그쳐서는 안 됩니다. _ 신 15:1-2

'면제'로 번역된 표현은 **쉐밋타**다. 이 명사는 출애굽기 23장 12절에서 '손을 떼다, 놀리다'로 옮겨졌던 동사 '샤마트'에서 비롯된 것이다. '샤 마트'는 신명기 15장 3절에서 '면제하다'로 옮겨졌고, 그 명사형 **쉐밋 타**는 '면제'로 옮겨졌다. 출애굽기에서는 농사일에서 '손을 떼라'고 명 령하고, 신명기에서는 이웃에게 빌려준 빚에서 "손을 떼라"고 명령한 다. 신명기 본문에서 7년은 농사를 쉬는 해가 아니라 이웃에게 빌려준 빚을 면제하는 해, 즉 '면제년'이다. 같은 동사와 그에서 파생된 명사 를 사용한다는 점에서, 신명기 규정은 출애굽기 규정을 활용해 재해석 하고 있다고 볼 수 있다. 신명기법전은 농사를 기본으로 한 출애굽기의 언약법전을 상호간에 발생한 채무 관계라는 좀 더 복잡한 경제현실로 확장해서 개정했다고 할 수 있다. 언약법전은 가난한 자를 위한 법이었 고, 신명기법 역시 빚을 갚을 길이 없는 가난한 자를 위한 법이다. 고대 의 법을 글자 그대로 변화된 시대에 적용하지 않고, 이처럼 고대 법의 취지를 간직하되, 실행 규례는 변화된 시대에 맞게 개정된 것이다. 구 약 율법은 무조건적으로 글자를 따라 실행되는 무시무시한 것이 아니 라, 이처럼 변화된 시대 상황에 맞추어 개정된 살아있는 규정이다.

만

주님께서 당신들을 낮추시고 굶기시다가, 당신들도 알지 못하고 당신들의 조상도 알지 못하는 **만나**를 먹이셨는데, 이것은, 사람이 먹는 것으로만 사는 것이 아니라 주님의 입에서 나오는 모든 말씀으로 산다는 것을, 당신들에게 알려주시려는 것이었습니다. _ 신 8:3

먹을 것이 없다고 불평하며 이집트의 고기 가마를 부러워하던 이스라엘 백성에게 하나님께서 내려주신 것은 굽거나 삶아 먹을 수 있는 만나였다. 만나는 히브리어로 **만**이다. 처음에 이를 본 백성들이 궁금해하며 서로 물은 "이게 무엇이냐"에 해당하는 히브리어 '만 후'에서 비롯되었다(출 16:15). 히브리어 구약을 그리스어로 옮긴 칠십인경에서 출애굽기 16장을 제외하고 '만나'를 가리키는 히브리어 **만**을 그리스어 '만나'(manna)로 옮기고(예를 들어 신 8:3, 수 5:12, 느 9:20, 시 78:24) 신약성경 역시 이를 받아 사용하면서 '만나'가 널리 쓰이는 표현이 되었다. 하나님께서는 이스라엘에게 하루치 만큼의 만나를 거두게 하셨고(출 16:4), 이스라엘은 하나님으로 말미암아 하루를 살 수 있음을 경험했다. 이스라엘은 만나를 먹어 살 수 있었지만, 하나님께서 내리신 것이라는 점에서, 실질적으로 하나님으로 인해 살 수 있었던 것이다. 그래서 만나는 육체의 양식이면서 동시에 하나님만이 우리의 생명이요, 힘임을 생생하게 보여주는 영의 양식이기도 하다.

 히네니

그때에 나는 주님께서 말씀하시는 음성을 들었다. "내가 누구를 보낼까? 누가 우리를 대신하여 갈 것인가?" 내가 아뢰었다. **"제가 여기에 있습니다.** 저를 보내어주십시오." _ 사 6:8

히네니 혹은 '힌네니'(הִנֵּנִי), '힌넨니'(הִנֵּנִּי)는 누군가가 부르는 말을 들었을 때 "여기요" 혹은 "제가 여기 있습니다, 내가 여기 있어"라고 답할 때 쓰이는 표현이다. 이삭을 바쳐야 하는 고통스러운 현장에서 하나님께서는 아브라함을 부르셨고, 아브라함은 "제가 여기 있습니다"라고 대답했다(창 22:1, 11). 떨기나무 가운데서 하나님께서 모세를 부르실 때 모세는 "제가 여기 있습니다"라고 답했다(출 3:4). 이사야는 환상 속에서 하나님께서 천상 존재를 거느리고 나누는 회의에 참여했다. 아합에게 하나님의 영을 보내셨듯이(왕상 22:19-20), 하나님께서는 천상 존재 가운데 하나를 보내시려고 "내가 누구를 보낼까?"라고 물으실 때, 이사야는 그 음성이 바로 자신을 향한 부르심이라 느꼈고 곧바로 "제가 여기에 있습니다"라고 대답했다. 하나님께서 이사야를 콕 꼬집어 부르신 것이 아니었으나, 이사야는 자신을 향한 부르심을 깨달았다. 이 장면은 예언자의 소명이 전적으로 예언자 자신의 자유로운 응답에서 비롯된다는 것을 보여준다.

083

צִדְקִיָּהוּ
찌드키야후(시드기야)

그때에 **시드기야** 왕이 셀레먀의 아들 여후갈과 마아세야의 아들 제사장 스바냐를 예언자 예레미야에게 보내어서, 자기들을 도와 그들의 주 하나님께 기도를 드려달라고 청하였다. _ 렘 37:3

남왕국 유다의 마지막 임금 시드기야의 히브리어 이름은 **찌드키야후**로, "여호와는 나의 의로움"이란 의미다. 바빌론의 위협으로 인해 유다는 멸망의 위기에 처했고, 시드기야는 예레미야에게 사람을 보내어 기도를 요청한다. 같은 장면이 예레미야서 21장 1-2절에도 나오는데, 여기서 시드기야는 여호께 기도해달라 청하면서 하나님께서 혹시라도 기적을 베푸실 수 있다고 말한다. 그러나 그에 대한 하나님의 대답은 예루살렘의 멸망이었다(렘 21:3-7, 37:6-10). "하나님이 나의 의로움"이라는 그의 이름의 의미는 "예수만이 우리를 의롭게 하시는 분"이라는 사도 바울의 증언의 핵심과 닿아 있다. 그러나 주님만이 나의 의가 되신다는 멋진 이름, 중보 기도를 요청하며 하나님께서는 능히 기적을 행하실 수 있다는 표현은 아무 의미도 없다. 정통 신앙고백보다 중요한 것은 정통한 삶, 올바른 삶으로의 돌이킴이기 때문이다. 신앙고백을 잘하는 것이나 신앙의 말을 늘 입으로 말하는 것이 신앙이 아니다. 삶에서 하나하나 살아가는 것이 신앙이다.

לִפְנֵי יְהוָה

리프네 아도나이

아브람의 나이 아흔아홉이 되었을 때에, 주님께서 그에게 나타나셔서 말
씀하셨다. "나는 전능한 하나님이다. **나에게** 순종하며, 흠 없이 살아라."
_ 창 17:1

'나에게'로 번역된 표현은 직역하면 '내 앞에서'다. '여호와'로 번역되
며 **아도나이**라고 읽는 이스라엘 하나님의 이름과 함께 '~ 앞에서'를 의
미하는 **리프네**를 결합한 **리프네 아도나이**는 '여호와 앞에서'를 의미한
다. 언제 어디서건 하나님 앞에서 살아가는 삶을 가리킨다. 하나님께서
아브람에게 요구하시는 '흠 없는 삶'은 어디까지나 '하나님 앞에서의
흠 없음'이다.

하나님께서는 사람이 먼지와 같은 존재임을 아셔서 사람을 가엾게 여
기신다(시 103:13-14). 그러므로 완전과는 정말 거리가 먼데도 먼지 같
은 사람을 향해 하나님께서 명하신 '완전하라'는 의미는 내 안의 어떤
가능성, 잠재력을 믿는 것이 아니라, 우리를 가엾게 여기시는 하나님을
신뢰하며 머물러 있지 말고 한 걸음 나아가라로 이해할 수 있다. '완전'
혹은 '흠 없음'의 기준은 '하나님 앞에서'다. 사람 보기에 그럴듯한 행
동이 아니라 하나님께서는 하나님 앞에서 제대로 된 행동을 찾으신다.

אֵלִיָּהוּ

엘리야후(엘리야)

길르앗의 디셉에 사는 디셉 사람 **엘리야**가 아합에게 말하였다. "내가 섬기는 주 이스라엘의 하나님께서 살아계심을 두고 맹세합니다. 내가 다시 입을 열기까지 앞으로 몇 해 동안은 비는커녕 이슬 한 방울도 내리지 않을 것입니다." _ 왕상 17:1

예언자 엘리야의 히브리어 발음 **엘리야후**는 "여호와는 나의 하나님" 혹은 "주님은 나의 하나님"이다. 엘리야의 평생 사역은 누가 하나님이신지를 드러내고 선포하는 일이었다. 북왕국 이스라엘 아합의 시대는 북왕국의 전성기 가운데 하나였다. 쿠데타를 일으켜 집권한 오므리는 수도를 사마리아로 옮겼고 그 아들 아합의 시대까지 강한 나라를 이루었다. 여기에 빠지지 않은 것이 바알 신앙의 확산이었고, 아합의 아내 이세벨은 날로 확장되는 바알 신앙의 핵심 후원자이기도 했다. 그에 맞서 엘리야는 갈멜산에 바알 예언자를 모두 모아서 누가 정말 하나님인지를 드러내기도 했다. 또한 사르밧 과부와 같은 가난한 이를 찾아가 그의 집을 풍성하게 하고, 아합과 이세벨에게 포도원을 빼앗긴 나봇을 대신해 왕가에 임할 심판을 선포했다. 이름값을 못하고 사는 사람도 많지만, 엘리야는 진실로 그의 이름대로 살아간 사람이었다.

יְשַׁעְיָהוּ

예샤야후(이사야)

이것은, 아모스의 아들 **이사야**가, 유다 왕 웃시야와 요담과 아하스와 히스기야 시대에, 유다와 예루살렘에 대하여 본 이상이다. _ 사 1:1

우리말로 '이사야'로 옮겨진 히브리말 **예샤야후**는 "여호와는 구원이시다" 혹은 '여호와의 구원'을 뜻하는 이름이다. 이사야서 1장 1절은 이사야가 활동한 시대를 웃시야에서 히스기야 시대까지로 들고 있는데, 이 시기 동안 주로 이사야가 선포했던 말씀은 구원이 아니라 심판이었다. 하나님을 믿으며 그분이 베푸실 구원을 사모한다고 구원이 오는 것이 아니다. 하나님께서 명하셨고 지금도 촉구하시는 하나님의 규례와 법도를 따라 행하는 것이 구원의 길이다. 그러나 웃시야 시대 이래 유다는 거의 대부분의 시간 동안 하나님의 명령을 따르기보다는 강한 나라를 의존했다. 그리고 고아, 과부, 나그네 같은 사회적 약자를 돌보라는 예언자의 고발을 듣지 않았으니, 그들을 기다리는 것은 당연히 멸망이었다. 이사야서가 담고 있는 구원의 메시지는 40장 이후에 강렬하게 나타난다. 바벨론에 포로로 끌려간 신세, 그리고 포로에서 돌아온 초라한 공동체의 현실에도 이사야서는 그들을 향한 하나님의 구원을 선포하며, 이리와 어린 양이 함께 뛰어노는 새로운 세상, '새 하늘과 새 땅'을 선언한다(사 65:17-25). 그래서 이사야가 전한 심판은 모든 것의 끝이 아니었다. 끝난 것 같았지만, 모든 불의에 대한 심판 이후에, 하나님께서는 누구라도 평화롭게 살아갈 수 있는 평화의 세상을 약속하신다. 참으로 이사야는 '여호와의 구원'을 전했다.

 이르메야후(예레미야)

그래서 그 고관들이 **예레미야**를 붙잡아서, 왕자 말기야의 집에 있는 물 웅덩이에 집어넣었다. 그 웅덩이는 근위대의 뜰 안에 있었으며, 사람들 은 **예레미야**를 밧줄에 매달아 웅덩이 속으로 내려보냈는데, 그 물웅덩이 속에는 물은 없고, 진흙만 있어서, **예레미야**는 진흙 속에 빠져 있었다. _ 렘 38:6

예레미야의 히브리어 표기인 **이르메야후**의 의미가 무엇인지는 단정하 기 어렵다. 아마도 "여호와께서 던지셨다, 여호와께서 높이셨다, 여호 와께서 세우셨다"를 의미할 수도 있다. 참으로 예레미야의 삶은 주 하 나님께서 주관하셨다. 다른 예언서에서 볼 수 없는 예언자 내면의 깊은 고통과 괴로움을 다루는 예레미야서의 다섯 대목의 본문은(렘 11:18- 12:6, 15:10-21, 17:12-18, 18:18-23, 20:7-18), 이 신실한 하나님의 사람 의 속이 어디까지 내려갔는지를 생생하게 보여준다. 그 마지막은 그래 도 하나님을 찬양하는 것으로 끝맺지 않고(가령 20:13), 자신이 태어난 날에 대한 저주, 그리고 이토록 고통스러운 삶의 의미가 무엇인지에 대 한 괴로운 토로다(20:14-18). 이에 상응하는 것이 예레미야가 내내 겪 은 극심한 고난이었다. 특히 예레미야서 37-44장은 '예레미야 수난기' 라 불리며, 그가 겪은 고초를 묘사한다. 심지어 그는 물 한 방울 없는 진 흙 구덩이에 던져져 죽기만을 기다려야 했다. 그의 이름의 의미가 무엇 이든, 그의 실제 삶은 그야말로 극심한 환난과 고통이었고, 그의 내면 역 시 전혀 평화롭지 않았다. 그러나 그가 겪은 고난은 그의 죄로 인한 고 난이 아니라 죄악 가득한 백성이 겪어야 할 고난이었다. 그래서 예레미 야는 구약에서 보게 되는 고난받으신 예수 그리스도이기도 하다.

 예헤즈켈(에스겔)

주님께서 바빌로니아 땅의 그발 강가에서 부시의 아들인 나 **에스겔** 제사장에게 특별히 말씀하셨으며, 거기에서 주님의 권능이 나를 사로잡았다. _ 겔 1:3

우리말 성경은 **예헤즈켈**을 '에스겔'로 옮겼는데, 그것은 "하나님께서 강하게 하신다"라는 의미다. 다른 예언자들과 달리, 에스겔은 포로로 끌려간 바빌로니아의 그발 강가에서 하나님의 권능이 강하게 임하시는 것을 경험하며 예언자로서의 사역을 시작하게 되었다. 이방의 낯선 땅이었지만 에스겔은 온 땅을 두루 살피며 행하시는 하나님께서 보여 주시는 환상을 겪었고(겔 1장), 하나님의 말씀을 도무지 들으려 하지 않는 패역한 백성들에게 보내졌다(2:3-3:11). 얼굴에 쇠가죽을 쓴 고집센 백성들이었기에(3:7), 하나님께서는 에스겔의 얼굴도 쇠가죽을 씌운 것처럼 단단하게 하셨다(3:8). 에스겔서 3장 9절에서 하나님께서 에스겔을 굳게 하셨다고 했는데, 여기서 '굳다'로 옮겨진 히브리어는 에스겔의 이름에도 들어 있는 같은 단어다. 에스겔은 하나님께서 굳게, 강하게 하신 이이며, 그에게 하나님께서는 '특별히 말씀'하셨다. 그래서 에스겔서는 예루살렘이 아니라, 이방의 그발 강가에서도 주 하나님께서 임하시며 오히려 더욱 강하게 행하시는 것을 보여준다. 주 하나님은 온 땅의 하나님이시다.

אָבוֹת / אָב
א브/아보트

나봇이 아합에게 말하였다. "제가 **조상**의 유산을 임금님께 드리는 일
은, 주님께서 금하시는 불경한 일입니다." _ 왕상 21:3

아브는 '아버지'를 의미한다. '아브'의 복수형 **아보트**는 '아버지들', 그
래서 '조상들'을 의미한다. 이스르엘 땅에 별궁을 마련한 아합 임금이
새 궁전에 포도원 혹은 정원을 가꿀 용도로 궁전에 인접한 나봇의 포
도원을 사려고 한다. 자신의 땅을 아주 비싼 값에 팔든지, 아니면 그 대
신 다른 곳의 좋은 땅을 마련할 수 있는 기회이건만, 나봇은 이땅을 파
는 일은 주님이 금하시는 일이라며 거절한다. 이것은 땅을 사고 팔아서
는 안 된다는 레위기 25장 23절과 관련된 것이다. 아합에게 포도원은
돈으로 사고 팔 수 있는 물건이었으나, 나봇은 그 땅을 가리켜 '조상의
유산'이라고 부른다. 나봇에게 그 땅은 그저 물건이 아니라 하나님께
서 그의 조상들에게 주신 땅, 조상들의 삶과 이름이 모두 담겨 있는 공
간이었다. 결국 아합의 아내 이세벨은 못된 음모로 나봇 집안을 죽이고
그 땅을 빼앗는다. 그렇게 농부의 포도원을 약탈했지만, 하나님께서는
그 농부의 죽음에 대한 책임을 물으며 아합과 이세벨의 왕가 전체를 심
판하신다. 구약에는 내세에 대한 신앙이 거의 나타나 있지 않지만, 고
대 이스라엘은 그들이 살아가는 땅과 조상들이 단단히 결합되어 있다
고 여겼다.

오벳에돔

그래서 주님의 궤가 가드 사람 **오벳에돔**의 집에서 석 달 동안 머물렀는데, 그때에 주님께서 **오벳에돔**과 그의 온 집안에 복을 내려주셨다.
_ 삼하 6:11

오벳에돔은 '에돔 신을 섬기는 종(예배자)'이라는 이름으로, '사람'을 뜻하는 '아담'으로 읽을 경우 '사람의 종'을 의미할 수도 있다. 어느 쪽이든, 고유명사이기보다는 직책이나 신분과 연관된 표현일 것 같다. 본문은 **오벳에돔**을 두고 '가드 사람'이라 알린다. 여기서의 '가드'는 블레셋 지역의 가드일 것이다. 예를 들어 다윗을 따르는 군사들 가운데 가드에서 온 600명이 있었다(삼하 15:18). 그러나 역대지상 15장 18, 24절은 그를 레위 지파 출신 문지기로, 역대지상 15장 21절과 16장 5절에서는 레위 지파 출신 찬양대로 언급한다. 역대지상 26장 4-5절은 문지기 **오벳에돔**의 여덟 아들을 소개하면서 "하나님께서 **오벳에돔**에게 이와같이 복을 주셨다"고 언급하기도 한다. 그럼에도 **오벳에돔** 같은 이름은 레위 지파에는 전혀 어울리지 않는다. 다윗을 따라 블레셋에서 넘어온 군대에 속했던 사람으로 보는 것이 자연스럽다. 하나님의 거룩한 궤가 일시적이지만 머물렀던 곳이 가드 사람 **오벳에돔**의 집이었다는 점은, 하나님이 혈통이나 민족에 제한되는 분이 아님을 분명히 보여준다. 누구라도 지금 하나님을 예배하는 이에게 과거가 어떠하든, 출신이 어떠하든, 어떤 존재이든, 하나님께서는 함께하며 복을 주신다.

אֶבֶן הָעֵזֶר

에벤 하이제르(에벤에셀)

사무엘이 돌을 하나 가져다가 미스바와 센 사이에 놓고 "우리가 여기에 이르기까지 주님께서 우리를 도와주셨다!" 하고 말하면서, 그 돌의 이름을 **에벤에셀**이라고 지었다. _ 삼상 7:12

특정한 장소에서 경험한 하나님의 구원을 기념하고 기억하기 위해 돌을 세우는 것을 구약에서 종종 볼 수 있다(예를 들어 수 4:3-7). 사무엘상 7장에 등장하는 돌 역시 그러하다. 사무엘의 지도 하에 이스라엘 자손은 오래도록 시달리던 블레셋에 맞서 큰 승리를 거두었다. 이러한 승리는 그들이 그때까지 마음을 주던 이방 신들과 신상을 모두 제거하고 오직 하나님만을 섬기겠다고 결정한 것(삼상 7:3-4), 그리고 현실에 굴복하지 않고 미스바에 모여 죄를 고백하며 하나님을 구한 것(7:5-6)과 연관된다. 블레셋과의 전투에서 승리한 후 사무엘은 돌을 세워 이 사건과 승리를 기념했고, 이 돌을 **에벤에셀**(히브리어 발음은 **에벤 하이제르**다)이라 불렀다. **에벤**은 '돌', **에셀**은 '도움'을 의미하니, **에벤에셀**은 '도움의 돌'로 옮길 수 있다. 하나님께서 여기에서 그들을 도우신 것을 그렇게 기념했다. 이스라엘도, 오늘의 우리도 살면서 지나가는 곳곳, 순간순간에 하나님의 도우심을 경험한다. **에벤에셀**을 세워 그 시간과 그 공간을 기념하고 기억하는 것은, 앞으로도 언제건 굴복하거나 체념하지 않고 믿음으로 살겠다는 마음을 새롭게 하게 한다.

 라야

아름답기만 한 그대, 나의 **사랑**, 흠잡을 데가 하나도 없구나. _ 아 4:7

여성형 명사 **라야**는 기본적으로 여자인 '친구'를 의미한다. 구약성경에서는 오직 아가서에서만 9번 쓰였고, 모두 남자 주인공이 자신의 연인인 여성을 부를 때 사용하는 말로 쓰였다. 그래서 아가서에 쓰인 이 9번의 용례에서 전부 1인칭 대명사와 결합해 '나의 사랑'(라야티)이라는 표현으로 쓰였다. 남자가 보기에 그의 사랑인 여성의 모든 것은 아름답다. 사랑은 상대방의 모든 존재 자체가 오직 아름다움이다. 그렇기에 그가 보기에 그의 사랑인 여성에게는 아무런 흠이 없다. 누구라도 이것은 사랑에 빠진 사람의 대사임을 알 수 있다. 사랑은 상대의 존재 전체가 아름다움이며 흠이 없다. 다른 이가 보기에 달리 볼 수도 있지만, 사랑은 상대의 전부를 흠 없는 아름다움으로 보게 한다. 그렇기에 아가서는 그 백성을 향한 하나님의 사랑, 교회를 향한 주님의 사랑으로 이해될 여지를 준다. 상대방의 존재, 즉 성별이든 인종이든 사회경제적 지위든 성적 지향이든, 존재 자체를 두고 문제가 있다 말하는 것은, 그래서 실질적으로는 사랑의 반대말, 즉 '혐오'가 된다.

 레아

한 백성끼리 앙심을 품거나 원수 갚는 일이 없도록 하여라. 다만 너는 너의 **이웃**을 네 몸처럼 사랑하여라. 나는 주다. _ 레 19:18

'이웃'을 의미하는 명사 **레아**는 '사귀다'를 의미하는 동사 '라아'에서 파생한 명사다. 같은 동사에서 파생한 여성형 명사 '라야'가 아가서에서만 쓰이며 '연' 혹은 '사랑'으로 옮겨진 반면, 남성형 명사 **레아**의 가장 널리 쓰이는 의미는 '이웃'이다. 이웃으로서 **레아**는 이런저런 이유로 함께 걸어가게 되고 함께 사귀게 된, 곁에 있는 사람들이다. '이웃'과 사이가 좋을 수도 있지만, 서로의 경제적, 사회적 차이로 인해 권력 관계가 발생하기도 하며, 미움의 대상이 되기도 한다. 레위기 19장 18절 역시 첫머리에 '앙심' '원수 갚는 일'을 언급하는 것을 볼 때, 서로 사이가 좋지 않은 이웃 관계를 다룬다고 여겨진다. 그러나 이 말씀은 이웃을 대하는 근본적인 원칙으로 '네 이웃을 네 몸처럼'으로 제시하며 그것을 두고 '사랑'이라 표현한다. 여기서 '사랑'은 감정이 아니라 '이웃의 몸을 내 몸처럼 여기는 태도'다. 그리고 심지어 갈등 중에 있는 이웃을 설정했다는 점에서, '내 몸처럼 사랑하는 이웃'의 대상에는 한계도 없고 아무런 자격 조건도 없음을 알 수 있다. 괜찮은 이웃이라 사랑하는 것이 아니라, 함께 살아가게 된 사람이기에 사랑하는 것이다.

 아담

사람이 무엇이기에 주님께서 이렇게까지 생각하여주시며, **사람**의 아들이 무엇이기에 주님께서 이렇게까지 돌보아주십니까? _ 시 8:4

시편 8편 4절에서 '사람의 아들'로 옮겨진 '벤 **아담**'은 구약에서 '사람'을 가리키는 일반적인 표현이다. '사람'을 의미하는 **아담**은 '땅' 혹은 '흙'을 의미하는 '아다마'와 연관된다. **아담**이라는 이름 자체는 사람이 흙으로 만들어진 존재라는 점을 보여준다. 사람을 '티끌'(시 103:14)과 같다 표현하는 것도 이와 연관된다. 그러나 성경은 이 사람을 하나님께서 하나님의 형상과 모양대로 만드셨다고 증언한다(창 1:26-27). 사람은 흙이지만 하나님의 형상과 모양이다. 사람의 한계가 흙으로 드러나고, 사람의 존귀는 하나님의 형상과 모양으로 표현된다. 존귀한 사람이기에 하나님께서는 그를 생각하고 돌보며 존귀와 영화를 주셨다(시 8:5). 그러므로 "능력대로 얻는다"는 능력주의는 성경과 지극히 거리가 멀다. 누구라도 하나님의 형상이니 존귀하고, 제아무리 대단해도 흙이니 의지하거나 자랑할 것이 없다.

אור

오르

하나님이 말씀하시기를 "**빛**이 생겨라" 하시니, **빛**이 생겼다. _ 창 1:3

오르는 '빛'이다. 창세기 본문은 빛의 출처가 주 하나님임을 명확히 선언한다. 이 진술은 과학적 유래를 설명하는 것이 아니라 우리가 살아가는 모든 삶의 본질적인 가치를 설명한다. 온통 어두워 아무것도 보이지 않을 때, 무엇이 옳고 그른지 분간하기 어려울 때, 하나님께서는 "빛이 생겨라" 말씀하신다. 그렇기에 "주님의 말씀은 내 발의 등불이요, 내 길의 빛"이다(시 119:105). 또한 하나님께서는 빛을 생겨나게 하셔서 어둠을 없애신 것이 아니라 빛과 어둠을 나누어 제 역할, 제 자리를 잡게하셨다. 어둠 덕분에 사람은 깊고 편하게 잠들 수 있다. 어둠이라고 무조건 나쁠 수는 없다. 하나님은 빛과 어둠을 모두 지으신 분이며, 평안도 주고 재앙도 일으키는 분이다(사 45:7). 모든 것이 하나님께로부터 비롯되었음을 기억할 때, 때로 괴롭고 어려운 상황 속에서도 하나님을 신뢰하며 마침내 비추실 빛을 기대하며 걸어갈 수 있다.

 에하드

모든 백성이 **한꺼번에** 수문 앞 광장에 모였다. 그들은 학자 에스라에게, 주님께서 이스라엘에게 명하신 모세의 율법책을 가지고 오라고 청하였다. _ 느 8:1

에하드는 '하나'를 의미하는 수사다. 여럿인데도 **에하드**를 사용해 '하나'임을 강조하는 경우들이 있다. 예를 들어 야곱은 라헬을 사랑했기에 그를 아내로 맞기 위해 7년을 '며칠같이' 여겼다(창 29:20). 여기에서 '며칠같이'로 옮겨진 히브리어 표현에도 **에하드**의 복수형이 포함되었다. 7년이라는 짧지 않은 기간이지만, 마치 그저 '하루'인 날들이 여럿 있는 것으로 여겨졌다는 것이다.

이와 비슷하게, 공동체 전체가 마치 한 사람처럼 행동하는 것도 **에하드**를 사용해 표현한다. 에스라기-느헤미야기의 경우, 포로에서 돌아온 백성들이 하나님을 예배하는 공동체로 마치 한 사람처럼 따르고 행하는 것을 이같은 말로 표현한다(스 2:64, 3:1, 9, 6:20, 느 7:66, 8:1). 어떤 경우에는 한 사람 한 사람의 다채로움이 존중되어야 하며 전체를 위해 결코 묻혀서도 안 된다. 에스라기-느헤미야기는 많은 사람으로 이루어진 공동체가 마치 한 사람인 것처럼 하나님의 율법에 순종하며 함께 모이는 것을 보여준다.

엘

하갈은 "내가 여기에서 나를 보시는 하나님을 뵙고도, 이렇게 살아서, 겪은 일을 말할 수 있다니!" 하면서, 자기에게 말씀하신 주님을 '보시는 **하나님**'이라고 이름지어서 불렀다. _ 창 16:13

'하나님' 혹은 '신'을 의미하는 **엘**은 이스라엘의 하나님 여호와를 가리킬 수도 있고 이방의 신들을 가리킬 수도 있다. 이스라엘의 하나님을 표현하기 위해 그들은 **엘**을 꾸며주는 말을 덧붙였다. '영생하시는 하나님'(창 21:33), '살아계시는 하나님'(시 42:8), '질투하는 하나님'(출 20:5, 34:14) 등이 그 예다. 사래와 아브람의 합의로 하갈은 아브람의 아이를 잉태하게 되었으나 그로 인해 사래의 미움을 받고 학대를 받게 되었다. 학대에서 벗어나 살려고 하갈은 사래로부터 도망쳐 광야에 이르렀을 때, 그에게 자손의 번성을 축복하시는 하나님을 만나게 되었다. 하나님께서는 억울하게 주인에게 학대당하는 이집트 여종을 내버려두지 않고 그의 사정과 괴로움을 보셨다. 주 하나님은 이렇게 고통받는 이들의 고통과 괴로움을 보시는 하나님, 그들의 부르짖음을 들으시는 하나님이다. 이스라엘의 하나님은 이처럼 괴롭고 슬픈 사람들, 쫓겨나고 도망쳐야 하는 사람들을 보시는 하나님으로 스스로를 드러내신다.

엘로힘

하나님이 손수 만드신 모든 것을 보시니, 보시기에 참 좋았다. 저녁이 되고 아침이 되니, 엿샛날이 지났다. _ 창 1:31

엘로힘은 이스라엘의 하나님을 가리킬 때 복수형처럼 생겼지만 단수형이고, 이방의 신을 가리킬 때 '신들'을 의미하는 복수로 쓰인다. '엘'과 **엘로힘**은 모두 이스라엘의 하나님이나 이방의 신을 가리킬 수 있다. 이런 경우 이름만으로는 누가 누구인지 식별되지 않는다. 그래서 하나님의 하나님 되심은 이름이 아니라 그분이 행하시는 일들로 구별된다고 할 수 있다. **엘로힘**은 '재판관'을 뜻하기도 하는데(예를 들어 출 21:6, 22:8, 9, 28, 시 82:1, 6), 하나님이야말로 모든 이의 재판장이심을 생각할 때, 하나님과 마찬가지로 **엘로힘**이라 불리기도 하는 이땅의 재판장은 하나님을 대신하는 존재임을 보여준다. 이스라엘 하나님의 고유한 이름이 '여호와'임을 생각하면, **엘로힘**으로 소개되는 본문은 이스라엘 하나님의 보편적인 특징, 온 세상을 만들고 다스리시는 통치자의 측면을 부각시킨다고 볼 수 있다. 창세기 2장 4절 후반절부터 3장에서 하나님을 일관되게 '여호와 하나님'(새번역 '주 하나님')으로 표현한 것과 대조적으로, 창세기 1장은 오직 **엘로힘**, 즉 '하나님'만을 사용한다는 점에서 의도적이다. 세상을 지으신 하나님은 이스라엘을 넘어 온 세상의 창조주다.

엠

너희는 저마다 **어머니**와 아버지를 공경하여라. 너희는 또 내가 명한 여러 안식일을 다 지켜라. 내가 주 너희의 하나님이다. _ 레 19:3

히브리어 **엠**은 어머니이고 '아브'는 아버지여서, 묘하게도 우리말과 비슷하다. 십계명에도 부모 공경을 명령하는데(출 20:12, 신 5:16), 그곳에서는 '네 아버지와' '네 어머니'의 순으로 된 반면, 레위기 19장 3절에서는 어머니가 아버지보다 먼저 언급된다는 점에서 매우 특이하다. 레위기 19장 32절에서는 백발이 성성한 어른, 나이 든 어른을 공경할 것을 명령하며, 33-34절은 이스라엘 가운데 함께 사는 외국인 나그네를 네 몸처럼 사랑하라 명령한다. 이렇게 레위기 19장의 약자에 대한 일관된 관심을 고려할 때, 3절에서 어머니가 먼저 언급된 것은 아버지보다 더 취약할 수 있는 존재이기 때문이라 볼 수 있다. 3절의 어머니와 아버지는 한창 때가 아니라 나이가 들어 쇠한 상태의 어머니와 아버지다. 그런데 3절에서 '공경하다'로 옮겨진 히브리어 '야레'는 하나님을 목적어로 하여 "하나님을 경외하다"로 쓰이는 동사다(예를 들어 창 22:12, 출 1:17, 시 55:19). 레위기 본문은 이 동사 '경외하다'의 목적어로 약해진 부모, 특히 약해진 어머니를 둔다. 그래서 하나님에 대한 경외는 가장 약한 사람을 귀히 여기고 돕고 섬기는 것으로 드러난다는 것을 명확히 보여준다.

 아만

백성은 다음날 아침 일찍 일어나서, 드고아 들로 나갔다. 나갈 때에, 여호
사밧이 나서서 격려하였다. "유다와 예루살렘 주민은 내가 하는 말을 들
으십시오. 주 우리의 하나님을 **믿어야만 흔들리지 않습니다**. 주님께서 보
내신 예언자들을 신뢰하십시오. 우리는 반드시 이깁니다." _ 대하 20:20

> **아만** 동사는 니팔(Niphal)이라는 형태가 되면 '견고하다, 확립되다' 같
> 은 의미가 되고, 히필(Hiphil)이라는 형태가 되면 '믿다, 신뢰하다' 같은
> 의미를 지닌다. 그래서 역대지하 20장 20절에서 '믿다'는 **아만**의 히필
> 형, '흔들리지 않다'는 니팔형이 각각 쓰였다. 이렇게 같은 동사의 다른
> 형태를 사용하면 말하고자 하는 바를 더욱 강조하고 또렷하게 하는 효
> 과가 있다.

전쟁을 앞두고 누구든 군사력이 중요하고 전략도 중요할 것이다. 그러
나 하나님의 백성들에게 가장 근본적인 사항은 주 하나님에 대한 신뢰
다. "믿기만 하면 다 이긴다"는 의미가 아니라, 하나님을 신뢰하며 전쟁
할 때, 이겨도 자신의 능력 때문이 아님을 알고 함께 승리의 기쁨을 다
른 이들과 나누게 될 것이고, 지더라도 하나님의 이끄심을 신뢰하며 다
음에 걸어갈 길을 굴하지 않고 나아가게 될 것이기 때문이다. 그래서
'견고함'은 만사형통을 말하는 것이 아니라, 어떤 상황에서도 체념하거
나 포기하지 않고 한 걸음 나아가는 것을 말한다고 여겨진다. 하나님에
대한 신뢰가 견고함을 가져온다.

אַף
아프

그의 **코**에서 연기가 솟아오르고, 그의 입에서 모든 것을 삼키는 불을
뿜어내시니, 그에게서 숯덩이들이 불꽃을 튕기면서 달아올랐다.
_ 삼하 22:9

아프는 '코'를 의미한다. 그런데 코가 얼굴의 가운데 있어서, "코를 땅
에 댄다"는 표현은 구약성경에서 "얼굴을 땅에 대고 엎드리다"를 의미
한다(예를 들어 창 19:1, 42:6, 민 22:31). 무엇보다도 코는 호흡을 하는
기관이다. 하나님께서 만드신 사람의 코에 생기를 넣으신 이래(창 2:7),
코에 하나님의 숨이 있으면 살아있는 것이다(욥 27:3). 그렇기에 코의
숨이 사라지면 끝나는 인생은 의지할 대상이 되지 못한다(사 2:22). 종
종 화가 난 사람의 얼굴을 그릴 때 코에서 콧김을 내고 있는 모습으로
그리는 것을 볼 수 있는데, 히브리어에서도 '콧김'은 자주 '노여움, 분
노'를 나타낸다. 사무엘기하 22장 9절(=시 18:8)에서 하나님의 "코에
서 연기가 솟아오른다"라는 표현 역시 하나님의 진노를 표현한다. 하
나님께서 진노하시면 누구도 그 앞에 설 수 없다. 죽음이 자신을 두르
고 있는 것 같은 상황 속에서 고통을 겪는 자가 하나님께 기도하면(삼
하 22:5-7), 하나님께서는 그를 위하여 분노하셔서 세상 가운데 행하
신다. 그의 '콧김'으로 인해 바다 밑바닥이 드러나고 땅의 기초도 드러
난다(삼하 22:16). 그 모든 숨겨진 것들이, 그 모든 권세들이 무너지고
깨어지며, 하나님께서는 곤고한 그 백성을 인도하고 구원하신다(삼하
22:19-21).

아론

그때가 이르러서, 너희가 이땅에서 번성하여 많아지면, 아무도 다시는 주의 언약**궤**를 말하지 않을 것이다. 나 주의 말이다. 그것을 다시는 마음 속에 떠올리지도 않을 것이며, 기억하거나 찾지도 않을 것이다. 그것이 필요도 없을 것이다. _ 렘 3:16

아론은 헌금을 담는 상자를 가리키는 말로도 쓰였지만(예를 들어 왕하 12:10, 대하 24:10), 구약에서 주로 궤 혹은 법궤를 가리키는 단어로 쓰인다. 아카시아 나무로 만들어서 순금을 안팎에 입힌 궤 안에는 하나님 께서 친히 십계명을 기록하신 판을 넣었다(출 25:10-16). 궤의 양쪽에 고리를 달아서 채를 끼우도록 되어 있어서, 궤는 처음부터 고정된 장소 가 아니라 이스라엘 백성과 함께 이동하도록 의도되었다.

궤는 하나님께서 그들과 함께하심을 상징하지만, 궤가 있다 하여 어떤 신비스러운 능력으로 무조건 안전을 보장하지는 않는다. 궤를 들고 전쟁 에 나간 이스라엘이 궤를 **빼앗겼다**는 내용(삼상 4:1-22)은 하나님의 임 재를 자신들의 필요에 따라 사용하려는 이들에게 일어나는 참상을 보여 준다. 궤에 대한 언급은 출애굽기부터 열왕기까지 종종 언급되지만, 특 이하게도 예언서에서는 예레미야서 3장 16절을 제외하고는 단 한 번도 언급되지 않는다. 궤를 꾸며주는 말로 '언약'이라는 표현이 붙곤 하는데, 이 표현에서 보듯, 하나님의 언약에 순종하지 않는 이들에게 궤는 아무 런 의미가 없기 때문일 것이다. 그 한 번의 경우인 예레미야서 본문은 하 나님께서 회복하실 그날에 사람들이 더 이상 언약궤에 대해 언급하지도 않고 기억조차 하지 않게 될 것이라 선언한다. 언약궤의 본질은 하나님 께 대한 경외와 순종이지, 그 어떤 마술적인 능력이나 효과가 아니다.

 에레쯔

그러나 일곱째 해에는 나 주가 쉬므로, **땅**도 반드시 쉬게 하여야 한다.
그 해에는, 밭에 씨를 뿌려도 안 되며, 포도원을 가꾸어도 안 된다.
_ 레 25:4

'땅'으로 번역되는 **에레쯔**는 곡물을 자라게 하는 토양이나 사람이 살아
가는 공간 모두를 포함한다. 하나님께서는 태초에 하늘과 땅(**에레쯔**)을
지으셨다. 레위기 본문은 매 7년은 '안식년'이라 선언하는데 이는 엄밀
히 말하면 '사람을 위한 안식년'이 아니다. 4절에서 보듯, 7년째는 주님
이 쉬시는 '주님의 안식년'이면서 땅이 쉬는 '땅의 안식년'이다. 주님이
쉬시니 땅에 씨 뿌리며 괜한 수고하지 말라는 것이다. 주 하나님께서
쉬신다는 표현이 다소 이상하지만, 그만큼 7년째 농사짓지 않고 땅을
쉬게 하는 것이 중요하다는 것을 강조한다. 이같은 표현은 땅이 그저
사물이나 대상이 아니라 쉼이 필요한 존재라고, 고대 이스라엘이 생각
했음을 보여준다. 그래서 사람이 죄를 저지르면 땅이 사람을 토해낸다
는 생각도 구약에서 볼 수 있다(레 18:24-25). 창조주 하나님을 찬양하
는 존재로 사람만이 아니라 땅과 땅 위의 산, 나무, 안개와 광풍도 열거
하는 시편 구절(시 148:7-9) 역시 땅과 나무, 자연 현상 모두를 하나님
을 찬양하는 존재로 여긴 고대 이스라엘의 생각을 반영한다. 이를 고려
하면 오늘날 마치 땅이 사람의 소유라도 되는 양 마구 개발하고 건물을
짓고 공장을 세우는 인류의 행태는 지극히 폭력적이며 오만한 짓임을
깨닫게 된다. 지금이 계속된다면 언젠가 땅이 사람을 토해낼 것이다.

 하마스

내 원수들을 지켜봐주십시오. 그들의 수는 많기도 합니다. 그들은 **불타는** 증오심을 품고, 나를 미워합니다. _ 시 25:19

하마스는 '폭력' 그리고 '폭력으로 저지른 죄악'을 의미한다. 다른 이에게 폭력을 행할 수 있다는 것은 기본적으로 힘의 불균형에서 비롯되는 것이기에, 이러한 폭력을 행하는 주체로 왕궁의 권력(암 3:10), 부자(미 6:12), 통치자(겔 45:9), 그리고 앗수르와 바벨론 같은 강대국(욘 3:8, 합 2:8) 등이 언급된다. 이렇게 군사력이나 경제력이 더 강해서 폭력을 휘두르는 이들뿐 아니라 수적으로 다수를 차지해서 그렇지 못한 소수의 사람을 억누르는 경우도 있는데 시편 25편 19절이 그것을 보여준다. 시인은 두 번이나 자신이 '괴롭다'고 표현하는데(시 25:16, 18), 이 표현은 달리 '가난하다'(아니)로 이해될 수 있다. 19절은 '폭력의 미움'을 '불타는 증오심'으로 옮겼는데, 이 멋진 번역은 다수의 힘 있는 자들에 의해 저질러지는 미움과 혐오 역시 '폭력'임을 잘 보여준다. 다윗의 후손된 왕은 '불쌍한 자'(아니)를 억울하지 않게 하는 것(시 72:4)으로 스스로의 존재 이유를 입증해야 한다. 통치자는 힘 있는 자, 돈 있는 자와 결탁할 것이 아니라 가난한 백성의 피를 소홀히 여기지 않고 그들을 힘과 돈 있는 자들의 '폭력'(**하마스**)에서 건져내야 한다(시 72:14).

 베게드

그런 다음에 리브가는, 자기가 집에 잘 간직하여둔 맏아들 에서의 **옷** 가운데 가장 좋은 것을 꺼내어, 작은 아들 야곱에게 입혔다. _ 창 27:15

베게드는 가난한 사람이 걸친 가장 기본적인 옷가지에서 제사장의 거룩한 옷, 부유한 이들의 화려한 옷까지 모든 의복을 가리킨다. 리브가와 야곱은 장자의 권리를 차지하기 위해 에서의 옷을 입고 이삭에게서 축복을 가로챈다. 훗날 야곱이 그리도 아끼던 아들 요셉을 장사꾼들에게 팔아넘긴 야곱의 다른 아들들은 요셉의 채색옷을 찢고 거기에 피를 묻혀 요셉이 죽었다며 아버지 야곱을 속인다(창 37:31-32). 아버지를 속인 야곱은 아들들에게 속고, 요셉을 잃은 큰 슬픔으로 인해 자기 옷을 찢는다(37:34).

옷을 찢는 것은 큰 슬픔, 후회를 표현하는 전형적인 행동이다. 창세기의 여러 장면에서 이를 볼 수 있다. 그의 슬픔은 그 이전 이삭의 슬픔이요, 에서의 분노와 겹쳐진다. 시아버지 유다가 해야 할 일을 제대로 행하지 않자, 다말은 과부의 옷을 벗고 유다를 속이며(38:14) 상황을 헤쳐나간다. 보디발의 아내의 끈질긴 유혹을 피해 자신의 옷을 벗고 나가는 바람에 누명을 썼던(39:17-18) 요셉은 하나님의 인도하심 가운데 애굽의 총리로 세워졌고 바로는 그에게 세마포 옷을 입혔다(41:41-42). 이처럼 옷은 그저 몸을 가리는 것이 아니라 옷을 입은 사람의 신분과 정체를 나타내고 주인공의 판단과 행동을 보여주는 중요한 모티브다.

 베헤마

사람이든 **짐승**이든 모두 굵은 베옷만을 걸치고, 하나님께 힘껏 부르짖어라. 저마다 자기가 가던 나쁜 길에서 돌이키고, 힘이 있다고 휘두르던 폭력을 그쳐라. _ 욘 3:8

베헤마는 사람과 함께 살아가는 짐승을 가리킨다. 기본적으로 고대 이스라엘에서 집에서 기르던 가축을 가리키되, 산과 들에서 보게 되는 가축 아닌 짐승도 포함된다. 요나의 불친절하면서도 무성의한 선포를 들은 니느웨 사람들은 금식을 선포하며 굵은 베옷을 입는다. 이것은 자신들의 잘못을 인정하고 뉘우친다는 표현이다. 백성들의 변화를 들은 니느웨 왕 역시 즉각 자신의 왕복을 벗고 베옷을 입으며 백성들의 뉘우침에 참여하고, 왕의 권세로 명령을 내려 사람뿐 아니라 **베헤마**까지도 베옷을 입게 하고 물과 음식을 먹지 않도록 한다. 짐승의 금식과 베옷 착용이라는 점에서 꽤나 풍자적인 이 내용은 니느웨 사람들의 제대로 된 철저한 회개를 부각시킨다. 그들은 금식과 베옷이라는 종교적 의식만이 아니라 폭력을 인정하고 돌이키는 구체적 삶의 변화까지 이루어낸다. 그래서 니느웨 사람들의 돌이킴은 하나님의 사랑과 많은 예언자들의 촉구에도 불구하고 제대로 돌이키지 않는 이스라엘의 고집스런 모습과 현저하게 대조된다. **베헤마**, 짐승의 베옷 입은 모습은 이스라엘의 죄악의 모습을 풍자적으로 고발한다. 짐승만도 못한 하나님 백성인 셈이다.

בּוֹשׁ 보슈

내가 이렇게 하는 것은 너희 때문이 아니라는 것을 너희가 알아야 한
다. 나 주 하나님의 말이다. 이스라엘 족속아, 너희의 행실을 **부끄러워
하고**, 수치스러운 줄을 알아라! _ 겔 36:32

'부끄러워하다'를 의미하는 동사 **보슈**는 내성적인 성격이나 사람들 앞
에 나서기 꺼려 하는 것으로 인한 부끄러움이 아니라, 스스로의 행동이
나 말로 인해 겪게 되는 수치스러움을 가리킨다. 그래서 대체로 이 동
사는 에스겔서 본문에서처럼 '수치를 당하다'라는 동사와 같이 쓰이곤
한다(예를 들어 스 9:6, 시 35:4, 사 41:11). 악을 행하고 불의를 저지른
이들은 부끄러움을 당하게 될 것이다. 하나님의 백성들은 가난해도 수
치와 부끄러움을 당하지 않을 것이다(시 14:6, 74:21, 사 50:7).
다른 한편으로 부끄러움을 느끼고 수치스러움을 알게 되는 것은 자신
들이 저지른 짓에서 돌이키는 첫걸음이기도 하다. 예레미야서 6장 15
절, 8장 12절은 이스라엘이 가증한 일을 저지르고도 조금도 부끄러워
하지도 얼굴을 붉히지도 않았다고 고발한다(또한 렘 3:3). 에스겔서 36
장 32절은 이런 맥락에 있다. 하나님을 거역하여 심판을 겪는 이스라엘
이 회복되는 시작은 자신들의 이전 행위를 부끄러워하게 되는 것이라
고 증언한다. 정말 심각한 것은 부끄러움과 수치를 모르게 되는 것, 온
통 끔찍한 일을 저지르고도 수치를 모르는 것이다.

 바하르

주님께서 당신들을 사랑하시고 **택하신** 것은, 당신들이 다른 민족들보다 수가 더 많아서가 아닙니다. 오히려 당신들은 모든 민족 가운데서 수가 가장 적은 민족입니다. _ 신 7:7

'선택하다'를 의미하는 **바하르** 동사는 이스라엘의 존재와 특별함을 설명하는 가장 중요한 단어 가운데 하나다. 이스라엘이 주 하나님을 선택한 것이 아니라, 주 하나님께서 천하 만민 가운데 이스라엘을 선택하셨다. 이스라엘의 순종과 예배가 먼저가 아니라 하나님의 선택하심과 그에 따른 인도하심과 은혜가 먼저다. 하나님께서 이스라엘을 택하신 이유는 그들의 숫자가 많아서가 아니다. 여기서 숫자는 그저 사람의 수만 의미한다기보다 이스라엘의 능력, 이스라엘의 잠재력, 이스라엘의 위대함 모두를 포함한 것이라 할 수 있다. 하나님께서는 이스라엘의 세력과 능력, 잠재성을 보고 선택하신 것이 아니다. 오히려 이스라엘은 모든 민족 가운데서 가장 적은 민족, 가장 약하고 초라하며 미미한 민족이었다. 하나님께서 약하고 적은 민족을 택하신 까닭은, 이렇게 약하고 적은 민족을 통해 하나님의 능력과 구원을 드러내기 위함이며, 그를 통해 누구라도 구원하시기 위해서다. 작고 초라한 이가 안전한 세상은 모두가 안전한 세상이기 때문이다.

 바타흐

그는 나쁜 소식을 두려워하지 않으니, 주님을 **믿으므로** 그의 마음이
굳건하기 때문이다. _ 시 112:7

바타흐는 '신뢰하다, 믿다'를 의미하는 동사다. '나쁜 소식'은 자신에 대
한 나쁜 소문이나 험담, 비난일 수도 있겠고, 현재 상황에 대한 불길하
면서도 더 어려워질 것이라는 소식, 그런 나쁜 소식일 수도 있다. 오늘
날을 살아가는 우리에게도 나쁜 댓글이나 말, 전망에 따른 나쁜 소식이
여기저기에서 들려온다. 그러나 시인은 두려워하지 않는다. 그런 것들
을 무서워하지 않는다. 그가 진실로 두려워하고 무서워하는 것은 하나
님이지, 사람이나 세상의 어떤 것이 아니다.

하나님을 경외한다는 것, 하나님을 무서워한다는 것은, 하나님 아닌 다
른 것을 크게 겁내지 않는 것, 하나님 아닌 다른 무언가에 압도되거나
좌우되지 않는 것이다. 나쁜 소식을 겁내지 않되 도리어 마음을 굳게
정하며 여호와를 '믿는다'. 그의 마음은 견고하다. 그는 하나님이 어떤
분인지 자신이 알고 있는 것을 기억하며 자신의 생각, 자신의 뜻, 자신
의 판단, 즉 자신의 마음을 굳게 정하고 견고히 했다. 그는 여호와를 자
신의 마음을 기댈 무언가, 의지할 무언가로 삼았다. 그것이 "주님을 믿
는다"는 표현의 의미다.

빈

의인은 가난한 사람의 사정을 잘 알지만, 악인은 가난한 사람의 사정쯤
은 못 **본 체한다**. _ 잠 29:7

빈은 '알다, 이해하다', 그리고 나아가 '분별하다, 깨닫다'를 의미한다.
단순한 지식의 습득이 아니라, 그 지식이 의미하는 바를 깨닫는 것을
가리킨다고 볼 수 있다. 이 동사에서 만들어진 명사 '비나'는 '명철'로
번역되곤 하는데(예를 들어 잠 1:2), '분별력, 통찰' 같은 의미로 이해할
수 있다. 잠언 29장 7절은 의인과 악인을 독특하게 구분한다. 가난한
사람의 사정을 듣게 되었을 때, 의인은 그 사정을 알고 이해한다. 아마
도 그래서 그는 함께 울고 함께 마음 아파할 것이다.

반면 악인은 어떤 사람인가? 그는 그런 사정을 '깨달으려 하지 않는다'.
새번역은 **빈** 동사와 부정어(not)가 함께 쓰인 것을 '못 본 체하다'로 옮
겼다. 뻔히 듣고 알았으면서도 모른 체, 못 본 체 한 것이다. 악인은 그런
가난한 사람의 존재를 없는 사람으로 만들어버린다. 장애인들의 이동권
을 위한 시위를 보면서도, 이런저런 소수자들의 외침을 듣고서도 마치
그 사람들이 없는 것처럼 행동하는 이들은 오늘날에도 흔히 볼 수 있다.
잠언에 따르면 그들은 악인이다. 처음부터 아픈 이들의 사정을 다 아는
이는 없다. 그러나 일단 듣게 되면 알게 되고 깨닫게 된다. 그래서 악인
과 의인의 차이는 그저 성품의 문제가 아니라 가난한 이의 사정을 듣고
난 이후에 생겨난다. 악인은 공의를 깨닫지 못하지만 주님을 찾는 이들
은 깨닫는다(잠 28:5, 이 구절에서 '깨닫다' 역시 **빈**을 옮긴 것이다).

 아도나이

나는 아브라함과 이삭과 야곱에게 '전능한 하나님'으로는 나타났으나,
그들에게 나의 이름을 **여호와**로는 알리지 않았다. _ 출 6:3

출애굽기 3장 13-15절과 6장 3절은 '여호와'라는 하나님의 이름이 모세
때 이스라엘에 처음 알려졌다고 전한다. 아주 오래 전부터 유대인들은
하나님의 이름인 4개의 자음(영어로 옮기면 Y, H, W, H)을 하나님에
대한 경외를 이유로 발음하지 않았고, 대신 '주님'을 뜻하는 히브리어
아도나이로 읽도록 **아도나이**에 붙어 있는 모음을 하나님의 이름을 이
루는 네 글자 자음에 붙였다. 그래서 긴 세월 동안 유대인은 저 이름이
나올 때마다 **아도나이**라고 읽었다. 그러나 이를 알지 못했던 중세의 유
럽인들은 **아도나이**에 쓰인 모음과 하나님의 이름 네 자음을 결합시켜
읽었고, 그 결과로 나온 발음이 '여호와'(영어로 Jehowah)였다. 그러므
로 '여호와'는 하나님의 이름이 아닌 것이 분명하다. 오늘날 학자들의
연구에 따르면 저 4개의 자음은 아마도 '야훼'로 읽었으리라 여겨진다.
그래서 하나님의 이름은 '야훼'로 읽든지, 아니면 유대인의 전통에 따
라 **아도나이**라고 읽고 번역할 때에는 '주님'으로 할 수 있다. 새번역은
이 전통을 따르고 있다.

 쿠트

그때에 너희가 너희의 악한 행실과 좋지 못했던 행실들을 기억하고, 너희의 온갖 악과 역겨운 일들 때문에 너희 자신을 **미워하게 될 것이다.**
_ 겔 36:31

쿠트는 '역겨워하다, 스스로를 미워하다'를 의미한다. 이 동사는 특히 에스겔서에서 3번 쓰여(겔 6:9, 20:43, 36:31), 이스라엘이 자신의 죄악으로 인해 하나님의 심판을 받은 후에 하나님을 기억하며 자신들이 저질렀던 일을 기억하고 스스로 미워하게 된다는 것을 가리킨다. 에스겔의 '자기혐오'는 하나님을 거역하고 못되고 역겨운 짓을 저지른 자신에 대한 합당하면서도 복된 감정의 표현이다. 문제는 대부분의 경우 지난 과거를 '악한 길, 좋지 못한 행위, 모든 죄악과 역겨운 일'로 기억하지 않는다는 점이다. 자신의 과거를 그럴싸하게 미화시키는 것은 독재정권 같은 불의한 세력만이 아니라 일상에서 우리가 흔히 저지르는 일이다. 에스겔서와 에언서에서 중요한 것은 회개가 아니라 지난 과거를 제대로 인식하고 반성하는 것이다. 아무리 하나님께서 미래를 다 변화시키셔서 이스라엘이 부끄러움과 자기 혐오를 모른다면 인간을 아예 로봇으로 만들지 않는 한 회복은 헛것이 될 것이다. 집 나갔던 탕자가 아버지의 아들이라 불리는 것을 감당하지 못하고 품꾼이 되기를 자처하는 것은 부끄러움을 아는 것, 자신의 행동에 대한 자기 혐오의 모습을 보여준 것이다. 그러나 예나 지금이나 과거의 수치스러운 짓을 덮고 아무것도 아닌 것처럼 여기며, 오히려 과거의 행동을 정당화해버리는 짓은 교회 안과 밖 곳곳에서 볼 수 있다.

 바카

울며 씨를 뿌리러 나가는 사람은 기쁨으로 단을 가지고 돌아온다.
_ 시 126:6

바카는 '울다'를 의미하는 동사다. 오랜만에 만나는 가족으로 인해 우는 경우도 있고(창 42:24), 탐욕과 불평으로 밤새 우는 경우도 있다(민 11:4, 10, 14:1). 마음의 괴로움을 인해 울며 기도하고(삼상 1:10), 가족을 잃은 절망 속에 울기도 한다(삼상 30:4, 삼하 18:33). 예언자들은 돌이키지 않는 백성에게 임할 재앙을 내다보며 운다(렘 9:1).

시편 126편은 바벨론 포로에서 돌아온 이들의 노래다. 돌아왔지만 돌아온 것 같지 않은 현실 속에서 그들은 완전한 회복을 구한다(시 126:4). 공동체의 온전한 회복을 갈망하며 체념하지 않고 하루하루를 살아가는 것을 이 시는 '울며 씨를 뿌리는 사람'으로 표현한다. 6절에 쓰인 '울다' 동사의 변화 형태는 그저 한 번 우는 것이 아니라 계속해서 우는 것을 표현한다. 이 시의 교훈은 "지금 고생하면 나중에 좋은 날이 온다"가 아니다. 이 시는 개인을 넘어서 '우리', 공동체 전체의 변화와 회복에 대한 소망과 기대를 간직하고, 도무지 그렇지 않아 보이는 현실 속에서 그럼에도 불구하고 살아갈 것을 노래한다. 그것이 '울며 씨를 뿌리는 길'이다. 그는 마침내 기쁨의 단, 포로의 온전한 회복을 경험하게 될 것이다.

베코르

그들이 나 주에게 바치면, 사람이거나 짐승이거나, 어떤 것이든지 살아 있는 것들의 태를 처음 열고 나온 것은, 모두 너의 것이다. 그러나 사람의 맏이는 네가 속전을 받고 반드시 되돌려주어야 한다. 부정한 짐승의 **맏배**도 속전을 받고 되돌려주어야 한다. _ 민 18:15

> **베코르**는 '맏이'를 뜻하며 사람과 동물 모두에게 쓰인다. 이스라엘에서 사람이건 가축이건 처음 태어난 것은 전부 주 하나님께 드려야 한다. 출애굽기는 이것을 이집트에서 하나님께서 이집트의 모든 처음 난 것, 바로의 맏아들에서부터 이집트 모든 짐승의 처음 난 새끼까지, 그 모든 처음 난 것을 다 죽이신 것과 연관시킨다(출 13:11-16). 그렇게 하나님께서 이스라엘을 이집트에서 인도하셨으니, 이스라엘은 그들의 모든 처음 난 것을 하나님께 드림으로 하나님의 구원과 은혜를 기억한다. 양과 소와 같은 가축의 처음 난 것은 제물로 드리고, 그렇게 드려진 것은 제사장의 몫이 된다. 그러나 사람의 처음 난 것을 드려 제물로 죽일 수는 없으니, 하나님께서는 다른 것으로 대신 드리라고 명하신다. 부정한 짐승 역시 이스라엘과 제사장이 먹어서는 안 되는 것이니, 부정한 짐승(예를 들어 나귀)의 맏배 역시 다른 것으로 대신 드려야 한다(출애굽기 13장 13절에서 나귀의 첫 새끼는 어린 양으로 대신한다). 이와 같은 규정은 모든 처음 난 생명이 하나님의 것임을 유념하게 한다. 우리에게 있는 모든 것은 당연한 것이 아니라 하나님의 은혜임을 기억하며 살아가는 것, 그것이 하나님의 백성의 삶이다.

 바마

그는 유다의 모든 성읍으로부터 모든 제사장을 철수시켜 예루살렘으로 불러들였다. 그리고 게바로부터 브엘세바에 이르기까지, 그 제사장들이 제사하던 **산당**들을 모두 부정하게 하였다. 그리고 이 성읍 성주의 이름을 따서 '여호수아의 문'이라고 부르던 문이 있었는데, 그 문의 어귀에 있는 **산당**들 곧 그 성문 왼쪽에 있는 **산당**들을 모두 헐어버렸다. _ 왕하 23:8

'산당'(**바마**)은 원래 '높은 곳(high place)'이라는 의미를 지닌 단어다. 가나안 땅에 있던 예배와 제사 처소들이 높은 곳에 있다 보니, 높은 곳을 의미하는 이 단어가 아예 그러한 제사 처소를 가리키는 말이 되었을 것이다. 고대 이스라엘은 산당에서 여호와 하나님을 예배했다. 사무엘과 다윗도 이 산당에서 제사했고, 솔로몬 역시 기브온 산당에서 여호와께 제사했다. 역대지하의 한 구절은 기브온 산당에 모세가 광야에서 지었던 성막이 있었다고 증언하기도 한다(대하 1:3).

그러나 산당은 동시에 고대 중동 지역의 민족들이 자신들의 신을 제사하는 장소이기도 했다(민 22:41, 렘 19:5, 48:35, 사 15:2). 그러다 보니 산당에서의 제사와 이방 제사가 뒤엉키게 되는 경우들이 빈번히 발생하게 된다. 솔로몬의 산당 제사를 언급하는 열왕기상 3장 3절을 비롯해 유다 왕들의 산당 제사를 언급하는 여러 구절에 우리말로는 애매하지만, 히브리어로는 '다만'에 해당하는 단어가 쓰여 있고, 이 히브리어 단어는 이후 유다 왕들의 산당 제사를 언급하는 맥락에 빈번하게 쓰이면서(왕하 12:4, 14:4, 15:4, 35) '다만'이란 의미의 히브리어가 쓰여 있어서, 산당에 대한 열왕기 기자의 부정적 평가를 반영한다.

이스라엘의 예배 처소의 하나이던 산당이 부정적인 양상을 띠게 되는 것은 솔로몬부터라 할 수 있다. 여호와 경배는 성전에서 이루어지지만, 솔로몬은 아마도 자신의 부인들의 종교를 위해 산당을 짓도록 허용했을 것이다(왕상 11:1-8). 금송아지 숭배를 도입한 여로보암이 산당을 세워 레위인 아닌 제사장들을 임명했다는 데서 산당의 부정적 성격이 두드러지게 나타난다. 남왕국 유다의 경우, 아하스가 도입한 우상숭배의 중심에 산당 제사가 놓여 있다는 점에서(왕하 16:3-4), 산당이 완전히 이방 제사 장소로 전락했음을 보여준다. 최소한 열왕기서 기자가 보기에 이스라엘 신앙의 쇠퇴와 타락은 산당에서 비롯되었다고 할 수 있다(왕하 17:9-11). 산당이 상징하는 바는 여호와의 규례를 지키는 삶은 사라져버린 채 제의에 집중해 넘쳐나는 현실이라 할 수 있다.

 바나

주님께서 집을 **세우지** 아니하시면 집을 **세우는** 사람의 수고가 헛되며,
주님께서 성을 지키지 아니하시면 파수꾼의 깨어 있음이 헛된 일이다.
_ 시 127:1

바나는 집이나 건물을 '세우다, 짓다'를 의미한다. '집을 세우는 사람,
파수꾼' 같은 표현은, 집을 세우고 성을 지키는 데 사람이 해야 할 역할
이 있음을 분명히 보여준다. '하나님께서 지켜주시겠지'로는 전혀 충분
하지 않고, '집을 세우는 자의 수고, 파수꾼의 깨어 있음' 같은 수고가
필수적인 사항이다. 인생의 모든 걸음에도 우리가 해야 할 일이 있다.
이것은 쉽게 되는 것이 아니라 '수고'로운 일이며 '깨어 있음' 같은 간
단치 않은 일이다.

그렇지만 1절은 집을 세우는 자의 수고, 파수꾼의 깨어 있음도 여호와께
서 행하시지 않으면 헛수고가 된다고 표현한다. 내 모든 능력과 수고를
다해 일하지만, 궁극적으로 그 일을 이루시는 분은 하나님이다. 하나님
께서 집을 세우시지 않으면 그 모든 수고에도 집은 세워지지 않는다. 그
래서 하나님을 신뢰한다는 것은 집과 성이 세워지고 지켜지는 것이 내
능력이나 수고로 된 것이 아니라 하나님으로부터 말미암았음을 늘 기억
하고 인정하고 고백하는 것이다. 무척이나 수고하고 능력을 다 발휘해
서 마침내 멋진 결과를 거두었을 때도, "내 능력과 내 수고로 이만큼 했
어요"가 아니라 "하나님께서 이루셨습니다"라고 고백하며 하나님께 영
광을 돌려야 한다. '하나님의 은혜'를 깊이 알아간다는 것은, 수고하고
헌신하고 능력을 발휘했음에도 점점 더 진심으로 하나님께서 하셨구나,
하나님께서 이루셨구나 고백하게 된다는 것이다. 그래서 이와 같은 구
절은 하나님나라와 능력주의는 거리가 멀다는 것을 잘 보여준다.

בַּעַל 바알

그날에 너는 나를 '나의 남편'이라고 부르고, 다시는 '나의 **주인**'이라고 부르지 않을 것이다. 나 주의 말이다. _ 호 2:16

바알은 보통명사로 쓰여 '소유자, 주인'을 의미하기도 하고(예를 들어 출 21:28), '남편'을 의미하기도 한다(예를 들어 창 20:3, 출 21:3, 삼하 11:26). 또 무엇인가에 아주 능숙한 사람을 두고 '~의 **바알**'로 표현하기도 한다. 예를 들어 요셉은 '꿈들의 **바알**', 즉 '꿈쟁이'라는 의미로 '꿈꾸는 녀석'(창 37:19)이라 불렸고, 엘리야는 '털이 많은' 사람이라 '털의 **바알**'로 불렸다(왕하 1:8). 고유명사로 쓰인 '**바알**'은 이스라엘이 들어가서 정착한 가나안 땅에서 널리 숭배되던 이방 신의 이름이었다. **바알**은 폭풍의 신이었기에 비를 내리는 신이었고 풍요의 신이었다. 그로 인해 가나안 땅에 들어간 이스라엘은 줄기차게 **바알**에게 미혹되었다. 특히 그 이름이 '주'를 의미하기도 하는지라, 일상에서 그들의 참된 주이신 하나님과 혼동했다. 하나님께서 그들에게 곡식과 포도주와 기름을 주셨으나, 그들은 **바알**로부터 받았다 여기기도 했다(호 2:8). 하나님께서 이스라엘을 바로잡으실 그날에 하나님께서는 이스라엘로 더 이상 '**바알**'이라는 표현을 쓰지 못하게 하신다. 남편도 '**바알**'이라 불렸지만, 이제는 '남편'을 의미하는 다른 단어(이쉬)를 사용하도록 하신 것이다.

 보케르

너는 이웃을 억누르거나 이웃의 것을 빼앗아서는 안 된다. 네가 품꾼을 쓰면, 그가 받을 품값을 다음날 **아침**까지, 밤새 네가 가지고 있어서는 안 된다. _ 레 19:13

악을 행하는 이는 '아침'(**보케르**)을 싫어한다(암 5:8). 밤새 못된 꾀를 꾸미고 아침이 되면 제 나름 권력을 지니고 있어 그 못된 꾀를 실행에 옮겨 가난한 이들을 학대하는 이들도 있다(미 2:1). 그러나 아침은 대부분의 사람들에게 새로운 시작이다. 하나님은 어둠을 '여명'(**보케르**)으로 바꾸시는 분이다(암 5:8). 시인은 아침에 주님께 부르짖어 기도하고(시 5:3, 88:13), 밤새도록 눈물을 흘리지만 새벽(**보케르**)에 기쁨이 오는 것을 경험한다(시 30:5). 그러므로 누구도 다른 이의 아침을 짓밟아서는 안 된다. 품꾼을 고용해서 일을 시켰다면 해가 져서 하루 일을 끝맺을 때 반드시 그날의 품삯을 주어야 한다. 그가 수고한 대로 정해진 시간에 품삯을 주지 않는 것은 '이웃을 억누르는 짓'이고 '이웃의 것을 빼앗는 짓'이다. 노동자의 품삯이 밤새 있어야 할 곳은 고용주의 금고가 아니라 하루 종일 일한 노동자의 품속이다. 그의 아침은 훨씬 희망차야 한다. 그 누구도 그의 새로운 아침을 빼앗을 권리는 없다. 그에게 이 아침을 빼앗는 이는 하나님의 심판을 겪게 될 것이다(신 24:15).

 바카쉬

헤매는 것은 **찾아오고**, 길 잃은 것은 도로 데려오며, 다리가 부러지고 상한 것은 싸매어주며, 약한 것은 튼튼하게 만들겠다. 그러나 살진 것들과 힘센 것들은, 내가 멸하겠다. 내가 이렇게 그것들을 공평하게 먹이겠다.
_ 겔 34:16

'찾다'를 의미하는 히브리어 동사가 몇몇 있지만, 이 가운데 **바카쉬**는 좀 더 강렬한 의미를 담는 강의형(피엘, intensive) 형태로 쓰여 '찾도록 찾다' 정도로 옮길 수 있다. 이 동사가 쓰인 무서운 사례를 시편과 다른 책들에서 여럿 볼 수 있는데, 시인의 목숨을 이렇게 격렬하게 찾는 이들이 있다(시 35:4, 38:12, 40:14, 54:3, 63:9, 70:2, 86:14). 예레미야 예언자의 목숨을 찾는 이들도 있다(렘 11:21). 그러나 정말 찾아야 할 것은 평화(시 34:14), 지혜(잠 2:4, 14:6, 15:14, 18:15)다. 무엇보다도 하나님의 얼굴(대상 16:11, 대하 7:14, 시 24:6, 27:8), 주 하나님을 찾아야 한다(신 4:29, 대하 11:16, 20:4, 시 105:3, 잠 28:5, 호 3:5, 5:15). 에스겔서 34장은 '찾다' 동사를 여러 번 사용하면서(겔 34:6, 10, 16) 목자에 대해 다룬다. 목자라면 흩어지고 약한 양떼를 찾아야 하건만 자기만 먹으면서 정작 양떼를 찾지 않는다(34:3-4). 마침내 참 목자이신 하나님께서 잃어버린 양떼를 찾으실 것이다(34:16). 양떼를 찾으신 하나님께서는 상한 양을 싸매어주시고, 약한 양은 튼튼하게 하시되, 살지고 힘센 것들은 멸하신다. 엉터리 목자는 양떼를 '폭력으로' 다스렸으나(34:4), 주 하나님께서는 '정의'(미슈파트)로 양떼를 먹이실 것이다(34:16).

 바라크

그들이 나의 이름으로 이스라엘 자손에게 이렇게 축복하면, 내가 친히 이스라엘 자손에게 **복을 주겠다.** _ 민 6:27

바라크는 '축복하다'를 의미한다. 민수기 6장 24-26절은 흔히 '제사장의 축복 기도'로 알려진 본문이다. 제사장은 이스라엘을 "주님께서 당신들에게 복을 주시고, 당신들을 지켜주시며, 주님께서 당신들을 밝은 얼굴로 대하시고, 당신들에게 은혜를 베푸시며, 주님께서 당신들을 고이 보시어서, 당신들에게 평화를 주시기를 빕니다"라는 말로 축복한다. 23절은 제사장이 이렇게 '복을 빈다'(**바라크**)고 표현했지만, 27절에서는 이를 두고 "제사장이 나의 이름을 그들 위에 둔다"고 표현한다. 새번역을 비롯한 여러 번역은 이 역시 그저 '축복하다'로 옮겼지만 여기에는 **바라크**가 쓰이지 않았다. "주님의 이름을 이스라엘 위에 둔다"는 것은 하나님의 이름과 이스라엘을 연결시키는 것이다. 이렇게 연결하면 하나님께서 친히 이스라엘에게 '복을 주신다'(**바라크**).

구약의 제사장은 오늘의 교회에서 교역자가 아니라 모든 그리스도인이다. 그렇다면 그리스도인인 우리가 할 일은 하나님의 이름과 사람들, 우리의 친구, 동료, 그리고 우리와 함께 살아가는 세상을 연결시키는 것이다. 그러면 하나님께서 그 모든 것들에게 복을 주실 것이다. 그리스도인은 이렇게 세상을 축복하도록, 하나님과 연결시키도록 부름받았다.

 바싸르

그런 다음에 내가 모든 **사람**에게 나의 영을 부어주겠다. 너희의 아들딸은 예언을 하고, 노인들은 꿈을 꾸고, 젊은이들은 환상을 볼 것이다.
_ 욜 2:28

바싸르는 '육체, 살'을 의미한다. 동물의 고기를 의미하기도 하고(예를 들어 출 21:28) 때로는 사람 고기를 의미하기도 한다(예를 들어 신 28:55). 사람의 몸 전체를 가리키면서도(예를 들어 출 30:32, 레 16:24), 특정해 성기를 가리키는 말로도 빈번히 쓰인다(창 17:25, 겔 16:26 등). 가까운 친척을 두고 '뼈와 살의 관계', 즉 '골육지친'이라 부르는 방식은 히브리어에도 있는데(창 29:14, 삿 9:2, 삼하 5:1 등), '뼈'를 빼고 **바싸르**, 즉 '살'만으로도 '골육'을 의미하기도 한다(창 37:27, 레 25:49, 사 58:7). 사람은 **바싸르**로 이루어진 존재이기에 바람과도 같고(시 78:39) 두려워할 존재도 아니다(시 56:4). 그토록 강한 애굽의 말들 역시 그저 '육체'일 따름이다(사 31:3). '육체'를 의미하는 **바싸르**는 '모든'이라는 표현과 결합해 '모든 사람, 만민'을 뜻하는 관용구로 빈번히 쓰인다. 육체요, 고기덩어리인 사람은 의지할 존재가 아니다. 그러나 마침내 하나님께서는 이 모든 육체, 이 모든 사람에게 하나님의 영(루아흐)을 부어주실 것이다. 그러면 아들딸과 노인, 젊은이 모두 육체의 눈이 아닌, 하나님의 눈과 하나님의 마음으로 보게 될 것이다.

דַּעַת אֱלֹהִים

다아트 엘로힘

내가 바라는 것은 변함없는 사랑이지, 제사가 아니다. 불살라 바치는 제사보다는 너희가 나 **하나님을 알기**를 더 바란다. _ 호 6:6

> **다아트**는 '알다'를 의미하는 '야다' 동사에서 파생한 명사형으로 '앎, 지식'을 의미한다. **엘로힘**은 '하나님'이니, **다아트 엘로힘**은 '하나님을 아는 것', 혹은 '하나님을 아는 지식'을 의미한다. 주전 8세기 여로보암 2세가 다스리던 북왕국 전성기 시절에 유독 예언자 호세아는 온 나라에 죄가 가득하니, 진실도 인애도 없고 오직 저주, 속임, 살인, 도둑질, 간음, 한마디로 폭력이 가득하다 고발했다(호 4:1-2). 이렇게 온 나라에 가득한 폭력적인 행태의 본질을 두고 호세아는 '하나님을 아는 지식'이 없다고 단언한다(호 4:1, 또한 4:6). 그래서 북왕국 백성들이 "주님을 알자, 애써 주님을 알자"라고 말하지만(6:3), 이에 대한 하나님의 응답은 단호하다. "나를 사랑하는 너희의 마음은 아침 안개와 같고, 덧없이 사라지는 이슬과 같구나"(6:4). 그에 따르면 6장 1-3절은 그저 겉만 번지르르한 회개일 따름이다. 하나님께서 정말로 바라고 찾는 것은 온 정성 다해 드리는 제사, 불살라 바치는 제사가 아니라 '변함없는 사랑'이다. 이것은 '정의를 뿌리고 사랑의 열매'를 거두는 것으로 표현되고(10:12), '사랑과 정의'를 지키는 것으로 드러난다(12:6). 하나님께서 정말 찾으시는 것이 무엇인지 아는 것이야말로 '하나님을 아는 것'이다. 하나님께서 바라시는 것은 제사가 아니라 사랑으로 표현되는 정의임을 아는 것이 바로 '하나님을 아는 지식'이다.

גִּבּוֹר

깁보르

주 너의 하나님이 너와 함께 계신다. 구원을 베푸실 **전능하신 하나님**이
시다. 너를 보고서 기뻐하고 반기시고, 너를 사랑으로 새롭게 해주시고
너를 보고서 노래하며 기뻐하실 것이다. _ 습 3:17

깁보르는 '힘센'을 의미하는 형용사이지만, 대부분의 경우에 '힘센 사
람', 즉 '용사'라는 의미로 쓰인다. 니므롯은 세상에 처음 나타난 '장사',
용사였다(창 10:8=대상 1:10). 하나님의 아들과 사람의 딸들 사이에 태
어난 '네피림' 역시 고대의 용사들이었다(창 6:4). 그러나 성경은 용사
에 대해 그리 긍정적이지 않다. 군대가 많다고 나라를 구하는 것도 아
니고, 힘센 용사라고 제 목숨을 건지는 것도 아니다(시 33:16). 노하기
를 더디 하는 사람이 용사보다 낫고 자기 마음을 다스리는 사람이 성을
점령한 사람보다 낫다(잠 16:32). 구약이 일관되게 증언하는 것은 주 하
나님이야말로 용사라는 것이다(시 24:8). '하나님'과 **깁보르**가 결합된
표현이 많은데(예를 들어 신 10:17, 느 9:32, 사 10:21, 렘 32:18), 이는
'권능의 하나님, 강하신 하나님, 능하신 하나님'으로 번역된다. 스바냐
서 3장 17절에서는 **깁보르**만 쓰였는데, 새번역은 이를 아예 '전능하신
하나님'으로 옮겼다. 용사이신 하나님, 전능하신 하나님께서 함께 계시
며 우리를 기뻐하신다면, 무엇도 두려워할 것이 없다. 하나님만이 용사
라는 선포는, 사람의 능력이 관건이 아니며, 누구라도 하나님 안에서
생명과 안전을 얻고 누릴 수 있음을 증언한다.

מוּסָר 무사르

주님을 경외하는 것이 지식의 근본이어늘, 어리석은 사람은 지혜와 **훈계**를 멸시한다. _ 잠 1:7

> 잠언을 시작하는 첫 일곱 구절(잠 1:1-7)에는 '훈계' 표현이 세 번(2, 3, 7절)이나 쓰여, 잠언 혹은 지혜는 '훈계'와 연관된 것임을 명확히 한다. '훈계'에 해당하는 히브리어 **무사르**는 '누군가를 가르쳐 바로잡음'이라는 의미를 지닌다. 그래서 이 단어 안에는 '징계'라는 뉘앙스가 들어 있다. **무사르**가 '가르침'으로 옮겨지기도 하지만, 거기에는 그저 말로만 하는 가르침을 넘어서는 의미가 있다. 주님이 사랑하시는 자를 징계하시며, 징계가 없으면 사생자요 친아들이 아니라는 히브리서 말씀(히 12:6-8)은 '징계'의 중요성을 잘 보여준다.

오늘날 우리는 훈계가 사라진 세상을 살고 있다. '꼰대짓'과 "나 때는 말이야"는 훈계와 어떻게 구별될까? 사랑을 빙자한 폭력과는 어떻게 구별될까? 징계 혹은 훈계의 이면에는 언제나 죄가 있다. 그래서 징계와 훈계는 죄를 죄로, 잘못을 잘못으로, 악을 악으로 판단하는 것을 전제한다. 반면, '꼰대짓'과 "나 때는 말이야"라는 말은 근거를 갖지 않은 채, 자신의 수고와 고생을 내세워 비교하며 상대의 고생이 부족하다 말하고 상대를 업신여기고 가벼이 여긴다. 사랑을 빙자한 폭력은 자신의 권위 아래 상대를 통제하고 자신의 명령으로 통제하는 데 모든 초점이 있다. 그러나 히브리서는 피흘리기까지 죄와 싸울 것을 말하며 십자가를 참고 걸어가신 예수 그리스도를 말한다(히 12:1-4). 예수님께서는 상대를 통제하고 장악하는 것이 아니라 자신이 먼저 그 길을 걸어가면서 그 온전한 삶으로 초대하신다. 이것이 잠언의 지혜와 훈계를 이해하는 중요한 시각일 것이다.

 바루크

그래서 다윗이 온 회중 앞에서 주님을 찬양하였다. "주 우리 조상 이스라엘의 하나님, 길이길이 **찬양을 받아주십시오!**" _ 대상 29:10

바루크는 '축복하다'를 의미하는 '바라크' 동사의 수동분사형이다. 역대지상 29장 10절에서 '찬양하다'로 옮겨진 동사는 '바라크'다. 다윗과 같은 사람이 하나님을 '축복한다'는 것은 결국 그분을 '찬양하는' 것이기에 저렇게 옮겨졌다. 그래서 '바라크'의 수동분사형 **바루크**와 함께 쓰인 주어가 하나님 혹은 주님인 경우 "하나님(혹은 주님)은 찬양 받으소서" 혹은 "하나님을 찬양하리로다" 같은 의미로 옮겨진다(예를 들어 출 18:10, 룻 4:14, 시 28:6, 66:20, 72:18). **바루크**가 사람과 쓰이면 "그는 복 받으리라"가 된다(예를 들어 창 27:33, 민 22:12, 신 7:14, 28:3). 주님을 믿고 의지하는 사람은 복을 받을 것이다(렘 17:7). 다른 이를 이렇게 수동분사형을 써서 축복한다는 것은 결국 수동분사형의 주어인 하나님께서 그에게 복을 주시기를 구하는 것이다(창 14:19, 삼상 23:21, 삼하 2:5). 모든 복의 근원은 오직 주 하나님이다. 우리가 할 수 있는 것은 하나님께서 그에게 복을 주시길 구하는 것이다.

עֲגָב 아가브

그들은 너를, 악기를 잘 다루고 듣기 좋은 목소리로 **사랑**의 노래나 부르는 가수쯤으로 생각한다. 그래서 그들은, 네가 하는 말을 듣기만 할 뿐, 그 말에 복종하지는 않는다. _ 겔 33:32

'사랑'으로 번역된 **아가브**는 '연애하다, 홀리다'를 의미하는 같은 자음의 동사 '아가브'에서 파생한 명사형이다. 이 동사 '아가브'는 에스겔서 23장에 집중적으로 쓰였고(겔 23:5, 7, 9, 12, 16, 20), 명사형 **아가브**는 33장에 두 번(31, 32절) 쓰여서, 전형적인 에스겔의 용어라 할 수 있다. 23장에서 에스겔은 이 동사를 이스라엘의 행태를 단적으로 규정하는 표현으로 사용한다. 그에 따르면 이스라엘은 끊임없이 힘세고 강한 사람에게 '홀려서' '연애에 빠지는' 사람이다. 예루살렘 멸망 이후 바빌로니아로 끌려온 백성들 역시 여전히 입으로 사랑을 말하고(33:31), 사랑 노래를 부른다(33:32).

여기서의 사랑은 에스겔이 전하는 하나님 말씀에 대한 사랑이다. 그러나 하나님께서는 에스겔을 보내서, 그들의 사랑은 말뿐이고 사실은 오로지 부당하게 얻는 이익을 추구하는 욕심으로 행하고, 에스겔이 전하는 말을 '사랑 노래' 정도로 생각하는 무리라고 선포하신다. 에스겔이 선포하며 증언하는 말이 이 백성에게는 사랑 노래와 같다. 들을 때 즐거워하고 열심히 들으며 마치 훌륭한 연주를 감상하듯이, 아름다운 노래를 즐기듯이 듣지만, 그 말씀을 따라 살아가는 것은 전혀 찾아볼 수 없다. 예언자가 전하는 그 어떤 말이라도 이 세대의 백성에게는 하나님의 말씀을 자신들이 아는 것처럼 내세우고 이야기하는 말거리일 따름이다. 욕망 가득한 이들에게는 그 어떤 말도 욕망의 재료가 된다. 무척이나 진보적인 이야기조차 보수적인 언론이나 저자의 글감으로 전락하는 것이 그 단적인 예라 할 수 있다. 아프리카의 극심한 가난, 사회적 약자들로 겪어야 하는 참담한 현실, 피난처와 살 곳을 찾아 나선 난민의 어려움은 오늘날 일종의 소비거리로 전락하고 있다. '빈곤 포르노'가 이를 명확히 보여준다. 진보를 소비하고 약자와의 연대를 소비하며 욕심을 채우는 세상이라고나 할까.

דּוֹר
도르

주님께서 친히 그 짐승들에게 땅을 나누어주시고, 손수 줄을 그어서 그렇게 나누어주실 것이니, 그 짐승들이 영원히 그 땅을 차지할 것이며, **세세토록** 거기에서 살 것이다. _ 사 34:17

도르는 '세대, 시대'를 의미한다. 이 표현은 두 번 반복해 쓰여서(자주, '~로부터'와 '~까지'를 뜻하는 전치사도 결합된다), '대대로' 혹은 '세세토록'을 의미한다. 그러다보니 이 표현은 자주 '영원히, 영원토록'을 가리키는 표현과 쌍으로 놓여 대구를 이룬다. 예를 들어 주님의 인자하심은 영원토록 있고, 주님의 성실하심은 세세토록 있다와 같은 표현들이다(시 100:5). 이사야 34장 17절에서도 '영원히'와 '세세토록'이 대구를 이룬다. 시온을 억울하게 하던 에돔을 하나님께서 폐허로 만드시니, 그 땅은 들짐승들의 차지가 될 것이다. 마치 가나안 땅에 정착하는 이스라엘에게 하듯이, 하나님께서는 짐승들에게 손수 줄을 그어 땅을 분배하실 것이며 짐승들은 영원히 그 땅을 차지하고 세세토록 거기 살 것이다. 땅이 사람의 것이라고 당연히 생각하지만, 사람의 죄악이 커졌을 때 하나님께서는 단호하게 사람을 심판하고 그 땅을 대대로 짐승들에게 나누어주실 것이다.

이와 같은 말씀은 예레미야서 50장 39절에서도 볼 수 있다. 온 세상을 전부 차지할 것처럼 침략하고 군림하던 바빌로니아를 하나님께서 심판하실 것이니 그 땅은 사막의 짐승들, 이리들, 타조들 차지가 될 것이고, 세세토록 거기 정착할 사람이 없을 것이다. 지구의 주인은 결코 사람이 아니며, 사람이 땅에 살아가는 것이 '세세토록' 당연한 사실도 결코 아니다. 다른 나라를 침략하고, 이웃을 짓밟으며 억울하게 하는 사람에게는 한 뼘의 땅도 허용되지 않을 것이다.

담

주님께서 말씀하셨다. "네가 무슨 일을 저질렀느냐? 너의 아우의 **피**가 땅에서 나에게 울부짖는다." _ 창 4:10

'피'는 히브리어로 **담**이다. 피는 생명을 상징한다(레 17:11). 노아 시대의 홍수 이후에 하나님께서는 인류에게 새로운 삶을 허락하며 복 주시되, 생명을 상징하는 피를 마셔서는 안 된다고 경고하신다(창 9:4-5). 그래서 누군가의 '피를 흘리는 것'은 오직 그 자신의 생명으로 대가를 치러야 한다(창 9:6). 높은 귀족이든 낮은 백성이든, 생명의 무게는 전적으로 동일하다. 그래서 하나님께서 싫어하며 반드시 심판하시는 것으로, '무죄한 피'라는 표현이 구약에 여러 번 쓰인다(신 21:8, 삼상 19:5, 왕하 21:16, 시 94:21, 사 59:7, 렘 7:6 등).

특히 **담**이 복수형으로 쓰여서 '폭력에 의해 부당하게 희생당함'을 의미하는 용례도 많다. 그 첫 사례가 창세기 4장 10절, 가인에 의해 부당하게 죽임 당한 아벨의 '피'다. 더 큰 힘을 가진 자들, 권력과 부를 지닌 자들에 의해 저질러진 폭력과 그로 인한 희생에 대해 하나님께서는 반드시 되갚아주실 것이다(예를 들어 왕하 9:7). 창세기 본문에서 보듯, 억울하게 희생당한 이들의 피가 땅에 흘려지면 땅이 저주를 받는다는 것이 구약의 사고다. 그렇게 반복된 폭력이 하나님께서 홍수로 세상을 심판하신 까닭이었고(창 6:11, 13), 결국 사람들은 그 땅 위에서 살 수 없게 된다. 노아의 시대이든 오늘날이든, '땅에 흘려진 피'가 울부짖을 것이며, 이를 자행하거나 묵인한 권력은 반드시 하늘의 벌을 받게 된다.

פֶּתִי 페티

어수룩한 사람은 내게 등을 돌리고 살다가 자기를 죽이며, 미련한 사람은 안일하게 살다가 자기를 멸망시키지만. _ 잠 1:32

'어수룩함'으로 번역된 **페티**는 'simple-minded'라는 의미를 지닌다. '단순한 마음'은 이중적인 표현이다. 한편으로 하나님께서는 단순한 마음을 지닌 자를 지키신다. 시편 116편 6절은 "여호와께서는 순박한 사람을 지켜주신다. 내가 가련하게 되었을 때에, 나를 구원하여주셨다"고 말한다. 여기서 '어수룩한 사람'은 '순박한 사람'으로 번역되었다. 좋은 의미에서 이 표현은 죽음과 같은 어려움과 환난 속에서도 한결같이 하나님을 의지하는 이를 가리킨다.

그러나 이곳을 제외한 나머지 구약의 모든 용례에서 이 단어는 나쁜 의미로 쓰인다. 단순한 마음이다 보니 무엇을 쉽게 믿어버리며(잠 14:15), 단순한 마음을 고수하다 보니, 고민과 궁리를 하지 않으려 한다고 볼 수 있다. 옳고 그름을 잘 따지지 않고, 그저 시키는 대로 하려 하고 하라는 대로 하려 한다. 그것은 순종적인 자세가 아니라 생각하고 고민하기를 싫어하는 자세. 어떤 권위 있는 사람이 있으면 그냥 그를 따르려고 하는 것은 결코 바람직한 자세가 아닐 것이다. 어리석은 자가 어리석음을 좋아한다고 했는데, 이것을 32절은 '등을 돌리고 사는 것', 즉 '퇴보'라고 표현한다. 어리석은 것이 문제가 아니라, 그 어리석음을 당연한 것으로 여기며 지식을 미워하고 그 자리에 머물러 있다면 그것이 문제이고, 그것은 옳고 바른 것으로부터 등을 돌린 삶이다. 배우고 익히지 않은 채, 지금으로도 좋다 한다면 그것이 퇴보. 지구에 일어나는 변화가 있는데 지금 정도로 충분하다 여기면 그것이 퇴보.

 아룸

뱀은, 주 하나님이 만드신 모든 들짐승 가운데서 가장 **간교하였다**. 뱀이 여자에게 물었다. "하나님이 정말로 너희에게, 동산 안에 있는 모든 나무의 열매를 먹지 말라고 말씀하셨느냐?" _ 창 3:1

여기서 '간교하다'로 번역된 히브리어 **아룸**은 '슬기로움'을 의미하기도 한다. 특히 잠언에서 이 단어는 그렇게 사용된다. 예를 들어 "어수룩한 사람은 모든 말을 다 믿지만, 슬기로운 사람은 행동을 삼간다"(잠 14:15, 또한 12:16, 23, 13:16, 14:18, 22:3, 27:12). 잠언에서 이 단어는 신중하고 사려 깊으며 함부로 말하거나 행동하지 않는 것을 가리킨다. 그러므로 뱀에게 있는 이 특징은 간교함일 수도 있고 슬기로움일 수도 있다. 무엇보다도 하나님께서 만드신 피조물이라는 점에서, 이 뱀을 두고 간교하고 악한 '사탄'이라 생각하는 것은 전혀 성경 본문과 맞지 않는 사고다. 창세기 3장은 그저 뱀이 일찍부터 매우 지혜로운 들짐승이었음을 보여 준다. 마태복음 10장에서 뱀이 지혜로움의 대명사로 언급되는 것은 바로 이 창세기 구절과 연관될 것이다. 뱀과 같은 지혜는 어떤 일을 요리조리 피하고 잔머리 굴리는 것을 가리키는 것이 아니라, 행동과 말에 있어서의 슬기로움을 가리킨다. 그러나 창세기 3장의 뱀은 그 **아룸**으로 하나님의 말씀을 축소하고 확대하며 그 뜻을 비틀어버린다. 그럴 때 그의 **아룸**은 '슬기로움'이 아니라 '간교함'이 된다.

 하야

주님께서 바빌로니아 땅의 그발 강가에서 부시의 아들인 나 에스겔 제
사장에게 **특별히 말씀하셨으며**, 거기에서 주님의 권능이 나를 사로잡
았다. _ 겔 1:3

'있다, 존재하다, 되다'를 의미하는 히브리어 동사 **하야**는 영어의 be동
사처럼 보이기도 하지만, 없어도 되나 문장 구성상 존재하는 동사가 아
니라 '사건의 발생'을 의미한다는 점에서 확연히 다르다. 특히 이 동사
는 예언자들에게 하나님의 말씀이 임한 사건을 가리킬 때 항상 쓰인다
(예를 들어 삼상 15:10, 렘 1:2, 호 1:1). 새번역은 대개 이것을 '말씀하
다'로 옮겼지만, 그대로 옮기자면 "말씀이 임하다"이다. 그런데 에스겔
서 1장 3절에서는 이렇게 말씀이 에스겔에게 임했음을 의미하는 **하야**
동사 앞에 같은 동사의 부정사 절대형이 쓰였다. 이것은 히브리어 특
유의 강조 용법으로 '특별히 임하다, 강하게 임하다' 정도로 옮길 수 있
다. 하나님의 말씀이 임하는 상황을 이렇게 **하야**의 부정사 절대형과 나
란히 사용한 경우는 구약 전체에서 이곳밖에 없다. 에스겔은 예루살렘
이 아니라 이방의 바빌로니아 땅에 끌려와 있지만, 하나님의 말씀은 장
소와 무관하게 강력하게, 특별하게 에스겔에게 임했다.

הָפַךְ 하파크

에브라임아, 내가 어찌 너를 버리겠느냐? 이스라엘아, 내가 어찌 너를 원수의 손에 넘기겠느냐? 내가 어찌 너를 아드마처럼 버리며, 내가 어찌 너를 스보임처럼 만들겠느냐? 너를 버리려고 하여도, 나의 마음이 **허락하지 않는구나**! 너를 불쌍히 여기는 애정이 나의 속에서 불길처럼 강하게 치솟아오르는구나. _ 호 11:8

하파크는 '뒤집다, 뒤엎다'를 의미하며 여기에서는 '바뀌다, 변화되다' 라는 의미로도 확장된다. 하나님은 열국의 보좌들을 뒤엎는 분이다(학 2:22). 자신들의 숫자와 세력을 휘둘러 자신들을 찾아온 나그네를 짓밟고 유린한 소돔과 고모라를 하나님께서는 뒤엎어버리셨다(창 19:25, 29). 그로 인해 소돔과 **하파크** 동사는 다른 곳에서도 서로 결합해서 하나님의 심판을 상징하는 표현으로 쓰인다(렘 20:16, 애 4:6, 암 4:11). 특히 신명기 29장 23절에서는 소돔, 고모라와 더불어 아드마와 스보임 역시 같이 뒤엎어졌다고 증언한다. 그래서 호세아서 11장 8절의 아드마와 스보임은 이 구절이 소돔과 고모라 사건을 염두에 두고 있음을 알려준다. 북왕국의 거역과 불순종으로 인해 하나님께서는 그들을 엎어버리셔야 마땅했다. 그러나 그 백성을 향한 하나님의 불쌍히 여기심과 긍휼로 인해 하나님께서는 그리 하실 수 없었다. 새번역에서 '허락하지 않는다'로 옮겨진 것이 **하파크** 동사다. 이를 직역해 풀어보자면, 하나님께서는 이스라엘을 뒤엎으셨어야 하는데, 그들을 향한 긍휼로 인해 하나님께서는 자신의 마음을 뒤엎으셨다가 된다. 그래서 이 구절은 사람의 죄악으로 인해 스스로 십자가에서 죽으신 예수 그리스도를 보여준다.

하르

성전에 올라가는 순례자의 노래.
내가 눈을 들어 **산**을 본다. 내 도움이 어디에서 오는가? _ 시 121:1

시편 120편부터 134편에는 '성전에 올라가는 순례자의 노래'라는 제목
이 붙어 있다. 간단하게 '순례시'라 불리는 이 시들은 아마도 고대 이스
라엘에서 일 년에 세 차례의 명절(유월절, 맥추절, 초막절)을 비롯해 예
루살렘 성전을 향해 오르내리면서 불렀던 노래였을 것으로 여겨진다.
성전에 오르내리는 길만이 아니라 우리네 삶 자체는 순례길이라 생각
할 수 있다. 이 순례길에서 순례자는 산을 바라보며 이 길을 걷는 동안
도움이 어디에서 오는지, 안전과 평화는 어디에서 오는지 묻는다.

이어지는 121편 2절에서는 나의 도움이 하늘과 땅을 만드신 주님으로
부터 오는 것이라 고백한다. 그럴 때 '산'(**하르**)은 하나님께서 지으신
세상을 대표하는 것이라 할 수 있다. 언제나 변함없이 그곳에 존재하는
산을 보며, 순례자는 온 세상이 하나님의 것임을 기억하고 그 하나님을
신뢰하며 그날의 한 걸음 한 걸음을 걸어간다. 하나님을 예배하는 성전
이 시온 산에 있기에, 어쩌면 순례자가 바라보는 산은 '시온 산'일 수도
있다. 지금 순례길을 걷지만, 그의 마음에는 하나님을 예배하며 그 얼
굴을 사모하는 시온 산, 성전이 있다. 그 마음이 시온을 향한 순례길에
오른 자는 복되다(시 84:5)는 말씀도 그와 연관될 것이다.

בֵּית־אָוֶן

베트-아벤(벳아웬)

사마리아 주민은 **벳아웬**의 금송아지를 잃고 두려워하고, 그 우상을 잃고 슬퍼할 것이다. 그것을 즐겨서 섬긴 이교의 제사장들은, 우상의 영화가 자기들에게서 떠난 것 때문에 탄식할 것이다. _ 호 10:5

벳아웬은 '죄악의 집'을 의미한다. 북왕국의 창시자 여로보암은 북왕국 자체 성전을 단과 베델에 건설하면서 그곳에 금송아지를 세우며 이를 가리켜 '너희를 이집트에서 구해주신 신', 즉 주 하나님이라 했다(왕상 12:28). 하나님이라 했지만, 금송아지로 표현되면서 베델의 금송아지는 이스라엘 백성으로 하여금 하나님을 부른다 하면서 사실은 자신들의 탐욕과 욕망을 숭배하는 데 쓰였다. 그래서 예언자 호세아는 원래 야곱이 하나님과 만난 장소이기에 '하나님의 집'을 의미하는 '베델'(호 12:4)을 '죄악의 집', 즉 '죄악의 온상'이라는 의미로 **벳아웬**이라 비꼬아 부른다(호 4:15, 5:8, 10:5). 그야말로 통렬한 풍자다. '하나님의 집'이 '죄악의 온상'이 되어버린 것은 수천 년 전 북왕국에만 국한된 일은 아닐 것이다. 예수님 시대에 당대 종교인들은 하나님의 성전을 강도의 소굴로 만들었고(마 21:13), 중세의 끝자락에 사제들과 권력자들 역시 예배당을 탐욕의 소굴로 만들었다. 그리고 오늘날 곳곳에 세워진 수십 억 혹은 수백 억을 들여 지었다는 대형교회의 '십자가에 못 박히신 그리스도'는 지극한 부조화를 보여준다. 우리네 예배당은 '베델'인가, 아니면 **벳아웬**인가?

 자하브

아카시아 나무로, 길이가 두 자, 너비가 한 자, 높이가 한 자 반인 상을 만들어서, 순**금**으로 입히고, 둘레에는 **금**테를 둘러라. _ 출 25:23-24

자하브는 '금'을 의미한다. 금은 언제나 귀하고 값진 것, 부의 상징이다 (예를 들어 창 13:2, 잠 22:1, 사 2:7). 그렇기에 금은 은과 더불어 우상을 만드는 주요 재료다(출 20:23, 32:31, 사 2:20, 호 8:4 등). 이스라엘을 둘러싼 열방 나라들이 이렇게 금으로 우상을 만들었고, 이스라엘 역시 금으로 신을 만들었다(출 32:31). 값비싼 금으로 만들어진 금 신상은 절하며 경배하기에 적절했고, 그렇게 번쩍거리는 금으로 된 신은 구하는 자에게 부귀영화와 명예와 권세를 줄 수 있다 여겼을 것이다. 그러나 이스라엘의 하나님께서는 하나님을 나타내는 일체의 조각상 만들기를 금지하셨다. '금신'은 탐욕과 종교가 결합된 단적인 사례일 것이다. 성막에 두는 법궤와 같은 물건은 나무로 만들었으되 금으로 입혔고, 그외에 여러 물건들에 금이 사용되었다. 이렇게 만들어져 성막과 성전에 비치된 물건은 결코 숭배의 대상이 아닌, 여기에 쓰인 금은 법궤와 같은 물건이 함부로 다룰 것이 아니라 하나님과 연관하여 정해진 규정을 따라 다루어져야 한다는 것을 표현한다고 할 수 있다.

 자카르

그때에 너희가 너희의 악한 생활과 좋지 못했던 행실들을 **기억하고,** 너희의 온갖 악과 역겨운 일들 때문에 너희 자신을 미워하게 될 것이다.
_ 겔 36:31

자카르는 '기억하다'를 의미한다. 하나님의 백성들에게 꼭 필요한 것은 '기억'이다. 주 하나님께서 이전에 그들을 위해 행하신 놀라운 일들을 기억해야 한다(대상 16:12, 시 105:5, 143:5). 그럴 때 어떤 상황에서라도 낙심하거나 체념하지 않고 하나님의 도우심과 뜻을 신뢰하며 살아갈 수 있다. 필요한 것은, 우리의 능력이나 힘이 아니라 하나님께서 이전에 베푸신 구원을 기억하는 것이다. 한편, 하나님의 백성은 스스로 이전에 저질렀던 죄악을 기억해야 한다. 이러한 기억은 죄책감에 눌려 살아가게 하려는 것이 아니라, 이전의 죄악 가득한 행실을 기억하고 부끄러워하며 지금 다르게 살기 위해서다. 그리고 지금 누리는 평안과 안전이 나 자신의 능력 때문이 아니라 하나님께서 주신 것임을 유념하기 위해서다. 그렇지 않으면 우리는 이전 올챙이 시절을 까맣게 잊고 내게 있는 것이 모두 내 것인 것처럼, 내 능력대로 받은 것처럼 착각하고 오만하게 '능력주의'를 내뱉게 될 것이기 때문이다. 개인이건 단체나 나라이건 간에 과거의 부끄러운 짓을 망각하고 덮으면, 다시금 재앙의 미래를 맞이하게 될 것이다.

자켄

르호보암 왕은 부왕 솔로몬이 살아있을 때에, 부왕을 섬긴 **원로**들과 상의하였다. "이 백성에게 어떤 대답을 해야 할지, 경들의 충고를 듣고 싶소." 그들은 르호보암에게 이렇게 대답하였다. "임금님께서 이 백성의 종이 되셔서, 그들을 섬기려고 하시면, 또 그들이 요구한 것을 들어주시겠다고 좋은 말로 대답해주시면, 이 백성은 평생 임금님의 종이 될 것입니다." _ 왕상 12:6-7

자켄은 '나이든'을 의미하는 형용사인데, '나이든 사람'과 같은 의미로도 쓰인다. 르호보암이 솔로몬을 이어 왕이 되었을 때, '나이든 사람들', 즉 '원로들'에게 앞으로 어떻게 통치해야 할지 물었다. 그들은 한 마디로 "백성의 종이 되시면 백성들이 왕의 종이 될 것입니다"라고 답했다. 솔로몬과 같은 강력한 임금의 시대에 존재했던 이들이 이 원로들일 텐데, 솔로몬 시절을 겪은 이들에게 통치자의 가장 중요한 덕목은 '백성의 종'이었다. '나이든 사람', 이전의 황금기를 경험한 사람들에게 필요한 것은, "나 때는 말이야"가 아니라, 자신들의 이전을 돌아보고 반성하는 것, 그래서 언제건 권력의 편이 아니라 국민의 편이 되고 약자의 편이 되는 것이다. 그럴 때 그들은 '존경받는 어르신'일 것이며, 이전 세대의 경험은 다음 세대로 잘 전승될 수 있다. 유감스럽게도 요즘의 우리 시대는 참으로 '존경받는 어르신'을 찾기 어려운 세상이 되어버렸다.

 제라

울며 **씨**를 뿌리러 나가는 사람은 기쁨으로 단을 가지고 돌아온다.
_ 시 126:6

제라는 '씨'를 의미한다. 위 구절에서처럼 농작물의 '씨'를 의미하기도 하지만, 사람의 '씨'를 의미해 '후손'이라는 의미로 쓰이기도 한다. 하나님께서는 아브라함과 그의 '씨', 즉 '후손'에게 땅을 약속하셨다(창 13:15). 이를 생각하면 흔히 '고진감래'를 의미하는 것으로 위 시편 126 편 6절을 사용하곤 하지만, 농사의 결실만이 아닌, 사람의 결실을 가리키는 것으로도 이해할 수 있다. 특히 126편은 바빌론에 끌려갔던 포로의 귀환을 다루며 포로의 완전한 회복과 귀환을 구하는 내용이라는 점에서, 여기서 '기쁨으로 가지고 돌아올 단'은 귀환 공동체의 온전한 회복을 가리킨다고 이해할 수 있다. 이렇게 생각하면 우리가 이 시편 구절을 그동안 지나치게 개인적인 차원에서만 이해했음을 깨닫게 된다. 지금 하기 싫어도 꾹 참고 공부하면 좋은 성적을 거둔다는 정도가 아니다. 이 구절은 현재 우리 신앙 공동체 혹은 우리나라가 맞닥뜨린 어려움에도 불구하고, 지금 눈물을 흘리며 온전한 회복을 위해 씨를 뿌린다면, 마침내 언젠가는 그 씨가 자라 결실을 거두게 될 것이다.

호데쉬

또 그가 즐거워하는 모든 것과, 그의 온갖 잔치와, **초하루**와 안식일과
모든 절기의 모임들을, 내가 끝장내겠다. _ 호 2:11

호데쉬는 '년'(year, 샤나)과 '일'(day, 욤)과 어울리는 '월'(month)을
가리킨다. 구약성경에서 날짜와 연관해 **호데쉬**는 월을 가리키며(예를
들어 출 13:4, 슥 1:7), '한 달'이라는 기간을 가리키는 것으로도 쓰인다
(예를 들어 창 38:24, 삿 20:47). 또한 **호데쉬**는 한 달의 첫 날인 '초하
루'라는 의미로도 쓰인다. 특히 '초하루'는 고대 이스라엘에서 안식일
과 다른 절기와 더불어 특별하게 지키는 중요한 날이었다. 안식일처럼
이날에는 사고파는 일을 할 수 없었고(암 8:5), 안식일이나 초하루에 하
나님의 사람 예언자를 찾아가기도 했다(왕하 4:23). 무엇보다도 이날
에는 안식일과 다른 절기처럼 번제를 비롯한 여러 제사가 드려졌다(민
10:10, 28:11, 대하 2:4, 8:13, 31:3, 느 10:34). 미래의 회복된 성전에서
도 초하루 절기가 지켜진다(겔 45:17, 46:1, 6).
그러나 하나님을 경외하며 살아가는 삶은 초하루와 같은 절기를 지키
는 것이 본질은 아니다. 올바른 일상의 삶이 없다면 절기는 아무런 의
미가 없다. 그래서 하나님께서는 하나님을 떠난 이들을 향해 하나님께
서 초하루와 안식일과 그 모든 절기를 없애버리겠다 선언하신다. 이사
야는 하나님께서 초하루와 안식일 같은 절기를 지긋지긋해 하신다고
선포하면서(사 1:13), 하나님께서 찾으시는 것은 정의를 행하는 것임을
분명히 선언한다(사 1:16-17).

 히슈타하바

그러나 나는 주님의 크신 은혜를 힘입어 주님의 집으로 나아갑니다. 경외하는 마음으로 주님의 성전 바라보며, 주님께 **꿇어 엎드립니다.**
_ 시 5:7

히슈타하바는 '엎드리다' 혹은 '엎드려 절하다'를 의미한다. 왕이나 윗사람, 혹은 상대방에 대한 존중을 표현할 때 그 사람 앞에서 엎드리면서 자신을 낮추어 상대를 높인다(예를 들어 삼상 24:9). 애굽에서 총리가 된 요셉을 만났을 때 그의 형들은 그에게 엎드려 절했다(창 42:6, 43:28). 하나님의 백성 이스라엘을 괴롭히던 자들의 자손이 이스라엘에게 몸을 굽히게 될 것이고, 그를 멸시하던 자들이 모두 그 발 앞에 엎드리게 될 것이다(사 60:14). 하나님께서 행하실 때 이와 같은 전세의 역전이 벌어져, 다른 이를 업신여기며 짓밟던 강자들이 도리어 땅에 엎드려 그들이 무시하던 이들에게 절하게 될 것이다. **히슈타하바**가 쓰인 많은 용례는 '하나님'과 연관된 것들이다. 엎드리는 대상이 주 하나님일 때, 이 동사는 '엎드려 절하다'에서 '경배하다' 혹은 '예배하다'라는 의미를 지니게 된다(창 24:26, 출 34:8, 대하 7:3, 느 8:6, 시 29:2). 원래는 땅에 엎드려 하나님께 절했겠지만(예를 들어 시 95:6), 아예 '경배/예배하다'라는 의미가 되었다. 하나님을 예배한다는 것은, 그 앞에서 자신을 낮추어 엎드리는 것이다. 이것은 자신을 비하하고 천시 여긴다는 의미가 아니라, 자신의 능력이나 자랑, 그 어떤 것도 하나님 앞에 내세울 것이 없음을 의미할 것이다. 그렇기에 누구라도 하나님께 나아와 예배할 수 있고 누구라도 하나님께 나아올 때는 자신의 모든 것을 내려놓아야 한다. 그래서 '경배'는 하나님 한 분이 우리의 능력이요, 권세이심을 고백하고 선포하는 것이다.

후쯔

그 수송아지에게서 나온 것은 모두 진 **바깥**, 정결한 곳 곧 재 버리는 곳으로 가져가서, 잿더미 위에 장작을 지피고, 그 위에 올려놓고 불살라야 한다. 그 수송아지는 재 버리는 곳에서 불살라야 한다. _ 레 4:12

> **후쯔**는 '바깥'을 의미한다. 부지중에 지은 죄로 인해 드려지는 속죄제는 대제사장을 위한 속죄제와 이스라엘 온 회중을 위한 속죄제의 경우, 다른 속죄제와는 꽤 다른 절차를 거쳐야 한다. 일반적으로 속죄제 제물의 모든 기름 관련 부위를 따로 떼어 제단에 올려두고 불사른다. 그러나 대제사장과 이스라엘 온 회중을 위한 속죄제의 경우, 기름 부위를 떼어 제단에서 불사르는 것은 같지만, 나머지 고기 전체, 가죽과 고기, 머리, 정강이, 내장, 똥에 이르기까지 전부를 가지고 진 바깥 재 버리는 곳에서 불살라야 한다. 그곳은 제물의 똥을 비롯해 모든 것을 불사르는 곳임에도 '정결한 곳'으로 불린다. 제사에서의 정과 부정은 장소의 지저분하고 깨끗한 것과 전혀 무관하며, 특정한 목적을 위해 따로 떼어진 곳이라면 그곳은 늘 불로 제물을 태우는 '재 버리는 곳'이라 할지라도 '정결'하다. 신약의 히브리서 저자는 이 부분을 통해 모든 사람을 위해 제물이 되신 예수님께서 성문 밖에서 치욕을 당하고 고난받으신 것을 깊이 묵상했다(히 13:11-12). 히브리서 저자의 결론은 "우리도 주님과 함께 성문 밖으로 나가자"였다(히 13:13).

142

 하자크

그러나 스룹바벨아, 이제 **힘을 내어라**. 나 주의 말이다. 여호사닥의 아들 여호수아 대제사장아, **힘을 내어라**. 이땅의 모든 백성아, **힘을 내어라**. 나 주의 말이다. 내가 너희와 함께 있으니, 너희는 일을 계속하여라. 나 만군의 주의 말이다. _ 학 2:4

하자크는 '강하다, 힘세다'를 의미하는 동사다(삿 7:11, 신 11:8). 두 번째는 거기에서 확장해 '든든하다, 견고하다'를 의미하기도 한다. 이 경우 자주 '용기 있다'는 의미의 '아마쯔' 동사와 함께 쓰여 "강하게 하고 용기를 내라" 같은 격려의 말로 빈번히 쓰인다(예를 들어 신 31:6, 수 1:6). 이러한 권면에는 힘과 능력이 사람에게 있는 것이 아니라 하나님께 있기에, 하나님에 대한 신뢰로 인한 담대함을 촉구하는 것임을 알 수 있다. 바빌론 포로에서 돌아와 가진 것이 별로 없는 상태였지만, 귀환 공동체는 새로운 성전을 짓고자 한다. 그들의 역량을 생각하면 도무지 시작할 수도 없는 일이었기에 오래 중단되기도 했는데, 예언자 학개는 당대 이 일을 이끌어갈 주역들인 총독 스룹바벨, 대제사장 여호수아, 그리고 모든 백성을 향해 "힘을 내어라"라고 격려하며 권면한다. 이것은 지도자 홀로 힘을 낸다고 될 일이 아니며 지도자와 백성 모두가 함께 힘을 내야 할 일이다. 그들이 의지할 것은 자신들의 재물과 여건이 아니라, 그들과 함께 하시는 주 하나님이다.

 하타

너는 이스라엘 자손에게 다음과같이 일러라. 어떤 사람이 실수로 **잘못을 저질러**, 나 주가 하지 말라고 명한 것을 하나라도 어겼으면, 다음과 같이 하여야 한다. _ 레 4:2

하타는 구약성경에서 '죄짓다'를 의미하는 여러 동사 가운데 하나다. 이 동사는 레위기 속죄제에서 빈번히 언급되는데, 속죄제는 근본적으로 '부지중에 지은 죄'를 대상으로 한다. **하타** 동사의 경우 돌이나 화살 같은 것을 과녁을 향해 던졌는데 빗나간 것을 가리킬 때 쓰인다(삿 20:16)는 점을 생각하면, '의도하지 않은 채 과녁, 즉 하나님께서 그 백성에게 부여하신 명령을 어기게 된 경우'를 가리킨다고 볼 수 있다.

레위기 4장에서는 아예 '부지중에'라는 표현을 이 동사와 함께 쓰고 있기도 하다(레 4:2, 13, 22, 27). 의도하지 않았지만 잘못을 저질렀기에, 필수적인 것은 잘못에 대한 인정이다(레 5:5). 이렇게 저질러진 잘못은 하나님께서 그 백성 가운데 거하시는 성소를 더럽힌다 여겼기에, 레위기 규례는 성소를 정결하게 청소할 것을 요구하게 되고, 그래서 드려진 속죄제 제물의 피로 번제단에 바르고 붓는다(레 4:25, 30). 부지중에 지은 잘못은 어쩌면 가장 가벼울 수 있는 죄임에도 이를 이렇게 진지하게 다루는 것은, 하나님의 백성으로 살아가는 삶의 엄중함을 보여준다.

하이

참으로 나의 백성이 두 가지 악을 저질렀다. 하나는, **생수**의 근원인 나를 버린 것이고, 또 하나는, 전혀 물이 고이지 않는, 물이 새는 웅덩이를 파서, 그것을 샘으로 삼은 것이다. _ 렘 2:13

하이는 '살아있는'을 의미한다. 살아있는 사람, 동물을 가리킬 때 이 표현이 쓰인다(예를 들어 창 1:21, 창 6:19, 시 145:16). 무엇보다 이 표현은 '하나님, 주님'과 함께 쓰여서 '살아계신 하나님'을 증언한다(수 3:10, 호 1:10, 시 42:2, 84:2, 왕하 19:4, 16, 렘 10:10, 23:36 등). 하나님은 살아계신 분이니 사람이 만들고 조각한 죽은 물건과는 완전히 다르다. '살아계신 하나님'은 고대 이스라엘에서 맹세할 때 가장 확고하며 틀림없음을 뒷받침하는 표현으로도 빈번히 쓰인다(민 14:21, 삿 8:19, 룻 3:13, 삼상 14:39, 사 49:18, 렘 4:2, 5:2, 22:24, 겔 34:8 등).

성경에서 종종 '생수'로 번역된 표현을 직역하면 '살아있는 물'이다. 물 자체가 어떤 특별한 것이 있는 것이 아니라, '흐르는 물'이면 살아있는 물이다(예를 들어 레 14:5, 15:13). 그래서 예레미야서 2장 13절은 '흐르는 물'과 '웅덩이'를 대조시킨다. 하나님은 고여 있도록 만들어 사람 마음대로 통제할 수 있는 분이 아닌, 흐르는 물이시다. 그러나 이스라엘은 흐르는 물이신 하나님을 버리고, 강력한 열방과 같은 '고인 물의 웅덩이'를 좇는다. 그러나 그 웅덩이는 실제로는 터진 웅덩이일 따름이다. 열방뿐 아니라 그 어떤 것으로도 하나님의 은혜를 '고여 있게' 만들 수는 없다.

 하일

군대가 많다고 해서 왕이 나라를 구하는 것은 아니며, 힘이 세다고 해서 용사가 제 목숨을 건지는 것은 아니다. _ 시 33:16

하일은 '힘'을 의미한다. '힘'을 지닌 사람이 용사다(수 1:14, 삿 3:29, 6:1, 삼상 31:12등). 아울러 '말의 힘'과 같은 표현은 한 나라가 지닌 군사력을 표현한다(시 33:17). 마찬가지로 힘의 근거라는 점에서 **하일**은 '군대'를 의미하기도 한다(출 14:4, 삼상 17:20, 겔 17:17 등). 한편 **하일**은 '재능, 능력'을 의미해 '능력을 갖춘 사람'을 가리키는 데 쓰이기도 한다(출 18:21, 대상 9:13). 사람이 지닌 힘의 원천이라는 점에서 **하일**이 '부'를 의미하는 것도 자연스럽다(창 34:29, 신 8:17, 사 8:4, 미 4:13 등). 능력이나 재능, 군대, 재물, 육체적 강건함 등 이런 것들이 **하일**, 즉 '힘'이다. 예나 지금이나 강대국은 자신들이 지닌 '힘'을 마음껏 휘두르며 주변 나라를 위협하고 약소국을 유린하지만, 역사적으로 단 한 번도 커다란 제국을 이룬 적이 없는 이스라엘을 배경으로 한 시편 기자는 그런 '힘'이 결코 나라와 목숨을 살리지 못한다고 선언한다. 하나님의 사람의 힘은 주변 열강과의 화친에서 오지 않는다. 이스라엘은 역사 속에서 줄기차게 열강을 의지했고, 줄기차게 하나님의 심판을 받았다. 이스라엘의 힘은 그들의 하나님 주님이다(시 33:12, 18-20). 하나님의 사람이 '힘' 있게 행한다면 그것은 자신들의 육체의 힘이나 강한 군대와 말 때문이 아니라 그들과 동행하시는 하나님 때문이다(시 60:14, 118:15, 16).

 아라펠

양떼가 흩어졌을 때에 목자가 자기의 양들을 찾는 것처럼, 나도 내 양떼를 찾겠다. 캄캄하게 **구름 낀** 날에, 흩어진 그 모든 곳에서, 내 양떼를 구하여내겠다. _ 겔 34:12

아라펠은 '짙은 구름' 혹은 '먹구름'이다. 주 하나님께서 이스라엘에게 나타나실 때 그에 수반되는 자연 현상 가운데 **아라펠**이 있어서, 이 '먹구름'은 "하나님이 계신 곳"으로 표현되기도 한다(출 20:21, 왕상 8:12, 대하 6:1, 참고. 삼하 22:10, 시 18:9). '짙은 어둠'은 자연스럽게 하나님의 심판의 상징이기도 하다(사 60:2, 렘 13:16). '구름'을 의미하는 또다른 단어인 '아난'과 함께 쓰이는데 에스겔서 34장 12절에서는 이렇게 함께 쓰여 '캄캄하게 구름 낀'으로 옮겨졌다. 그야말로 캄캄한 구름이 있으니 재앙의 날, 환난과 고통, 슬픔의 날을 표현한다고 볼 수 있다(습 1:15). 그런데 두 단어가 함께 쓰여 하나님께서 임하시는 상황을 표현하기도 한다(신 4:11, 5:22, 시 97:2). 그러므로 '캄캄하고 구름 낀 날'은 슬픔과 환난, 고난의 시간이지만, 동시에 주 하나님께서 임하시는 시간, 흩어지고 길 잃은 양떼를 찾으시는 시간이기도 하다.

스스로 **지혜롭다**고 여기지 말고, 주님을 경외하며 악을 멀리하여라.
_ 잠 3:7

하캄은 '지혜롭다'라는 말이다. 이와 연관된 명사형이 '호크마', 즉 '지혜'다. 잠언은 줄기차게 지혜를 구하고 명철을 얻으라고 외치는데, 정작 자신의 명철을 의지하지 말고(잠 3:5) 스스로 지혜롭다 여기지 말라고 경고한다. 서로 모순되어 보이는 이같은 말씀을 곰곰이 생각할 때, 결국 잠언이 촉구하는 지혜와 명철의 내용은 내가 지혜로워지고 내가 명철해지는 것이 아니다. 즉 모든 일과 모든 상황 속에서 하나님을 인정하는 것, 하나님을 신뢰하는 것을 의미한다는 것을 깨닫게 된다. 그것이야말로 지혜로워진 것이요, 명철해진 것이다.

잠언과 성경을 읽으면 내가 똑똑해지는 것이 아니라 내가 어리석더라도 주님을 경외하고 그분을 인정하는 것이 필요함을 깨닫게 된다. 예수님을 믿고 살아가면 내가 능력 있게 되는 것이 아니라, 내가 능력이 없어도 주님의 능력을 신뢰하게 된다는 이치와 마찬가지다. 신앙은 우리를 능력 있게 만들고 똑똑하게 만드는 것이 아니라 능력 있고 지혜로우신 하나님을 신뢰하며, 다른 능력 있고 똑똑하다는 사람들에게 좌우되거나 매이지 않고, 오직 하나님을 바라보며 걸어가고 살아가게 한다. 내 능력에 좌우되어 스스로 한심하게 여기거나 스스로 대단하게 여기지 않고, 언제든 인자와 진리를 명심하며(잠 3:3) 한 걸음 살아가고 한 걸음 나아간다. 그럴 때 하나님께서 우리 길을 지도하실 것이다(3:6).

할랄

그러나 나는 나의 이름 때문에, 이방 민족의 한가운데 살던 이스라엘이, 그 모든 이방 민족이 보는 앞에서 나의 이름을 **더럽히지** 않게 하였으니, 바로 그 여러 민족이 보는 앞에서, 내가 그들을 이집트 땅에서 이끌어냄으로써, 나 자신을 그들에게 알려주었었다. _ 겔 20:9

할랄은 '더럽히다'를 의미하는데, 기본적으로 '제의'와 관련된 개념이다. 시체와 닿으면 '더러워진다'(레 21:4). 도덕적, 윤리적 상황에도 이 표현이 쓰이는데, 고대 이스라엘에게 제의와 윤리는 분리된 어떤 것이 아니라 통합된 것이었다. 이웃을 배신하는 것은 하나님의 언약을 더럽히는 것이다(말 2:10). 특히 에스겔서 20장은 이스라엘의 지난 역사를 회고하면서 그들의 행동을 단적으로 표현하는 말로 **할랄**(더럽히다)을 사용한다. 그들은 이집트에서부터 우상을 섬겼는데(겔 20:8), 하나님의 백성이 우상을 섬기는 것은 자신의 몸을 더럽히는 짓이다(20:7, 18, 31). 그들의 잘못된 행실 역시 스스로를 더럽히는 짓이며(20:30, 43), 그들은 하나님께서 하나님의 백성의 언약 표징으로 주신 안식일도 더럽혔다(20:13, 16, 21, 24). 이 모든 행위는 궁극적으로 그들을 건져내신 하나님의 이름을 온 이방 백성의 목전에서 더럽히는 행위다. 하나님께서는 '하나님의 이름을 위하여' 그 백성을 이집트에서 이끌어내셨다(20:9). 이후로도 하나님의 이름을 더럽히지 않으려고 그 백성을 지키고 보호하셨다(20:14, 22).

 헤마

하만은, 모르드개가 정말로 자기에게 무릎을 꿇지도 않고, 자기에게 절도 하지 않는 것을 보고, **화가** 잔뜩 치밀어올랐다. _ 에 3:5

> **헤마**는 '뜨거운 노여움, 분노'를 의미한다. 페르시아 왕실의 높은 권세를 지닌 하만은 유대인 모르드개가 자신에게 굽신거리지 않는 것을 보고 뜨거운 분노를 느꼈다. 그에게 권력이란 상대를 굴복시키고 엎드리게 하는 것이었기에, 모르드개의 태도는 하만이 모든 권세를 가져도 만족하지 못하게 만들었다. 특이하게도 에스더서에는 **헤마**가 6번이나 쓰였는데, 4번은 아하수에로 임금과, 2번은 하만과 관련된다. 아하수에로는 자신의 왕비 와스디 때문에 분노하고(1:12), 시간이 지나자 화가 그쳐(2:1) 새로운 왕비로 선발된 에스더가 왕비가 된다. 하만은 모르드개 때문에 분노하며(3:5, 5:9) 그를 죽이려 하지만, 도리어 에스더와 모르드개로 인해 위기에 처하게 된다. 왕은 모르드개로 인해 분노하고(7:7), 모르드개를 사형에 처하자 화가 그친다(7:10). 에스더서에서 막대한 권력을 지닌 왕과 하만은 모두 스스로를 조절하지 못한 채 '분노'하며 자신들의 권세를 휘두르지만, 그들의 분노는 에스더를 등장하게 하고 에스더와 모르드개를 비롯한 유대인의 삶을 풍성하게 하는 도구가 된다. '분노하는 권력자'는 꽤나 두려운 이미지이지만, 에스더서는 그들을 풍자하면서 약한 이들의 기도와 군건함이 상황을 변화시킨다는 것을 보여준다.

150

 호크

주님께서 우리에게 이 모든 **규례**를 명하여 지키게 하시고, 주 우리의 하나님을 경외하게 하셨다. 우리가 그렇게만 하면, 오늘처럼 주님께서 언제나 우리를 지키시고, 우리가 잘 살게 하여주실 것이다. _ 신 6:24

호크는 '미리 정해진 것'을 의미하며, 미리 정해진 일, 미리 정해진 몫을 가리킬 때 쓰인다(창 47:22, 출 5:14, 29:28, 레 6:11 등). 바다가 미칠 범위(렘 5:22, 잠 8:29), 하늘의 한계(시 148:6), 시간의 한계(욥 14:5, 13), 그리고 이스라엘 땅의 한계로서의 지경을 의미하는 데도 쓰인다(미 7:11). 이 표현이 가장 널리 쓰이는 것은 복수형 '훅킴'으로 쓰였을 때인데, 이는 '율례, 규례'를 의미한다. 특히 하나님께서 모세를 통해 그 백성 이스라엘에게 명하신 내용을 가리킬 때 '훅킴'이 빈번하게 쓰인다. 이스라엘은 마음과 성품을 다해 하나님께서 명하신 규례를 지켜야 한다(신 26:16). 하나님의 규례를 지키며 살아간다면 두려워할 것이 없다(대상 22:13). '하나님을 경외'한다는 것은 신명기 6장 24절에서 보듯이 그가 명하신 모든 규례를 지키는 것을 의미한다. 규례를 지키는 그 백성을 하나님께서 지키시고 모든 것을 풍성하게 하실 것임을 고려하면, 하나님의 규례를 따라 살아가는 세상이야말로 '천국, 하나님께서 다스리시는 나라'의 구체적인 모습이라 할 수 있다. 그래서 '천국'의 모습은 신약성경보다는 구약의 출애굽기나, 레위기, 민수기, 신명기 같은 책에서 더 잘 볼 수 있다. 모세를 통해 전해진 율법과 그 율법에 순종할 때 이루어지는 모습에 대한 묘사야말로 천국을 단적으로 보여준다.

חֶרֶב
헤레브

내가 너희에게 기근과 사나운 짐승들을 보내어, 너희 자식들을 앗아가도
록 하겠다. 너희는 전염병과 유혈 사태를 너희 한가운데서 겪을 것이다.
내가 너희에게 **전쟁**이 들이닥치게 하겠다. 나 주가 말하였다. _ 겔 5:17

에스겔서 구절에서 '전쟁'으로 번역된 히브리어는 **헤레브**이며, 이는
'칼'을 의미한다. '칼'은 사람을 비롯한 모든 생명을 죽게 하는 '전쟁'의
단적인 상징이다. 하나님께서는 당신을 거역하고 당신의 규례와 법도
를 따르지 않는 백성을 심판하실 때 기근, 사나운 짐승, 전염병, 그리고
전쟁을 보내신다(또한 겔 14:21). 이러한 재앙이 밀어닥치는데도 사람
들은 이를 그저 국력의 열세로 인한 것이라 여기거나 그저 불운한 것으
로 여겨 현실을 바꾸거나 돌이키지 않는다. 오히려 하나님의 이름을 내
세워 전혀 '평화'가 없는데도 장차 임할 '평화의 환상'을 보았다고 말하
는 종교인들도 있다(13:10, 16, 또한 렘 6:14, 8:11). 평화를 말한다고 평
화가 오지 않는다. 평화를 위해 지금 하나님의 규례를 지키고 정의를
실천하면 반드시 살 것이다(겔 18:21). '칼, 전쟁'을 막는 가장 빠르고 올
바른 길은 정의다.

 하샤브

아브람이 주님을 믿으니, 주님께서는 아브람의 그런 믿음을 의로 **여기셨다**. _ 창 15:6

하샤브는 '생각하다, 여기다'라는 의미의 동사다. 상대방이 어떻게 생각하든 말하는 사람이 보기에 어떻게 생각하고 어떻게 여겼는지를 이 동사로 표현한다. 죄 없이 고난받는 이를 보고 사람들은 그가 하나님께 징벌을 받아 고난받는다고 여겼다(사 53:4). 나아가 이 동사는 '궁리하다, 꾀하다'라는 의미도 지닌다. 요셉의 형제들은 요셉에게 못된 일을 꾀했지만 하나님께서는 요셉에게 선한 일을 꾀하셨다(창 50:20). 이스라엘을 향한 하나님의 생각은 재앙일 수도 있고(미 2:3, 렘 18:11), 평화와 소망일 수도 있다(렘 29:11). 그리고 '여기다'라는 의미에서 발전해 상대를 '높이 평가하다, 중요하게 여기다' 같은 의미로도 쓰인다. 사람들은 고난받는 종을 멸시하며 '귀하게 여기지 않았다'(사 53:3). 그러나 하나님께서는 가난하고 궁핍한 자를 '생각하신다'(시 40:17). 자녀라고는 하나 없는 아브람이지만, 그를 향해 하늘의 별과같이 자손이 많아지리라는 하나님의 말씀을 듣고 아브람은 주님을 믿었다. 그랬더니 하나님께서는 그의 믿음을 보시고 그가 '의롭다'고 '여기셨다'(창 15:6). 아브람이 어떤 사람이든, 하나님께서는 그를 의롭다고, 즉 하나님과 올바른 관계를 맺고 있다고 생각하신다. 그렇기에 죄를 지었던 사람임에도, 하나님께서 '죄 있다'고 여기시지 않는 사람은 복되다(시 32:2). 절대적으로 죄가 없는 상태 또는 절대적으로 의로운 상태가 아니라, 하나님께서 '죄 없다' 여기고 하나님께서 '의롭다' 여기시는 것이 하나님을 믿는 이들의 복됨이다.

 타호르

그러므로 너는 **정한** 짐승과 부정한 짐승을 구별하여야 한다. 부정한 새와 **정한** 새를 구별하여야 한다. 내가 너희에게 부정하다고 따로 구별한 그런 짐승이나 새나 땅에 기어다니는 어떤 것으로도, 너희 자신을 부정하게 해서는 안 된다. _ 레 20:25

레위기를 비롯한 제사 규정에서 '정하다'로 옮겨진 단어는 **타호르**다. '부정하다'를 뜻하는 '타메'와 마찬가지로, **타호르**는 어디까지나 제사와 의식에 관련된 개념이다. 그래서 '정한 것'이라 하여 올바르다거나 더 낫다거나 더 괜찮다거나 그런 윤리적인 판단은 전혀 포함되지 않는다. 노아의 홍수 때에도 창세기의 어떤 본문에서는 부정한 짐승은 암수 두 마리를 싣지만, 정한 짐승은 일곱 쌍을 싣도록 규정한다(창 7:2). 홍수가 끝난 후 그 가운데 정한 짐승으로 번제를 드려야 했기에(8:20), 정한 짐승은 더 많이 태울 필요가 있었다. 그래서 제사 규정에서 '정하다'는 하나님께서 택하신 백성과 대응된다. 온 백성 가운데 이스라엘은 하나님의 백성이기에 모든 짐승 가운데 정한 짐승을 먹는다. 동물의 정부정 규례는 특정한 동물이 더 우월하다고 말하는 것에 관심이 전혀 없고, 하나님의 백성의 구별된 삶에 모든 관심이 있다.

154

 타메

이스라엘 자손에게 일러라. 여자가 임신하여 아들을 낳으면, 그 여자는 이레 동안 **부정하다**. 마치 월경할 때와같이 **부정하다**. _ 레 12:2

타메는 '부정하다'를 의미하는 제의 용어다. 출산한 여인은 일정한 기간 동안 부정하다. '정하다'와 마찬가지로, 제사 규정에서 '부정'은 그 안에 전혀 윤리적이거나 도덕적인 가치 판단이 들어 있지 않다. 출산한 여인의 부정은 무엇인가를 잘못했다는 의미가 전혀 아니다. 다만 '성전에 나아갈 수 없는 상태'를 가리킨다. 그런 점에서 출산 후의 부정 규정을 통해 사실상 출산한 여인의 건강을 회복하는 기간을 주는 결과가 된다. 나병(레 13-14장)이나 유출병(레 15장)에 걸려도 부정하며, 이 역시 몸의 상태가 바로 성전에 나아갈 수 없는 상태임을 가리킨다. 이스라엘 백성이 부정한 동물의 시체를 만져도 부정하다(11:24, 27, 31). 그렇다고 해서 "죄를 지었다"는 의미는 전혀 아니며, 단지 자신의 상태를 알고 행동하는 것이 요구될 뿐이다. 자신이 부정함을 알지 못해 성전에 출입하게 되면 성전에 부정이 쌓이게 되어, 이것은 문제가 된다. 나중에라도 이를 깨달으면 성전의 부정을 씻기 위한 속죄제를 드려야 한다(5:2-3).

야드

그들의 이름이 나의 성전과 나의 성벽 안에서 **영원히 기억되도록** 하겠다. 아들딸을 두어서 이름을 남기는 것보다 더 낫게 하여주겠다. 그들의 이름이 잊혀지지 않도록, 영원한 명성을 그들에게 주겠다. _ 사 56:5

야드는 '손'을 의미한다. 우리말도 그렇지만 히브리어에서도 '손'은 '힘'이나 '능력'을 상징하기도 한다. 그래서 경제적인 형편이 되고 안 되고를 '손이 미친다, 미치지 못한다' 같은 말로 표현한다(예를 들어 레 5:7, 11, 14:21, 25:26, 신 16:17). 손을 높이 든 것을 가리키는 '높은 손'이라는 표현은 때로 '담대하게'를 의미하기도 하고(출 14:8), 고의적인 행동을 가리키기도 한다(민 15:30). 손을 움직여 일을 한다는 점에서, 히브리어에서는 "손을 채우다"라는 표현이 특정한 직책을 수행하도록 따로 세우다라는 의미, 특히 제사장으로 세우다라는 의미로 쓰인다(출 28:41, 민 3:3, 삿 17:5, 왕상 13:33, 대하 13:9).

한편 **야드**는 '기념비'를 의미하기도 한다(삼상 15:12, 삼하 18:18). 이사야서 56장 5절에서 '영원히 기억되도록' 역시 **야드**를 반영한 것이다. 고자는 자녀를 낳을 수 없는 사람이며 남자라고도 여자라고도 할 수 없는 존재이지만, 하나님께서 기뻐하시는 일을 행하며 살아갈 때, 하나님께서는 그의 이름을 영원히 기억되게 하시되, 아들딸을 두어 이름을 남기는 것보다 더 낫게 하실 것이다.

 야다

내 영혼아, 네가 어찌하여 그렇게 낙심하며, 어찌하여 그렇게 괴로워하느냐? 너는 하나님을 기다려라. 이제 내가, 나의 구원자, 나의 하나님을, 또 다시 **찬양하련다**. _ 시 42:5, 11, 43:5

야다 동사의 의미는 '던지다'이다. 그런데 이 동사가 '무엇을 하게 하다'라는 의미가 되는 사역형(causative) 형태를 취하면 '찬양하다, 감사하다'라는 의미가 된다. 아마도 찬양이나 감사를 드리며 무엇인가를 던지는 동작이 수반되기 때문일 수도 있지만 확실하지는 않다. 특히 이 동사는 시편이나 역대지 같은 예배나 제사 관련 문맥에 빈번히 쓰이면서 '찬양하다/감사하다'의 의미로 쓰인다(예를 들어 삼하 22:50, 시 9:1, 30:9, 44:8, 106:1, 111:1, 119:7, 138:2, 사 25:1). 우리말 성경은 때로 '찬양하다'로 옮기고 때로 '감사하다'로 옮겼다. 우리말로는 찬양과 감사가 의미 차이가 있을 수 있지만, 히브리어에서 **야다**의 사역형은 두 가지 의미를 모두 지닌다. 하나님을 찬양한다는 것은 그분이 행하신 일, 그리고 그분이 앞으로도 이루실 일을 기억하며 감사한다는 의미이기도 하다.

시편 42편과 43편은 같은 후렴이 반복된다는 점에서 하나로 묶을 수 있다. 곤고함과 괴로움 속에서 시인은 낙심하기보다는 하나님을 기다리며 도리어 감사하기를, 찬양하기를 다짐한다. 한편 **야다**의 변화형은 '고백하다, 인정하다'라는 의미도 지닌다(예를 들어 레 16:21, 왕상 8:33, 35, 스 10:1, 느 9:3, 시 32:5). 하나님 앞에서 자신의 죄를 인정한 사람, 스스로 고백한 사람은 불쌍히 여기심을 받을 것이다. 하나님의 사람은 죄를 전혀 짓지 않는 사람이 아니라, 언제든 돌이키고 자신의 죄를 정직하게 고백하는 사람이다.

욤

주님께서 모세에게 말씀하셨다. "너희가 먹을 것을 하늘에서 비처럼 내려줄 터이니, 백성이 **날마다** 나가서, **그날그날** 먹을 만큼 거두어들이게 하여라. 이렇게 하여, 그들이 나의 지시를 따르는지, 따르지 않는지 시험하여보겠다." _ 출 16:4

욤은 '하루'를 의미한다. 오늘날 우리에게 '하루'는 태양의 움직임과 연관하여 24시간이라 여겨지지만, 창세기 1장에 처음 등장하는 '하루'는 이와 다르다. 넷째 날에야 태양과 달을 통해 낮과 밤이 갈라지고 날과 해가 표현되었음을 생각하면, 넷째 날부터 '하루'라는 의미가 작동하지만, 창세기는 첫째 날부터 이미 "저녁이 되고 아침이 되니, 하루가 지났다"(창 1:5)며 처음부터 '하루'라는 시간을 표현한다. 그래서 창세기 1장을 현대의 과학으로 읽으려는 시도는 매우 부적절하다. 창세기 1장은 '하루'라는 시간이 하나님의 것임을 선언한다. 하나님께서는 하나님의 시간 동안 온 세상을 지으셨다. 이 시간은 사람의 시간으로 가늠할 수 없으니, 하나님께는 천 년도 "지나간 어제와 같고, 밤의 한 순간"(시 90:4)과도 같다. 먹을 것이 없던 광야에서 하나님께서는 이스라엘에게 만나를 내리셨고, 그들이 거둘 양은 "그날그날 먹을 만큼", 즉 '하루치 양식' 혹은 '일용할 양식'이었다. 하루가 하나님의 것이니, 하나님께서는 그 하루에 필요한 것을 공급하실 것이다. 그래서 '일용할 양식, 하루치 양식'은 하나님의 백성이 하나님을 신뢰하며 살아간다는 것을 단적으로 표현한다. 내일을 염려하며 살아가는 것이 아니라, 언제 어디서건 하나님께서 주신 하루치를 가지고 하루를 살아간다.

 야흐다브

그때에는, 이리가 어린 양과 함께 살며, 표범이 새끼 염소와 함께 누우며, 송아지와 새끼 사자와 살진 짐승이 **함께** 풀을 뜯고, 어린아이가 그것들을 이끌고 다닌다. _ 사 11:6

위의 이사야서 구절에서 굵은 글씨로 표기한 둘째 줄의 '함께'(together)에 해당하는 히브리어가 **야흐다브**다. 반면, 굵은 글씨로 표시하지 않은 첫째 줄의 '함께'는 영어 전치사 with에 해당한다. 하나님의 영이 임한 사람이 다스리는 세상의 단적인 특징은 도무지 함께 존재하기 어려워 보이는 존재들이 '함께' 살아간다는 점이다. 이리가 어떻게 어린 양과, 표범이 어떻게 새끼 염소와 함께 있을 것인가? 송아지와 사자, 살진 짐승, 어린아이가 어떻게 함께 존재할 수 있을까? 하나님께서 다스리시는 세상, 하나님을 아는 지식이 가득한 세상은 서로 완전히 다른 생명들이 함께 공존하는 세상이다. 모두 사자가 되어 공존 가능한 것이 아니라 어린 양이어도, 새끼 염소여도 충분히 살아갈 수 있는 세상이다.

예레미야서 31장 8절은 하나님께서 이스라엘을 돌아오게 하실 때 그 돌아오는 행렬 안에 '눈 먼 사람과 다리를 저는 사람, 임신한 여인, 해산한 여인이 함께 있을 것이라 증언한다(새번역은 이 구절에 있는 **야흐다브**를 반영하지 않았다). 하나님나라의 본질적 특징은 이처럼 연약하고 장애가 있는 사람들도 안전하게 살고 같은 회복을 '함께' 누리는 데 있다. 그런 점에서 장애인이나 약자가 살기 어려운 세상은 제아무리 교회가 많아진다 해도 하나님의 세상과는 거리가 멀다.

얄라드

사라가 임신하였고, 하나님이 아브라함에게 약속하신 바로 그때가 되니, 사라와 늙은 아브라함 사이에서 아들이 **태어났다.** _ 창 21:2

얄라드는 '아이를 낳다'라는 뜻의 동사다. 결혼하면 으레 자녀가 태어나리라 생각하지만, 오늘날에도 그렇지 않은 경우가 많고, 고대 이스라엘 역시 그러했다. 특히 성경에는 아이를 낳지 못하는 여성의 경우를 많이 보여준다. 사라가 그러했고 라헬, 마노아의 아내, 한나가 그러했다. 아브라함과 그 후손에게 자녀는 하나님의 약속을 상징한다. 대개의 경우 출산은 하나님께 드린 기도의 응답이었고, 하나님의 돌보심과 약속의 성취였다. 불가능해보이던 아브라함 노년의 가정에 하나님께서는 자녀를 주셨다. 그래서 이 사건은 약속에 신실하신 하나님을 증언하면서, 그 약속을 기다리며 자신을 방문한 나그네를 환대한 아브라함의 신실함도 보여준다.

얌

내가 **바다 괴물**이라도 됩니까? 내가 깊은 곳에 사는 괴물이라도 됩니까? 어찌하여 주님께서는 나를 감시하십니까? _ 욥 7:12

이 구절에서 '바다 괴물'로 옮겨진 히브리어 **얌**은 '바다'를 의미한다. 지중해나 홍해 혹은 사해 같은 곳을 가리키는 단어이면서, 구약 곳곳에서 고대 중동의 신화적인 의미로서의 바다를 가리키는 의미로 쓰였다. 시편 74편 13-14절, 이사야서 27장 1절 같은 본문은 하나님의 행하심을 대적하는 태고의 바다 괴물로 '바다'(**얌**) '탄닌' '리워야단'을 언급한다. 하나님께서 '바다'를 말리셨다는 이사야서의 언급(사 51:10) 역시 '대적세력으로서의 바다'를 가리킨다고 여겨진다.

욥은 자신의 삶이 왜 이토록 고통과 아픔, 괴로움으로 가득한지 이해할수 없었다. 종종 우리는 하나님께서 늘 우리를 보시기를 구하는 기도를 드리지만, 도리어 욥은 하나님께서 늘 자신을 보신다는 것이 고통이었다. 자신이 **얌**, 즉 바다 괴물도 아닌데, '깊은 곳에 사는 괴물'인 '탄닌'도 아닌데, 왜 이렇게 하나님께서는 자신을 보시는 것인지 큰 괴로움이었다. 그의 갈망은 "차라리 죽는 것이 낫겠다는 것"(욥 7:15), 그래서 이제는 하나님께서 자신을 좀 내버려두시는 것이었다(7:16, 19). 이러한 '경건'도 있다. 하나님을 향해 "내게 관심을 꺼주십시오"라고 구하는 기도도 있다.

야민

내가 너와 함께 있으니, 두려워하지 말아라. 내가 너의 하나님이니, 떨지 말아라. 내가 너를 강하게 하겠다. 내가 너를 도와주고, 내 승리의 **오른팔**로 너를 붙들어주겠다. _ 사 41:10

이 구절에서 '오른팔'로 옮겨진 **야민**은 '오른쪽'을 의미한다. 히브리어에서 '왼쪽'을 의미하는 단어는 '세몰'이다. 방향을 나타내는 단어이지만, 상징적인 의미도 지닌다. 하나님께서 그 백성을 지키고 보호하실 때, 이를 두고 "하나님이 그 오른손을 잡아주신다"고 표현한다(예를 들어 시 73:23, 사 41:13, 45:1). 이렇게 오른손을 잡아주시는 주 하나님의 손 역시 오른손이다(예를 들어 출 15:6, 12, 시 18:35, 20:6, 98:1, 사 41:10). 그렇기에 '오른손'의 맹세는 진실하고 정직해야 하는데 악인들의 오른손은 '거짓으로 속이는 손'이니(시 144:8, 11), 그들은 거짓 증언한다. 주 하나님께서도 "그의 오른손 곧 그의 능력 있는 팔을 들어" 맹세하시니(사 62:8), 그분의 맹세는 참되다. 여기에서 '오른손'은 '능력 있는 팔'로 여겨진다. 그래서 '왼손잡이'라는 것은 어떤 약점이 된다. 특이하게도 히브리어 표현은 '왼손잡이'를 '오른손이 묶인 사람'이라 표현한다(삿 3:15, 20:16). '오른손이 묶인' '왼손잡이' 에훗이 민족을 구하는 사사가 되는 이야기(삿 3:12-30)는 자신의 처지에 머물러 있지 않고 하나님을 신뢰하며 담대하게 행하는 것이 하나님의 사람의 특징임을 잘 보여준다.

 리브야탄(리워야단)

그날이 오면, 주님께서 좁고 예리한 큰 칼로 벌하실 것이다. 매끄러운 뱀 **리워야단**, 꼬불꼬불한 뱀 **리워야단**을 처치하실 것이다. 곧 바다의 괴물을 죽이실 것이다. _ 사 27:1

우리말 성경에서 **리워야단**으로 음역된 히브리어 **리브야탄**은 이사야서에서는 '뱀'이라고 언급되었다. 새번역의 경우, 여기처럼 **리워야단**으로 음역하고 각주에서 '전설적인 바다 괴물'(사 27:1), '악어처럼 생긴 바다 괴물'(욥 3:8, 41:1), '바다 괴물'(시 74:14), '큰 바다 괴물'(시 104:26)로 표기했다. 또 다른 바다 괴물이라 할 수 있는 '탄닌'과 더불어, **리워야단**은 한편으로는 하나님께서 지으신 피조물의 하나로 언급되고(욥 41:1, 시 104:26), 다른 한편으로는 하나님을 대적하는 세력을 상징하는 존재로 쓰인다(욥 7:12, 시 74:13, 14, 사 27:1, 51:9). 세상을 주관하는 신에 맞선 어둠과 혼돈을 상징하는 신이라는 주제는 고대 중동 신화에서도 볼 수 있는데, 바알 신화에서는 바알이야말로 '바다' '탄닌' **리워야단**을 무찌른 존재로 표현한다. 구약은 주 하나님이야말로 이러한 혼돈의 괴물을 무찌르고 천지를 창조하신 분으로 선포하면서, 이러한 하나님의 행하심이 지금의 현실에도 임할 것이라 선포한다.

 바자

너희는 내 제단에 더러운 빵을 바치고 있다. 그러면서도 너희는, "우리가 언제 제단을 더럽혔습니까?" 하고 되묻는다. 너희는 나 주에게 **아무렇게나** 상을 **차려주어도 된다**고 생각한다. _ 말 1:7

말라기 1장에는 '멸시하다'라는 의미를 지닌 **바자** 동사가 여러 번 쓰인다(말 1:6, 7, 12). 7절 마지막 문장을 직역하면 "너희는 주님의 상은 멸시해도 된다고 말한다"로 옮길 수 있는데, 새번역은 이를 "아무렇게나 (상을) 차려도 된다"로 생생하게 옮겼다. 예언자들은 언제나 정의로운 삶이 결여된 풍성한 제사를 공격했지만, 드물게도 말라기는 제대로 형식을 갖추지 않은 채 드려진 제사를 공격한다. 어느 시대이건 본질은 외적인 형식을 통해 드러난다. 하나님을 향한 믿음과 합당한 공경은 그를 반영하는 당시의 외적 형식을 통해 표현되어야 하며, 그것이 구약시대에는 제사 체계라고 할 수 있을 것이다.

본질을 놓쳐버린 형식은 아무런 의미가 없되(예를 들어 사 1:10-15), 형식으로 반영되지 않는 본질은 알 길이 없다. 나아가 적합한 형식으로 반영되지 않은 본질은 게으름과 불성실을 반영하는 것일 뿐이다. 아무렇게나 제물을 드린 것을 두고 말라기가 이를 "여호와의 이름을 멸시한 것"이라 지적한다는 점도 그런 맥락에서 이해할 수 있다. 적절한 내용은 적절한 형식을 통해 구체적인 상황 속에서 적합한 의미를 띠게 된다. 레위기 같은 책에서 먹을 수 있는 동물과 먹지 못하는 동물에 대해 세밀한 규정을 찾아볼 수 있다. 이러한 규정이 추구하는 근본적인 가치는 '구별된 삶'(레 11:44-45, 20:24-26)이다. 말라기는 형식 자체를 소홀히 여기는 행태를 정당화하는 제사장들을 향한 규탄이다.

יְהוָה יִרְאֶה

아도나이 이르에

이런 일이 있었으므로, 아브라함이 그곳 이름을 **여호와이레**라고 하였다. 오늘날까지도 사람들은 "주님의 산에서 준비될 것이다"는 말을 한다.
_ 창 22:14

여호와이레라는 널리 알려진 표현에서 **이레**는 '보다'를 의미하는 '라아' 동사의 미완료형이다(창 22:4, 13). 한편 우리말의 '보다'가 여러 의미를 문맥에서 지니듯, 히브리어에서도 '라아'의 문맥에서의 의미가 다채로운데, 창세기 22장에서는 '마련하다, 준비하다' 같은 의미로 쓰인다. 번제를 드리러 가는데 양이 없는 것을 묻는 이삭에게 아브라함은 "하나님이 손수 마련하여주실 것"이라고 답한다(22:8). 마침내 이삭을 잡으려 할 때 하나님께서는 황급히 아브라함을 불러 세우셨고, 아브라함은 하나님께서 마련해두신 숫양으로 제사를 드렸다(22:13). 이를 기념하면서 아브라함은 "주님이 마련하시리라" 혹은 "주님이 준비하시리라"라는 의미로 그 장소를 **여호와이레**라 불렀다. (유대인은 **여호와**를 '주님'이라는 의미의 **아도나이**라고 읽으니, **여호와이레**는 **아도나이 이르에**로 읽는다.) 그러므로 오늘날 우리는 다소 가볍게 모든 경우에 서슴없이 **여호와이레**를 말하지만, 사실 **여호와이레**는 극도의 순종과 결부된다.

 야라드

그러나 요나는 주님의 낯을 피하여 스페인으로 도망가려고, 길을 떠나 욥바로 내려갔다. 마침 스페인으로 떠나는 배를 만나 뱃삯을 내고, 사람들과 함께 그 배를 **탔다**. 주님의 낯을 피하여 스페인으로 갈 셈이었다.
_ 욘 1:3

야라드는 '내려가다'를 의미한다. 위 구절에서 요나가 스페인 가는 배에 '탔다'로 옮긴 부분 역시 **야라드** 동사가 쓰였다. 그래서 이 구절은 요나가 계속해서 '내려가는' 것을 보여준다. 스페인 가는 배를 탄 요나는 그 배에서도 계속 내려가서 배 밑창으로 내려간다(욘 1:5). 하나님께서는 니느웨로 가라 하셨지만, 하나님의 낯을 피한 요나는 끝도 없이 내려가고 내려간다. 배 밑창에 내려간 요나는 그곳에서 '깊이 잠들었다'(1:5). 그야말로 가장 깊은 밑바닥까지 내려간 것이다. 하나님의 명령을 행하기 싫어하는 요나, 혹시라도 니느웨가 하나님께로 돌이켜 그들에게 임할 재앙이 취소될까 두려워하며 극도로 싫어하는 요나, 그리고 요나로 대표되는 이스라엘의 배타적인 경향을 단적으로 보여주는 동사가 이 **야라드**라 할 수 있다. 급기야 요나는 바다에 던져져 바다 깊은 곳까지 내려가지만(2:3), 하나님께서는 요나를 다시 육지로 끌어올리신다.

야라쉬

당신들은 이제 요단강을 건너가서, 주 당신들의 하나님이 당신들에게
주시는 땅을 **차지하려**고 합니다. 당신들이 그 땅을 **차지하고** 자리를 잡
거든. _ 신 11:31

새번역이 '차지하다'로 옮긴 히브리어는 **야라쉬**로, 그냥 얻게 되는 것
이 아닌 힘으로 얻는 것을 가리키며 주로 신명기, 여호수아기에서 '유
업으로 얻다'를 의미한다. 힘으로 어떤 땅을 차지하는 것을 의미하는
야라쉬는 자연스럽게 이미 그 땅에 살고 있던 다른 이들을 '쫓아내다,
몰아내다'라는 의미도 지닌다. 이스라엘이 가나안 땅을 유업으로 차지
한 이야기는 동시에 이스라엘이 가나안 부족을 그 땅에서 '몰아낸' 이
야기이기도 하다(예를 들어 신 9:1, 11:23). 주 하나님께서 아브라함에
게 땅을 유업으로 얻게 하겠다 약속하셨고, 모세를 통해 이스라엘을 이
집트 땅에서 인도해내시면서도 이와 같은 땅을 차지하게 하겠다고 약
속하셨다. 신명기는 이 동사를 거듭 반복하면서 이제 하나님께서 약속
하신 땅을 '차지하게' 되었을 때 잊지 말고 준수해야 할 주 하나님의 규
례와 법도를 반복해서 이른다. 그리고 여호수아서는 약속대로 마침내
이스라엘이 그 땅에 살던 이들을 몰아내고 그곳을 '차지하게' 되었음을
증언한다(수 12:1, 21:43, 24:8). 그러나 신명기 11장 31-32절에서 보듯,
땅에 대한 약속은 언제나 그 땅에서 따르고 지켜야 할 규례와 법도에
대한 말씀과 연결된다. 하나님의 명령에 순종해 하나님의 백성에 합당
한 삶이 없다면, 언제라도 그들은 '차지한' 땅에서 쫓겨나게 될 것이다.
남북 이스라엘의 멸망은 그 성취를 보여준다.

 타르쉬스

그러나 요나는 주님의 낯을 피하여 **스페인**으로 도망가려고, 길을 떠나 욥바로 내려갔다. 마침 **스페인**으로 떠나는 배를 만나 뱃삯을 내고, 사람들과 함께 그 배를 탔다. 주님의 낯을 피하여 **스페인**으로 갈 셈이었다.
_ 욘 1:3

새번역에서 **타르쉬스**는 '스페인'으로 번역되기도 하고, 그저 '다시스'로 음역되기도 한다. 다시스가 어디인지 분명하지는 않다. 칠십인경에서는 다시스를 여섯 번 북아프리카에 있는 카르타고를 가리키는 단어로 번역했고(사 23:1, 6, 14, 겔 27:12, 25, 38:13), 대체로는 그대로 음역했다(창 10:4, 왕상 10:22, 사 60:9 등 21회). 아마도 스페인 어딘가를 가리킨다고 여겨지기도 하지만 확실하지 않다.

그러나 다시스가 지니고 있는 이미지는 매우 분명하다. 다시스는 매우 먼 곳에 있는 나라를 의미하기도 한다(사 66:19). 특히 보화를 풍부히 지닌 부유한 곳으로 알려져 있는데(겔 27:12), 다시스에서 매우 귀한 것들을 거래했다는 점, 이 단어가 보석을 의미하기도 한다는 점(녹보석 - 출 28:20, 39:13, 황옥 - 아 5:14, 겔 10:9, 28:13, 단 10:6)은 서로 연관되어 있을 것이다. 다시스가 지닌 배 혹은 다시스로 왕래하는 배는 매우 튼튼하고 아름다운 것을 상징하며(사 2:16), 많은 물화를 싣고 다닌다(시 72:10, 사 60:9, 렘 10:9, 겔 27:25). 다시스를 왕래하는 배를 지닌다는 것은 상당한 힘과 부의 축적을 나타내기도 했다(왕상 10:22, 22:48). 요나는 욥바 항구로 내려갔고 거기에서 다시스로 가는 배를 발견했다. 요나가 여호와의 낯으로부터 도망치기 위해 다시스로 가는 배를 탄 것은 어쩌면 최상의 선택일 수 있다. 다시스로 가는 배는 참으로 멀리 가는 배이며, 꽤나 크고 웅장한 배였을 것이기에 하나님의 낯을 피해 숨기에는 최적이었을 것이다.

 야샤

왕이 불쌍한 백성을 공정하게 판결하도록 해주시며, 가난한 백성을 **구하게** 해주시며 억압하는 자들을 꺾게 해주십시오. _ 시 72:4

'구하다, 구원하다'를 의미하는 **야샤** 동사는 이 시편 구절에서 '공정하게 판결하다', 그리고 '꺾다'와 나란히 대응되어 서로 비슷한 의미로 쓰였다고 볼 수 있다. 이 동사들의 목적어는 '불쌍한 백성, 가난한 백성, 그리고 억압하는 자'라는 점에서 사회경제적, 정치적 현실이 배경에 있음을 알 수 있다. 신약성경과 기독교 시대 이래 '구원'은 언제나 죽음 이후의 내세와 연관된 개념으로 이해되고 유통되지만, 구약성경에서 '구원'은 거의 모든 곳에서 언제나 내세가 아니라 이땅에서의 삶을 가리킨다. 시편 72편 역시 가난한 백성을 위한 구원은 그들이 겪는 부당하고 억울한 처지로부터 놓여나게 되는 것, 그들을 억압하고 압제하는 못된 권력자들을 꺾고 제거하는 것을 의미한다. 구약의 용례는 구원을 추상적이고 내면적인 것으로 만들어서는 안 된다는 점을 명확하게 증언한다. 여전히 배고프고 여전히 억압 가운데 있으며, 계속해서 노예로 존재하는데 "내 영혼은 구원받을 수 있어" 같은 표현은 지극히 허망하며, 현세의 억압을 정당화하는 악한 논리임을, 구약의 용례들이 보여준다.

니슈바르

하나님께서 원하시는 제물은 **찢겨진** 심령입니다. 오, 하나님, 주님은
찢겨지고 짓밟힌 마음을 멸시하지 않으십니다. _ 시 51:17

니슈바르는 '부수다, 깨뜨리다'를 의미하는 '샤바르' 동사의 수동형(니
팔) 분사로, '부러진, 부수어진'(broken)을 의미한다. 자신의 죄악을 처
절하게 느끼며 인식하는 시인은 하나님께서 참으로 찾으시는 것이 제
물이나 번제가 아님을 깨닫는다(시 51:16). 이런 고백이 글자 그대로 제
물이나 번제가 쓸모없는 것임을 말하지 않는다. 제물 혹은 제사는 하나
님께서 명령하신 것이다(레위기 1-7장). 그렇다면 시인의 깨달음은 제
물의 근본적인 의미에 대한 깨달음일 것이다. 이스라엘 백성이 하나님
께 제사를 드릴 때, 특히 번제를 드릴 때는 자신의 경제 형편에 따라 가
져온 소나 양, 염소를 자신의 손으로 잘게 쪼갠다. 즉 잘게 부순다. 그렇
게 '부러진' 제물을 제사장이 받아서 제단에서 불태운다(레 1:1-9). '부
러진' 제물을 보며 시인은 하나님께서 진정 원하셨던 것이 바로 자기
자신을 하나님 앞에 '부수어' 드리는 것임을 깨닫게 된 것이다. 나의 자
아, 나의 고집, 나의 욕망 등 이 모든 것을 하나님 앞에 가지고 나아와
부수어드린다. 그것이 제사의 본질이다.

 혼네니

참으로 하나님, **나를 불쌍히 여겨주십시오. 불쌍히 여겨주십시오.** 내 영혼이 주님께로 피합니다. 이 재난이 지나가기까지, 내가 주님의 날개 그늘 아래로 피합니다. _ 시 57:1

혼네니는 '불쌍히 여기다'를 의미하는 '하난' 동사의 명령형에 1인칭 목적어 접미어가 붙은 형태로, "나를 불쌍히 여기소서"로 옮길 수 있다. 이 표현은 구약 곳곳에 여러 번 쓰였는데, 특히 시편에 빈번히 쓰였다. 시편 56편과 57편은 이 표현으로 시작하고, 57편은 첫머리에 두 번 이 표현이 반복된다. 이 두 시편에서 시인은 그를 비난하는 원수들에게 종일 공격당하고 있으며(56:2) 그들은 시인의 목숨을 노리고 있다(56:5-6). 시인은 자신을 괴롭히는 자들(57:3) 가운데 있으며 마치 '사람을 잡아먹는 사자들 한가운데' 누워 있는 것과 같다(57:4)고 말한다. 오직 그가 할 수 있는 전부는 하나님을 향해 "하나님, 나를 불쌍히 여겨주십시오"라고 기도하는 것밖에 없다. 그래서 시편을 노래하는 이들은 이처럼 하나님 외에는 달리 기댈 곳이 없는 가난하고 불쌍한 이들이며, 그렇기에 시편은 '가난한 자들의 노래'라 불러야 할 것이다.

 하시드

주님, 도와주십시오. **신실한 사람**도 끊어지고, 진실한 사람도 사람 사는 세상에서 사라지고 있습니다. _ 시 12:1

하시드는 여기에서 '신실한 사람'으로 번역되었다(또한 시 18:25). 또 시편에서 스무 번 넘게 언급되며 '헌신하는 사람'(4:3), '거룩한 자'(16:10), '주님을 믿는 성도'(30:4, 31:23), '경건한 사람'(32:6) 등 다양하게 번역되었다. 이 단어는 '언약 안에서의 신실한 사랑'을 의미하는 '헤세드'에서 파생했다는 점에서 '하나님의 헤세드를 경험하고 그를 통해 구원받은 이들', 그리고 '자신의 삶에서 경험한 헤세드를 실천하며 살아가려는 이들'을 가리킨다고 볼 수 있다. 이들의 삶에 중심에 있는 것은 '주님의 말씀'이다(12:6). **하시드**가 사라져가는 현실은 '악인들이 우글거리고 비열한 자들이 사람들 사이에서 높임을 받는'(12:8) 것과 직접적으로 연결된다. 이 악한 세상에서 사랑을 실천하고 살려는 **하시드**는 고난받기 마련이되(79:2), 오직 하나님의 건지심을 바라고 기도하는 **하시드**(86:2)를 하나님께서 모으실 것이다(50:5). 주님은 공의를 사랑하시니 당신의 **하시드**를 돌보실 것이다(37:28).

야샤르

당신들은 주님께서 보시는 앞에서 **올바르고** 선한 일을 하십시오. 그러면 당신들이 잘되고, 주님께서 당신들의 조상에게 맹세하신 저 좋은 땅에 들어가서, 그곳을 차지하게 될 것이며. _ 신 6:18

야샤르는 '곧다, 바르다'를 의미한다. 자연스럽게 '옳다'라는 의미도 지닌다. 하나님은 '올곧으시며'(신 32:4, 시 92:15) 그의 길은 올바르고(호 14:9) 그의 규례, 그의 교훈, 그의 말씀은 올바르고 정직하다(느 9:13, 시 119:137). 그렇기에 성경은 곳곳에서 사람의 정직함을 강조한다(시 7:10, 11:2, 32:11, 36:10, 64:10, 94:15, 97:1). 흥미롭게도 이 단어는 '~의 눈에'라는 전치사구와 함께 쓰여 "~의 보기에 옳다"라는 표현으로 빈번히 쓰인다. 어떤 길은 "사람이 보기에는 옳아도" 결국은 사망의 길인 경우가 있고(잠 14:12), 사람의 길이 자기 보기에는 옳아 보여도 하나님께서는 마음을 꿰뚫어보시며(잠 21:2), 어리석은 사람은 자신의 행실만 옳다 보지만, 지혜로운 사람은 충고에 귀를 기울인다(잠 12:15). 사사기의 마지막 다섯 장(17-21장)은 "그때에는 이스라엘에 왕이 없었으므로, 사람들은 저마다 자기의 뜻에 맞는 대로 하였다"라는 말을 처음과 끝에 두었다(삿 17:6, 21:25). 참된 왕이신 주 하나님을 경외하지 않고 '자기 보기에 옳은 대로' 행한 결과는 힘으로 빼앗기, 성폭행, 집단 살상, 납치와 강제 결혼이다. 그래서 신명기 6장 18절은 "주님께서 보시는 앞에서 올바르고 선한" 일을 행할 것을 촉구한다. 하나님께서 찾으시는 것은 복잡한 것이 아니라 '올바르고 선한 일'이다.

 카보드

모세와 아론은 회막 안으로 들어갔다. 그들이 바깥으로 나와서 백성에게 복을 빌어주니, 주님의 **영광**이 모든 백성에게 나타났다. _ 레 9:23

카보드는 '영광'을 의미한다. 이 단어가 포함된 '주님의 영광'이라는 표현은 성막이나 성전, 제사 관련 본문에서 빈번하게 나타난다. 광야 길을 시작하며 먹을 것이 없어 불평하는 백성들에게 하나님께서는 '주님의 영광'을 보이셨다(출 16:7, 10). 온 이스라엘을 대표해서 모세가 시내산에 올랐을 때 주님의 영광이 그 산에 머물렀는데 그것은 마치 타오르는 불처럼 보였다(출 24:16-17). 하나님의 명령을 따라 마침내 모세와 이스라엘이 성막을 만들어 세우자, 주님의 영광이 성막에 가득 찼다(출 40:34, 35). 그리고 이 성막에서 주님께서 모세에게 명령하신 대로 아론이 첫 제사를 마치고 나와, 모세와 함께 백성을 축복하니 주님의 영광이 모든 백성에게 나타났다(레 9:23). 성전에 죄악과 불순종이 가득할 때 주님의 영광이 성전을 떠났고(겔 10:18, 11:23), 미래의 회복된 성전에 주님의 영광은 다시 돌아와 임하게 될 것이다(겔 43:4, 5, 44:4). 이러한 본문에서 주님의 영광은 마치 눈으로 볼 수 있는 어떤 실체를 지닌 것처럼 여겨진다. 주님의 영광은 죄악으로 가득한 성전에 머물지 않되, 이동식의 소규모 회막이라 해도, 주님의 명령대로 순종하는 곳에 임하신다. 그럴 때 그 영광은 제사장이나 모세 같은 특별한 소수만이 볼 수 있는 것이 아니라, 모든 사람이 볼 수 있다. 주님의 영광은 소수의 것이 아니라 모두의 것이다.

 케베스

평민이 속죄제사 제물로 **양**을 가져오려면, 그는 흠 없는 암컷을 가져와서.
 _ 레 4:32

케베스는 '어린 양'을 가리킨다. 오경에 있는 제사법에 따르면, 매일 아침과 저녁에 각각 1년 된 **케베스**, 어린 숫양 한 마리씩을 번제로 드려야 하는데, 이렇게 하나님께 제사할 때 하나님께서는 그곳에서 이스라엘을 만나고 하나님의 영광을 나타내신다(출 29:38-43). 1년 된 어린 숫양을 드리는 또 다른 경우로는 유월절(출 12:5), 산모가 출산하여 정결케 하는 기간이 지난 후(레 12:6), 나병에서 나은 사람이 드리는 제사(레 14:10), 맥추절 제사(레 23:12, 18, 19), 나실인 서약(민 6:12, 14) 등이 있다. 이스라엘의 평범한 평민이 부지중에 지은 죄를 깨달았을 경우에 드리는 속죄제에서는 **케베스**를 드리되 암컷으로 드린다. 어린 숫양 혹은 암양에게 어떤 효력이 있는 것이 아니다. 하나님께서 명하신 규례대로 하나님께 순종하며 믿음으로 **케베스**를 드릴 때, 하나님께서는 제물을 받으신다기보다 제물로 대표된 하나님의 백성 이스라엘을 받으며 기뻐하고 그들 가운데 행하신다. 그러므로 일상의 순종이 없는 어린 숫양 제사는 하나님께서 기뻐 받지 않으신다(사 1:11).

 코헨

이렇게 **제사장**은 새의 피와 생수와 살아있는 새와 백향목 가지와 우슬
초와 홍색 털실로 그 집을 정하게 하여야 한다. _ 레 14:52

출애굽기와 레위기, 민수기, 에스겔서에 따르면 레위 자손 가운데 아론
자손이 제사장이 된다. 히브리어 **코헨**은 '제사장'을 의미한다. 제사장
은 하나님께 자신의 잘못으로 인해 속죄제와 속건제를 드리려고 나아
온 이들만이 아니라 자원하여 드리는 제사인 번제와 소제, 화목제를 드
리고자 나아온 이들을 위해서 그들이 바친 제물을 규정에 따라 제사드
리는 일을 수행한다. 그뿐 아니라 제사장은 출산한 산모, 나병에서 나
은 사람, 비정상적인 유출병에 걸렸다가 나은 사람들이 일상으로 복귀
하기 위해 드리는 속죄제 제사도 수행한다. 집에 생긴 나병(아마도 곰
팡이)으로 인해 문제가 되었던 집이 괜찮아졌을 경우에 제사장은 정해
진 규정을 따라(레 14:49-53) 속죄제를 수행한다. 제사장이 이 여러 경
우에 제사를 드리면 사람이건 집이건 '정함'을 회복하고 이제 일상으로
돌아갈 수 있다. 그 뒤에는 누구라도 이 사람의 과거를 두고 혐의를 두
거나 비방할 수 없다. 그런 점에서 제사장은 가장 힘겨운 어려움을 겪
은 이들을 위한 든든한 버팀목 같은 존재였다고 할 수 있다.

코아흐

그가 내게 이렇게 말해주었다. "이것은 주님께서 스룹바벨을 두고 하신 말씀이다. '힘으로도 되지 않고, **권력**으로도 되지 않으며, 오직 나의 영으로만 될 것이다.' 만군의 주님께서 말씀하신다." _ 슥 4:6

코아흐는 삼손의 힘처럼 육체적인 힘을 가리키기도 하고(삿 16:5), 재물을 얻을 수 있는 힘(신 8:18), 성전에서의 직무 수행하는 힘(대상 26:8), 그리고 무엇보다도 전쟁에서의 강력함(대하 14:10, 20:12)을 가리킨다. 자신의 힘으로 재물을 얻었다며 자랑하는 이들이 있고(신 8:17), 자신의 힘을 내세우는 강한 왕도 있으며(단 8:24, 11:25, 사 10:13), 아예 힘이 자신의 하나님이 된 백성도 있다(합 1:11). 주 하나님의 백성이 된다는 것은 힘이 우리에게 있는 것이 아니라 하나님께 있음을 신뢰하는 것이다. 하나님께서 큰 힘으로 그 백성을 애굽에서 인도하셨다(출 32:11, 신 9:29, 왕하 17:36, 느 1:10). 하나님께 큰 힘이 있으시니(신 4:37, 욥 37:23, 사 40:26), 피곤한 자에게 힘을 주실 것이다(사 40:29). 고대 세계에서 성전 건축은 왕이라야 수행할 수 있는 거대한 규모의 일이었다. 그러나 페르시아의 식민지였던 유대 땅에서 스룹바벨이 중심이 되어 두 번째 성전을 지었으니, 이 성전은 힘이나 권력으로 이루어진 것이 아니라 하나님의 영으로 이루어졌다. 이 사건이 그 상징이다. 하나님의 백성에게 필요한 성전은 크고 화려하며 엄청난 규모의 재물이 특징이 아니라, 능력이 하나님께 있음에 대한 신뢰다.

 카나프

"누구요?" 하고 물었다. 룻이 대답하였다. "어른의 종 룻입니다. 어른
의 **품에** 이 종을 안아주십시오. 어른이야말로 집안 어른으로서 저를
맡아야 할 분이십니다." _ 룻 3:9

카나프는 '날개'를 의미한다. 예를 들어 독수리 같은 새가 그 날개를 펴
서 새끼를 받아 나르는 모습에서 '날개'는 '안전한 보호와 인도하심'을
의미한다(신 32:11). 주님은 당신의 날개로 이스라엘을 업어서 애굽에서
인도해내셨다(출 19:4). 특히 '주님의 날개 그늘' 안에 거하는 것은 가장
안전하고 든든한 곳에 있음을 의미한다. 주로 이같은 표현은 하나님의
도우심을 구하며 하나님의 성전에 나아간 이들이 드리는 고백이라 할
수 있다(시 17:8, 36:7, 57:1, 61:4, 63:7, 91:4). 나이든 어머니 나오미를
모시며 살길을 찾는 룻이 보아스의 밭에 이르렀을 때, 보아스는 그를 향
한 따뜻한 마음으로 주 하나님께서 그의 날개 아래 온 이를 넉넉히 지
켜주시길 축복한다(룻 2:12).
나오미는 룻과 보아스를 이어주기 위해 룻에게 보아스에게 다가가라
조언하고, 마침내 보아스를 만난 룻은 "당신의 날개를 이 종 위에 펼쳐
주십시오"라고 말한다. 이를 새번역은 "어른의 품에 이 종을 안아주십
시오"로 풀어서 옮겼다. 보아스는 '하나님의 날개 아래' 있기를 축복하
고, 룻은 "당신의 날개로 덮어주십시오"라고 구한 셈이다. 룻은 무척이
나 적극적이며 진취적이다. 하나님의 날개 아래 거하는 것이 신앙적인
표현이라면, 이를 사회 안에서 실현시키고 구체적으로 만든 것이 서로
의 날개를 펴서 곤고한 상대를 덮는 것이다.

킷세

왕이 가난한 사람을 정직하게 재판하면, 그의 **왕위**는 길이길이 견고할 것이다. _ 잠 29:14

킷세는 '의자'를 가리킨다. 대제사장의 자리(삼상 1:9, 4:18), 예언자를 귀하게 대접하기 위해 마련한 자리(왕하 4:10), 왕의 어머니의 자리(왕상 2:19)를 가리키는 경우도 있지만, 대부분의 경우 '왕의 자리'로서의 '보좌' 혹은 '왕좌'를 의미하며, 그 점에서 '왕위, 왕권'을 나타낸다. 당연히 온 세상의 왕이신 주 하나님의 보좌를 가리키기도 한다. 하나님의 보좌는 하늘에 있어서 사람을 살피고 의인과 악인을 가려내신다(시 11:4-5). 왕이신 하나님께서는 보좌에 앉으셔서 의롭게 재판하신다(시 9:4). 하나님의 보좌의 양대 기둥은 정의와 공의다(시 89:14, 97:2).

세상의 왕은 참된 왕이신 하나님을 대신하는 존재다. 그러므로 왕권을 견고히 하기 위해 필요한 것은 군사력이나 경제력, 외교력이 아니라 정의와 공의다. 왕이 행할 정의와 공의의 핵심적인 내용은 "가난한 사람을 억울하게 하지 않는 것"이다. 왕권은 강력한 우방이나 귀족이나 부유한 사람 때문이 아니라 가난한 사람을 억울하게 하지 않을 때 견고해진다. 왕이 가난한 백성을 구하고 억압자들을 꺾어버릴 때, 왕권은 견고해지고 부와 영광이 따라오게 된다(시 72:4-17). 가난한 자를 함부로 하는 권력은 결코 오래가지 못한다.

 카사

복되어라! 거역한 죄 용서받고 허물을 **벗은** 그 사람! _ 시 32:1

카사는 '덮다'라는 뜻의 동사다. 시편 32편 1절에서 **카사**의 수동태분사형이 쓰였고, 이를 직역해서 반영하면 '허물이 덮혀진 그 사람'이 된다. 앞에 있는 '용서받고' 역시 수동태분사형이다. 그래서 이 구절은 죄 용서와 허물 벗음이 사람 스스로 할 수 있는 일이 아니라 하나님께서 행하신 일임을 명확히 보여준다. 죄악이 있고 허물이 있는데 어떻게 하나님께서는 용서하고 덮으셨는가? 시인은 자신의 죄악을 고백하지 않을 때 끊임없는 신음으로 뼈가 녹아내리는 것 같은 경험, 그리고 하나님의 손이 자신을 눌러 온몸이 여름 가뭄에 마르는 것 같은 경험을 한다. 견디다 못한 시인이 하나님 앞에 자신의 죄를 아뢰고 자신의 죄를 '덮지'(**카사**) 않았더니, 하나님께서는 그 죄악을 용서하셨다. 스스로 죄를 '덮지' 않고 고백했더니, 하나님께서 그 죄를 '덮어주셨다'!

케세프

지혜를 얻는 것이 금을 얻는 것보다 낫고, 명철을 얻는 것이 **은**을 얻는 것보다 낫다. _ 잠 16:16

케세프는 '은'을 의미한다. 은은 금과 더불어 값진 귀금속을 대표하지만, 그저 '돈'이라는 의미로 쓰인 경우들도 많다. 예를 들어 기본적으로 **케세프**는 유통되는 값의 단위였다(레 25:50, 대상 21:22, 잠 7:20). 모든 이스라엘 자손은 레위인을 대신하여 속전을 내야 하는데 이 역시 **케세프**로 표시했다(출 30:16). 잠언에서 **케세프**는 홀로 쓰여 '값진 보화'를 대표하기도 하지만(잠 2:4, 10:20, 25:4, 26:23), '금'(자하브)과 함께 쓰이는 경우가 더 많다(잠 3:14, 8:10, 19, 16:16, 17:3, 22:1, 25:11, 27:21). 세 군데에서(8:19, 10:20, 16:16) 그저 '은'이 아닌 '선별한 은'이 쓰여서 더욱 강조되었다. 위의 잠언 16장 16절 같은 구절에서 금과 은은 별다른 차이 없이 모두 지혜와 명철이 얼마나 귀한 것인지를 보이는 데 쓰였다. 삶에서 금과 은보다 더욱 값지고 소중한 것이 지혜와 명철이다. 돈이 주인이라 여기는 '자본주의' 시대에 이같은 잠언 말씀은 얼마나 강렬한가!

카프

적게 가지고 편안한 것이, 많이 가지려고 수고하며 바람을 잡는 것보다
낫다. _ 전 4:6

이 구절에서 '적게'로 번역된 것은 '손바닥'을 의미하는 **카프**다. 그에
대응된 '많이'는 '두 손바닥'을 의미하는 '호프나임'이다. "한 손바닥을
채운 평안이 두 손바닥을 채운, 바람을 잡는 수고보다 낫다"로 쉽게 옮
길 수 있다. 이 구절이 속한 단락을 시작하는 전도서 4장 4절은 "온갖
노력과 성취는 바로 사람끼리 갖는 경쟁심에서 비롯된다"고 선언한다.
자본주의는 경쟁으로 인해 온갖 변화와 발전, 성장이 이루어졌다고 강
조하지만, 전도서는 그로 인한 수고에 주목하며 결국 그렇게 두 손바닥
을 가득 채운 것이 사실은 '바람을 잡으려는 것'이었다고 단언한다. 실
제로 지난 백여 년 전 세계 나라들의 성장을 향한 무한경쟁의 결과는
각 나라의 복지와 평안의 증가기보다, 온 세계로 확장되어가는 기후
위기와 생태계 파괴였다. 아울러 한 손에는 내세의 영생을, 다른 한 손
에는 현세의 부귀를 확보하려는 개신교 신앙 역시, 지극히 탐욕스러우
며 공적 차원을 상실해버린 그리스도인의 모습을 확연하게 보여주었
다. 지금 우리에게 훨씬 더 필요한 것은 '두 손바닥을 채우는 수고'가
아니라 '한 손바닥의 평안'이다.

케렘

이스라엘은 만군의 주님의 **포도원**이고, 유다 백성은 주님께서 심으신 포도나무다. 주님께서는 그들이 선한 일 하기를 기대하셨는데, 보이는 것은 살육뿐이다. 주님께서는 그들이 옳은 일 하기를 기대하셨는데, 들리는 것은 그들에게 희생된 사람들의 울부짖음뿐이다. _ 사 5:7

케렘은 '포도원'을 의미한다. 홍수로 온 세상이 파멸된 후 새롭게 노아와 그 가족으로 일상이 시작되었을 때, 인류의 첫 농사가 포도원이었다(창 9:20). 이사야서 구절은 이스라엘을 가리켜 주 하나님의 포도원에 비유한다. 사람이 포도원 농사를 짓듯이, 하나님께서는 이스라엘이라는 포도원을 가꾸신다. 포도원에 기대하는 것이 심었던 좋은 품종의 포도를 거두는 것이라면, 하나님께서 이스라엘이라는 포도원에 기대하신 것은 '선한 일 하기, 옳은 일 하기'였다. 그러나 막상 이스라엘이 맺은 것은 좋은 품종의 포도가 아닌 '살육과 울부짖음', 즉 '힘 있는 자들의 횡포로 이웃 짓밟기, 그리고 그로 인해 희생당한 이들의 울부짖음'이었다. 포도원에 기대하는 것은 사과나 딸기가 아니라 포도이듯, 하나님께서 그 백성들에게 찾고 기다리시는 열매는 예배, 찬양, 제사가 아니라 '선한 일과 옳은 일'(히브리어로 '미슈파트'와 '쩨다카')이다.

바로 그날, 주님께서 아브람과 언약을 **세우시고** 말씀하셨다. "내가 이 땅을, 이집트 강에서 큰 강 유프라테스에 이르기까지를 너의 자손에게 준다." _ 창 15:18

카라트는 '자르다, 베다'를 의미하는 동사다(예를 들어 민 13:23, 신 19:5, 삿 9:48). 그런데 이 동사의 목적어로 '계약, 언약'을 의미하는 '베리트'를 취할 경우, 이 동사는 '(계약/언약을) 맺다, 세우다'라는 의미가 된다. 창세기 15장은 하나님께서 아브람과 처음으로 언약을 세우시는 장면을 다룬다. 하나님의 명령을 따라 아브람이 제물을 마련했고, 아브람은 마련한 제물의 몸통 가운데를 모두 쪼갰다. 둘로 쪼개어진 제물 사이를 하나님을 상징하는 '타오르는 횃불'이 지나감으로써 언약이 체결되었다(창 15:17). 이렇게 언약을 위해 드려진 제물을 '둘로 자른다'는 점에서 '언약을 자르다'가 '언약을 세우다'가 되었을 것이다.

창세기에서는 '둘로 쪼개다'에 다른 동사가 쓰였지만, 이러한 언약 체결 장면을 묘사하는 또 다른 본문인 예레미야서 34장 18절에서는 '(둘로) 쪼개다'에 **카라트** 동사를 사용했다. 아마도 이 언약을 지키지 않을 경우 어긴 당사자는 이 제물처럼 '둘로 쪼개질 것'이라는 의미였을 것이다. 특이하게도 아브람과 맺은 언약의 경우, 하나님을 상징하는 횃불이 쪼갠 제물 사이로 지나갔지만, 아브람은 아무 행동도 하지 않는다. 그래서 이 언약은 흔히 '무조건적인 언약', 즉 하나님께서 아브람에게 일방적으로 미래에 대한 약속을 주신 언약이라 여겨진다. 과연 이집트 강에서 유프라테스까지 땅은 무조건적으로 주어질 것이다. 그 땅에서 이스라엘이 어떤 삶을 살아갈 것인가는 이제 그 다음 문제다.

 카타브

왕위에 오른 사람은 레위 사람 제사장 앞에 보관되어 있는 이 율법책을 두루마리에 옮겨 **적어**, 평생 자기 옆에 두고 읽으면서, 자기를 택하신 주 하나님 경외하기를 배우며, 이 율법의 모든 말씀과 규례를 성심껏 어김없이 지켜야 합니다. _ 신 17:18-19

신명기 17장 14-20절은 왕에 대한 율법이다. 그는 레위 사람 제사장 앞에 보관된 율법책을 다른 두루마리에 베껴 기록해야 한다. **카타브**는 '기록하다, 쓰다'를 의미하는 동사다. 왕의 첫 번째 할 일은 율법책을 필사하는 일이다. 이렇게 필사하는 까닭은 레위 사람 제사장 앞에 있는 책을 왕이 제 마음대로 변경하거나 바꾸고 추가하거나 삭제하지 못하게 하려는 의도였을 것이다. 고대 중동에서 왕은 스스로 법령을 만들어 선포하고 부과하며 법 위에 존재하지만, 신명기에서 왕은 철저하게 율법 아래 있다. 그는 다른 사람을 다스리고 지배하는 존재가 아니라, 율법 아래서 자신이 필사한 율법을 늘 읽고 묵상하며 지켜야 하는 존재다. 그렇기에 그는 늘 자신이 자기 겨레와 조금도 다르지 않음을 명심해야 한다(신 17:20). 신명기가 표현하는 왕은 그야말로 주 하나님의 율법을 주야로 묵상하며 행하는 의인, 시편 1편 1-3절이 그리는 의인이라 할 것이다.

라바쉬

주님께서 공의를 갑옷으로 **입으시고**, 구원의 투구를 머리에 쓰셨다. 응징을 속옷으로 **입으셨다**. 열심을 겉옷으로 **입으셨다**. _ 사 59:17

라바쉬는 '옷입다'를 의미하는 동사인데, 이 구절에서 '공의의 갑옷, 구원의 투구, 응징의 속옷', 이 세 가지와 연관하여 쓰였다. 그래서 이 구절은 '하나님의 무장'을 표현한다. 하나님께서는 정의와 공의가 사라진 현실, 그래서 악을 떠나는 자가 약탈당하는 현실을 보고 정의가 없음을 기뻐하지 않으셨다(사 59:14-15). 무엇보다도 그런데도 이를 돕고 해결하려는 이들이 없음을 보고 놀라셨다(사 59:16). 여기서 '정의'는 이를 돕고 해결하려는 '중재자'로 구체화되는 셈이다.

정의의 근본은 고통당하며 괴로워하는 이들을 위해 중재하는 것이다. '중재자'는 오늘의 그리스도인들에게 곧바로 예수 그리스도를 떠올리게 하는데 친히 중재자가 되신 하나님, 그리고 마침내 이땅에 오신 하나님 예수 그리스도는 실질적으로 '정의'의 구체화된 표현이다. 하나님께서는 그 백성을 위해 단단히 무장하고 열방을 응징하신다. 열방을 향한 하나님의 무장에는 공의의 갑옷, 구원의 투구가 있고, 응징의 속옷, 열심의 겉옷도 있다. 에베소서의 성령의 전신갑주 구절(엡 6:14-17)은 이렇게 원래 하나님께 적용된 표현들을 성도의 삶에 적용한 것이다. 즉 바울은 하나님의 행하심에 대한 본문을 개개 그리스도인들에 대한 권면으로 사용한다.

 타밈

당신들은 주 당신들의 하나님 앞에서 **완전해야** 합니다. _ 신 18:13

창세기 17장 1절에서도 하나님께서는 그 앞에서 완전할 것을 아브라함에게 요구하신다. 두 본문에서 '완전'으로 옮겨진 히브리어는 **타밈**이다. 사람은 흙과 먼지로 지어진 존재니(예를 들어 시 103:13-14) 결코 완벽할 수 없는데, 왜 하나님께서는 완전을 요구하실까? 두 본문 모두 '하나님 앞에서의 완전'을 말한다. 사람 기준의 완전이 아니라 하나님 기준의 완전이다. 사람 보기에 그럴듯한 행동이 아니라 하나님 앞에서 제대로 된 행동을 찾으신다. 제사와 관련해 **타밈**은 '흠 없음'으로 번역되는데, 제물로 쓰여지는 가축들이 육체적으로 모자란 부분이 없어야 함을 의미한다(참고. 레 22:2-24). 이를 고려하면 **타밈**은 '완벽'(perfect)을 의미하는 것이 아니라 어디 하나 모자람 없는 '온전', 구체적으로는 '건강함'(sound)을 의미한다. 어느 한 부분의 특출남 때문에 다른 부분을 포기하는 것이 아니라, 모든 부분에서 고르게 튼튼한 것을 생각해볼 수 있다. '완전'이 필요한 까닭은 어떤 부분에서는 대단해보이지만 다른 부분에서는 도리어 다른 사람들에게 상처를 주는 일들이 허다하기 때문이다. 한 부분의 괜찮음을 내세우는 것이 아니라 모든 부분에서의 '완전'을 향해 나아간다. 그래서 '완전'은 사실상 단번에 '완성'되는 것이 아니라 '완성되어가는 것'이라 할 수 있다.

 라함

모세가 백성에게 대답하였다. "두려워하지 마십시오. 당신들은 가만히 서서, 주님께서 오늘 당신들을 위하여 어떻게 구원하시는지 지켜보기만 하십시오. 당신들이 오늘 보는 이 이집트 사람을 다시는 볼 수 없을 것입니다. 주님께서 당신들을 구하여주시려고 **싸우실** 것이니, 당신들은 진정하십시오." _ 출 14:13-14

> **라함** 동사를 수동재귀형(니팔)으로 표현하면 '서로 싸우다'라는 의미가 된다. 노예로 살던 이스라엘이 하나님의 놀라운 은혜로 드디어 이집트를 떠나게 되었지만, 그들을 기다린 것은 홍해였다. 설상가상으로 뒤늦게 다시 이스라엘을 잡으려고 추격에 나선 이집트 군대로 인해 이스라엘은 앞뒤로 둘러싸이게 되었다. 이스라엘을 향한 모세의 놀라운 격려는 앞뒤로 난관에 봉착한 상황에서 비롯된다. "두려워하지 말라"는 어찌 보면 평범한 격려는 만만한 상황이 아니라 이처럼 절체절명의 상황에 주어진다. 견딜 만한 상황이 아니라, 도무지 길이 없어 보일 때, 하나님께서는 그 백성을 향해 "두려워하지 말라" 이르신다. 난관과 위기는 하나님께서 어떻게 그 백성을 돌보고 구원하시는지를 보이는 기회일 따름이다. 하나님께서 친히 '싸우실 것이니', 이스라엘이 할 일은 하나님께서 베푸시는 구원을 '지켜보는 것'이다. '하나님께서 싸우시는 전쟁'에 대해 구약이 자주 사용하는 표현은, 약한 우리가 대단한 능력의 용사가 되는 것이 아니라 언제건 하나님께서 우리를 위해 싸우심을 명심하게 한다. 그래서 누구라도 하나님의 용사가 될 수 있다. 싸우시는 분은 하나님이기 때문이다.

켈림마

내가 그들에게 기름진 옥토를 마련하여줄 것이니, 그들이 다시는 그 땅에서 흉년으로 몰살을 당하지도 않고, 다른 나라에게 다시 **수모**를 당하지도 않을 것이다. 그때에야 비로소 그들이 나 주 그들의 하나님이 그들과 함께 있다는 것과, 그들이 내 백성 이스라엘 족속이라는 것을 알게 될 것이다. 나 주 하나님의 말이다. _ 겔 34:29-30

켈림마는 '수모, 수치'를 의미한다. '지다, 견디다'를 의미하는 '나사' 동사와 함께 쓰여 '수치를 지다, 수모를 당하다'라는 표현은 에스겔서에 유달리 많이 쓰였으며(겔 16:52, 54, 32:24, 25, 20, 36:6, 7, 15, 39:26, 44:13), "다른 나라에게 수치를 지다"라는 표현도 세 번 쓰였다(34:39, 36:6, 15). 하나님께서는 이스라엘로 풍성한 결실을 거두게 하사 기근으로 멸망하지 않게 하실 것이며, 이방에게 끌려가거나 포로가 되는 수치를 다시는 겪게 하지 않으실 것이다. 이스라엘은 자신들보다 강한 이방 나라에 의해 조롱과 모욕, 수치를 당했으나 이제 하나님께서 그들을 풍성하게 하시니 더 이상 그들은 이방에게 수치를 당하지 않을 것이다. 이스라엘의 하나님은 백성들이 겪는 수치에 민감하시다. 백성들을 양 떼로 비유한 본문에서도 살찐 양들이 먹을 것과 마실 것을 많이 가지는 것 자체는 아무런 문제가 되지 않되, 문제는 그들이 자신들이 먹고 남은 것을 짓밟고 흙탕으로 만들었다는 것(34:18-19), 그래서 이후에 그것을 먹고 마시는 이들로 하여금 모욕감과 수치심을 느끼게 만드는 것이다. 하나님께서는 그로 인해 살찐 양들을 규탄하신다. 그렇다면 가난한 자들이 겪는 수치심, 가난한 이들이 무수히 겪는 모욕감이야말로 하나님께서 이땅의 부유하고 권력 있는 자들을 심판하시는 까닭일 것이다. 이렇게 하나님께서 가난하고 약한 이들을 회복하며 그들로 더 이상 수모를 당하지 않게 하실 때, 하나님이 누구이신가가 드러나게 된다.

 샬라흐

그래서 주 하나님은 그를 에덴 동산에서 **내쫓으시고**, 그가 흙에서 나왔으므로, 흙을 갈게 하셨다. _ 창 3:23

샬라흐는 '보내다'라는 의미로, 예를 들어 '(사람을) 보내다' 같은 용례로 쓰인다(예를 들어 창 42:4). '손'과 함께 쓰여 '손을 보내다', 즉 '손을 뻗다' 혹은 '손을 대다'라는 의미로 쓰인다(예를 들어 창 37:22). 히브리어 동사 형태 가운데 그 의미가 강해지는 '피엘형'으로 **샬라흐**가 쓰일 경우 '내보내다, 내쫓다' 같은 의미가 된다. 하나님께서는 거역한 이스라엘을 그 땅에서 내보내셨다(렘 24:5, 29:20). 창세기 3장 22절과 23절에는 **샬라흐** 동사가 각각 쓰일 뿐 아니라, '취하다'라는 의미의 '라카흐' 동사도 각각 쓰여서 서로 대응된다. 범죄한 사람을 에덴에 그대로 두면, 그들은 손을 '뻗어' 생명나무 열매를 '취하고' 영생할 것이다(3:22). 그래서 하나님께서는 그들을 에덴에서 '내쫓으시고' 그들을 처음에 '취했던' 흙을 갈게 하셨다(3:23). 이제 하나님께서는 사람이 손을 '뻗어' 영생을 얻는 곳에서 '내쫓으셨다'. 이제부터 사람은 영생을 꿈꾸며 살아갈 것이 아니라, 흙을 갈고 결국 흙으로 돌아가는 삶을 살아가야 한다. 고대 중동의 많은 신화들이 내세와 영생을 궁리하는 반면, 구약은 처음부터 그 영생의 길을 원천 차단하고, 이땅에서의 삶을 이야기한다.

 람마

어찌하여 저의 고통은 그치지 않습니까? **어찌하여** 저의 상처는 낫지 않습니까? 주님께서는, 흐르다가도 마르고 마르다가도 흐르는 여름철의 시냇물처럼, 도무지 믿을 수 없는 분이 되셨습니다. _ 렘 15:18

'~을 위해'라는 의미의 전치사 '르', 그리고 '무엇?'을 의미하는 의문사 '마'가 결합된 형태가 **람마** 혹은 '라마'로, 우리말로는 '어찌하여'로 옮길 수 있다. "어찌 ~하랴"와 같은 수사의문문에 쓰이기도 하지만(예를 들어 창 27:46, 사 1:11), 행동의 이유를 묻는 질문에 빈번히 쓰인다. 하나님께서는 가인을 향해 어찌하여 화를 내고 어찌하여 안색이 달라지는지 물으신다(창 4:6). 사람을 향한 하나님의 질문은 하나님께서 사람의 속과 생각을 몰라서 물으시는 것이 아니라, 사람 스스로 하나님 앞에 서도록 초대하시는 것으로 이해할 수 있다. 하나님의 사람들 역시 자주 하나님을 향해 '어찌하여'라는 말로 시작해 자신의 처지와 하나님의 행하심에 대해 의문을 제기한다. 자신이 처한 곤고한 상황으로 인해 시인은 하나님을 향해 어찌하여 나를 잊으신 것인지, 어찌하여 자신의 나날을 슬픔 속에서 보내야 하는지 묻는다(시 42:9, 43:2). 하나님을 향한 탄식 가득한 질문의 절정은 아마도 예레미야서 15장 18절일 것이다. 예레미야는 왜 자신의 삶의 고통이 이리도 그치지 않고 반복되는지 물으며, 하나님을 가리켜 '여름철의 시냇물', 흐르다가도 언제 말라 없어질지 모르는 '신기루' 같다 표현한다. 하나님을 향한 이같은 '어찌하여'로 대표되는 질문과 탄식, 때로 항의는 하나님과 사람의 관계가 기계적인 주종 관계와는 거리가 멀다는 것을 보여준다. 하나님을 경외하며 살아간다는 것은 질문하며 살아가는 것이다.

주님께서 거기에서 온 세상의 **말**을 뒤섞으셨다고 하여, 사람들은 그곳의 이름을 바벨이라고 한다. 주님께서 거기에서 사람들을 온 땅에 흩으셨다. _ 창 11:9

> **사파**는 '입술'을 의미하는데 여기에서 파생해 '언어'라는 의미도 지닌다. **사파**보다는 '혀'를 의미하는 '라숀'이 '언어'로 쓰이는 좀 더 보편적인 단어인데, 창세기 11장에서는 **사파**가 줄곧 쓰였다(창 11:1, 6, 7, 9). 11장은 온 세상이 '하나의 언어, 하나의 말들'이었다고 표현한다. 6절에는 '하나의 백성, 하나의 언어'라고도 표현한다. 그래서 11장은 '지역과 언어와 종족과 부족을 따라' 갈라졌다는 표현을 반복하는 10장(10:5, 20, 31)과 현저하게 대조된다. 단일 민족, 단일 언어를 누리던 이들은 힘을 모아 자신들의 이름을 떨치며 혹시라도 반복될 재앙에 대비해 하늘에 닿는 탑과 성을 쌓는다. 이렇게 엄청난 규모의 공사는 언제나 무수히 동원할 수 있는 노예, 그것을 가능하게 하는 강력한 제국과 문명 없이는 불가능할 것이다. 그래서 '하나의 언어, 하나의 나라'는 지배권력의 영광에 최적화된 틀로 각 나라, 각 백성의 고유함과 저마다의 다채로움은 모두 사라져버리게 한다. 모이는 것이 살길이 아니라, 흩어져 저마다의 아름다움으로 살아가는 것이 살아가야 할 길이다.

 레헴

고아와 과부를 공정하게 재판하시며, 나그네를 사랑하셔서 그에게 **먹을 것**과 입을 것을 주시는 분이십니다. _ 신 10:18

레헴은 '빵'을 의미하며, 이 '빵'은 '양식' 혹은 '먹을 것' 전체를 대표하는 말로 빈번히 쓰인다. 하나님께서 이스라엘 백성을 위해 광야에서 만나를 내리셨는데, 이는 사람이 **레헴**, 즉 '먹는 것'으로만 살지 않고 하나님의 말씀을 힘입어 산다는 것을 알리기 위해서였다(신 8:3). 이스라엘의 하나님은 수많은 신들과 수많은 주 가운데서 참 하나님이고 참 주님이며 크신 권능의 하나님이다(신 10:17). 하나님에 대한 이 웅대한 고백은 곧바로 고아와 과부, 나그네를 돌보시는 분이라는 매우 사회적인 표현으로 이어진다. 하나님의 권능과 높으심, 참된 하나님 되심에 대한 찬양은 이처럼 고아, 과부, 나그네를 향한 사랑이라는 구체적 현실과 연결되는 것이 중요하다. 하나님의 나그네 사랑은 추상적이거나 관념적인 것이 아니라 그들에게 주시는 '먹을 것과 입을 것'으로 구체화된다. 가난한 이웃들에게 필요한 것은 하나님의 사랑이다. 그럴 때 그 '하나님의 사랑'은 그들의 일상에 필요한 경제적 필요를 채우는 것으로 표현되어야 한다. 그것이 나그네에게 먹을 것과 입을 것을 주심으로 사랑을 표현하시는 '하나님을 닮아가는 것'이다.

쉠

그러나 나는 나의 **이름** 때문에, 이방 민족의 한가운데 살던 이스라엘이, 그 모든 이방 민족이 보는 앞에서 나의 **이름**을 더럽히지 않게 하였으니, 바로 그 여러 민족이 보는 앞에서, 내가 그들을 이집트 땅에서 이끌어냄으로써, 나 자신을 그들에게 알려주었었다. _ 겔 20:9

쉠은 '이름'을 뜻하는 단어다. 우리말처럼 히브리어 역시 '내 이름을 위하여'라는 표현은 '하나님의 명예'와 연관된다. 이 표현은 특히 에스겔서 20장에서 여러 번 반복되는 핵심적인 주제다(20:9, 14, 22, 44). 이스라엘은 거역했지만 그럼에도 하나님께서는 그 거룩한 이름을 인하여 이스라엘을 건지신다(또한 시 106:7-8, 사 48:9). 예루살렘 멸망 후에 에스겔은 이스라엘을 위한 회복 메시지와 연관해 하나님께서 그 이름을 위하여 이같이 이스라엘을 회복하실 것이라 선포하기도 한다(예를 들어 36:22). 에스겔처럼 이스라엘의 불의에도 불구하고 '주의 이름을 위하여' 긍휼 혹은 구원을 베풀기를 구하는 기도 역시 다른 곳에서도 볼 수 있다(시 25:11, 렘 14:7, 21).

하나님께서는 그 명예를 위해 문제 많은 이스라엘을 이집트에서 인도해 약속의 땅에 들어가게 하신다. 여기에서도 사람의 어떤 변화 가능성, 회개 가능성에 대한 에스겔의 뿌리깊은 절망과 회의를 볼 수 있다. 오직 미래 구원의 가능성은 야훼 하나님의 이름을 위한 결정에만 달려 있다. 이스라엘의 불의와 죄악에도 불구하고 하나님의 이름을 위해 그렇게 하신다고 표현하지만 실상 그 백성을 향한, 자주 거역하고 어리석은 길로 걸어가는 그 백성을 향한 하나님의 애타며 견딜 수 없는 사랑과 긍휼로 인해 그 백성을 인도하신다고 보아야 한다. '내 이름을 위한 구원'은 표면적인 말이되, 실상은 그 백성을 향한 하나님의 끝없는 사랑이 본질이라고 할 수 있다.

 야나

이땅이 이스라엘에서 왕이 차지할 땅이 될 것이다. 그러면 내가 세운 왕들이 더 이상 땅 때문에 내 백성을 **탄압하지** 않을 것이며, 이스라엘 족속에게도 그들의 각 지파에 따라서 땅을 차지하게 할 것이다. _ 겔 45:8

에스겔서 45장은 회복될 이스라엘에서의 땅 분배를 다루는데, 7절에서는 왕에게 돌아갈 땅에 대해 언급한다. 특이하게도 8절은 왕에게도 그의 몫을 주어야 한다는 이유를, 그래야 왕들이 백성을 탄압하지 않을 것이기 때문이라 설명한다. '탄압하다'로 옮겨진 히브리어 동사는 **야나**로 이곳을 비롯해서 주로 '사역형'(히필)으로 쓰인다. 이 동사는 부유하고 힘센 자들에 의해 약한 자들에게 저질러진 부당한 행동을 가리킨다. 특히 출애굽기 22장 20절은 이스라엘 땅에 함께 살아가는 외국인 나그네들을 압제하지 말 것을 촉구한다. 이스라엘 역시 애굽 땅에서 나그네 신세였기 때문이다. 나그네를 압제하지 말라는 명령과 이를 저지른 것을 규탄하는 내용이 있는가 하면(레 19:33, 겔 22:7), 살길을 찾아 도망친 종을 압제하지 말고 그가 원하는 곳에 살아갈 수 있도록 하라는 명령도 있고(신 23:16), 고아와 과부, 가난한 자를 압제하지 말라는 명령(렘 22:3, 겔 18:12, 22:29), 나아가 그 누구라도 압제하지 말라는 명령(레 25:14, 17, 겔 18:7, 16)도 볼 수 있다.
이렇게 널리 쓰인 동사를 에스겔서는 왕과 연관한 바로 이 자리에 사용하며, 이같은 용례는 46장 18절에서도 볼 수 있다. 일찍이 왕정의 본질 자체가 백성을 자신의 사리사욕을 위해 이용하는 것임을 사무엘은 선언했다(삼상 8:10-18). 에스겔의 회복된 세상은 더 이상 왕정이 아닌, 행정적 지도자로서 왕을 설정함에도 불구하고 본문은 통치자가 압제자로 돌변할 것에 대해 강력히 경고한다.

 라옐라

빛을 낮이라고 하시고, 어둠을 **밤**이라고 하셨다. 저녁이 되고 아침이 되니, 하루가 지났다. _ 창 1:5

'어둠'(호쉐크)이 깊음 위에 있을 때는 마치 온 세상의 캄캄함과 막막함을 상징하는 것 같았지만, 하나님께서 빛을 만드시고 빛을 '낮'(욤)이라, '어둠'을 '밤'(**라옐라**)이라 부르시니, 그 막막하던 '어둠'은 이제 하루의 질서 가운데 하나인 '밤'이 되었다. 하나님께서는 어둠을 없애버리신 것이 아니라 낮과 함께 제자리를 잡게 하셨다. 여전히 '밤'은 수고와 눈물의 상징이지만(예를 들어 욥 7:3), 밤은 하나님의 성실하심을 찬양하는 시간이요(시 92:2), 주님과 그 율법을 묵상하며 기억하는 시간이며(시 1:2, 77:6), 주님을 사모하는 시간(사 26:9), 주님의 거룩한 절기를 지키는 기쁨의 순간이기도 하다(사 30:29). 비록 밤은 어둡지만, 낮에 구름으로 인도하신 하나님께서는 밤에는 불로 인도하실 것이다(신 1:33). 빛으로만 가득한 세상이 아니라, 낮이 있고 밤은 있는 세상이 하나님께서 창조하신 세상이며, 낮과 밤의 질서는 영원하다(창 8:22, 렘 33:20).

מוּת 무트

그러나 내가 악인에게 말하기를, "너는 **반드시 죽을 것이다**" 하였어도, 그가 자기의 죄에서 떠나 돌이켜서, 법과 의를 행하여, 전당물을 돌려 주고, 탈취한 물건을 보상하여주며, 생명으로 인도하는 규정들을 따라 살아, 악한 일을 하지 않으면, 그는 **죽지** 않고 반드시 살 것이다.
_ 겔 33:14-15

무트는 '죽다'를 의미한다. 위 본문에서 "너는 반드시 죽을 것이다"라는 표현은 히브리어 동사 특유의 강조 표현으로, '죽다' 동사를 형태를 바꾸어 두 번 겹쳐 써서 '반드시 죽다'가 되었다. 이와 똑같은 하나님의 말씀을 창세기 2장 17절에서도 볼 수 있다. 하나님께서 누군가 잘못을 저지른 이를 향해 "너는 반드시 죽을 것이다" 선포하시면, 그 사람의 운명이 확정되었다 싶지만, 전혀 그렇지 않다. 그 선포를 듣고 악한 일을 저질렀던 이가 그 악에서 떠나 이제라도 이웃에게 정의와 사랑을 행하면, 그는 이전에 어떤 잘못을 저질렀건 죽지 않되 "반드시 살 것이다"(이 역시 '살다' 동사를 두 번 반복해 강조한 표현). 그러므로 하나님의 심판 선포는 사태의 최종 결론이 아니라 시작을 알린다. 예언자를 통해 선포된 심판 선포를 숙명으로 알고 체념하며 받아들일 것인가, 무시하고 지금처럼 살 것인가, 아니면 늦었다 생각하지 않고 이제부터라도 정의를 행할 것인가?

מוֹעֵד
모에드

너는 이스라엘 자손에게 말하여라. 그들에게 다음과같이 일러라. 너희
가 거룩한 모임을 열어야 할 주의 절기들 곧 내가 정한 **절기**들은 다음
과 같다. _ 레 23:2

'절기'를 뜻하는 히브리어 **모에드**는 기본적으로 '정해진 때'를 의미한
다. '주의 절기'는 여호와께서 정하신 때를 가리킨다. 근본적으로 그 날
짜에 어떤 의미가 있는 것이 아니라, 하나님께서 구별하셨고 하나님께
서 행하시는 일들과 연관된 날이기에 거룩한 날들로 여겨진다. 이날들
은 대개 이스라엘의 농경 생활과 연관된 축제들이라는 점에서, 일상사
의 중요한 일들을 신앙 안에서 기념하고 하나님께 감사하는 날들이 바
로 이러한 축제라고 할 수 있다. 절기를 통해 후대 세대는 이 절기가 연
관되는 역사적 상황 속으로 들어가며 조상들의 경험에 실제로 참여하
게 된다. 절기에 대한 명령은 온 이스라엘을 향해 주어졌다. 당연히 이
절기를 제대로 수행하는 데 제사장의 역할이 있겠지만, 절기 전체를 지
키고 이끌어가는 것에 대한 명령은 이스라엘 회중 전체를 향해 선포된
다. 절기를 바르게 지키고 제사장들이 이를 바르게 수행하도록 감독하
고 주관하는 것은 결국 이스라엘 회중 전체라고 말할 수 있다.

 미즈베아흐

나에게 제물을 바치려거든, 너희는 흙으로 **제단**을 쌓고, 그 위에다 번제물과 화목제물로 너희의 양과 소를 바치라. 너희가 나의 이름을 기억하고 예배하도록 내가 정하여준 곳이면 어디든지, 내가 가서 너희에게 복을 주겠다. _ 출 20:24

이집트에서 신음하는 이스라엘 백성을 모세를 통해 구하셔서 시내산까지 이르게 하신 하나님께서는 그곳에서 주 하나님의 율법을 알리신다. 이제 이스라엘은 하나님과 계약을 맺고 하나님의 백성이 될 것이다. 십계명에 이어 하나님께서 알리신 그의 율법이 출애굽기 20장 22절부터 23장 33절까지 이어지는데 이를 두고 흔히 '언약법전'이라 부른다.

이 법전의 첫 부분에 등장하는 규례가 제단에 대한 것이다. 히브리어 **미즈베아흐**는 '제단'으로 번역된다. 출애굽기 언약법전은 이 제단을 반드시 흙으로 만들어야 하고, 다듬은 돌로 만들어서는 안 된다고 엄히 규정한다(출 20:24-25). 이스라엘이 하나님께 드리는 번제와 화목제는 근본적으로 이스라엘의 하나님과 그분이 행하신 일을 기억하는 행위다. 하나님께서 지정하신 한 곳에서만 제사를 드려야 한다고 규정하는 신명기 율법(신명기 12장)과는 달리, 언약법전은 이스라엘이 토단을 쌓는 어디에서건 하나님께서 그들의 제사를 받고 복을 주겠다 약속하신다.

 길갈

주님께서 여호수아에게 말씀하셨다. "너희가 이집트에서 받은 수치를, 오늘 내가 없애버렸다." 그리하여 그곳 이름을 오늘까지 **길갈**이라고 한다.
_ 수 5:9

홍해를 건넌 이스라엘이 여리고를 향해 진격하기 전, 여호수아의 인도 아래 모두 할례를 받았다(수 5:2). 출애굽 이후에 광야에서 태어난 이들은 할례를 받지 못해서 본격적인 가나안 정복 전쟁을 앞두고 할례를 먼저 행한 것이다. 이를 두고 "이집트에서 받은 수치를 없애버렸다"고 주님은 표현하시는데, 여기서 '없애버리다'로 옮긴 동사 '갈랄'에서 일종의 말놀이(word-play)로 만든 표현이 **길갈**이다. 즉 **길갈**은 '이집트의 수치가 없어진 곳'인 셈이다. 광야 내내 백성들은 이집트에서 먹고 마시던 것을 그리워하다가 죽었다는 점에서 '이집트의 수치를 없앰'은, 몸은 떠나왔으되 마음은 떠나지 못한 이스라엘 백성들이 이집트의 영향력으로부터 완전히 벗어남을 의미한다고 볼 수 있다. 아울러 할례를 행하면 며칠 동안 제대로 힘을 쓸 수가 없게 된다는 점에서, 이제부터의 싸움은 이스라엘의 전투력이 관건이 아니라 주 하나님의 율법과 함께하심이 관건임을 분명히 하는 의식이 **길갈**에서의 할례라 할 수 있다. 이스라엘의 약함은 하나님의 강함을 드러내는 기회가 된다. **길갈**은 그런 곳이다.

 맛테

주님께서 또 나에게 말씀하셨다. "사람아, 내가 예루살렘에서 사람들이 **의지하는** 빵을 끊어버리겠다. 그들이 빵을 달아서 걱정에 싸인 채 먹고, 물을 되어서 벌벌 떨며 마실 것이다." _ 겔 4:16

에스겔서 4장 9-17절은 예루살렘에 닥칠 곤궁과 식량 부족의 상황을 다룬다. 이런 경우는 대개 외적에게 완전히 포위당한 채 성 안에 갇혀 양식과 물이 떨어져가는 경우다(예를 들어 왕하 6:24-7:2). 16절에는 이렇게 부족한 양식과 물을 걱정과 벌벌 떠는 공포 중에 먹고 마시리라 선언한다. 이것을 두고 16절에서는 '의지하는 빵'이 끊어졌다고 설명한다. '의지하는 빵'에 해당하는 히브리어 **맛테** 레헴은 '빵'을 뜻하는 '레헴', 그리고 '지팡이'를 의미하는 **맛테**가 결합된 것이다. 히브리어 **맛테**는 '지팡이'를 의미하며(예를 들어 창 38:18), 포도나무의 '가지'를 의미하기도 한다(예를 들어 겔 19:11). 특히 지도자의 권위를 상징하는 '지팡이'의 역할과 연관해 **맛테**는 '지파'를 의미하기도 한다(예를 들어 출 31:2, 민 1:4). '지팡이'의 기능과 역할로 인해 '의지할 것'이라는 의미로도 확장되어 에스겔서 4장 16절에서 '빵'과 함께 쓰였다. '**맛테** 레헴', 즉 '의지하는 빵' 표현은 모두 부정적인 맥락으로 하나님께서 그 양식을 끊으신다는 선언 속에 쓰였다(겔 4:16, 5:16, 14:13, 레 26:26, 시 105:16). 특히 레위기 26장 25-26절은 하나님의 규례와 법도를 준행하지 않는 백성들에 대한 하나님의 심판 가운데 하나로 대적의 손에 넘기시는 것과 '먹거리'(**맛테** 레헴)를 끊는 것, 그리고 '빵을 저울에 달아' 주어야 하는 상황을 언급한다. 예루살렘 멸망과 재앙은 갑작스러운 상황이 아니라 불순종으로 인해 이미 예견된 상황이었다. 그 재앙의 날에 '빵'은 결코 '의지할' 것이 되지 못할 것이다.

 조나

그 신실하던 성읍이 어찌하여 **창녀**가 되었습니까? 그 안에 정의가 충만하고, 공의가 가득하더니, 이제는 살인자들이 판을 칩니다. _ 사 1:21

히브리어 동사 '자나'는 '음행하다'를 의미하며, 그 분사형 **조나**는 '음행하는 여성', 즉 '창녀'를 의미한다. 기본적으로 성적으로 음란하고 문란한 것을 가리키지만, 특히 이 동사와 분사형은 하나님을 떠나 이방을 의지하거나 우상을 숭배함으로써 영적인 간음을 행하는 이스라엘을 가리키는 상징적인 표현으로 사용된다(출 34:15, 레 17:7, 신 31:16, 삿 2:17, 대상 5:25, 렘 2:20, 3:3, 5:7, 미 1:7). 에스겔서 16장과 23장은 **조나**로 이스라엘과 유다를 강렬하게 고발하는 본문이기도 하다.

이사야서 본문의 특이한 점은 '신실하던 성읍' 시온이 '창녀'로 불리게 된 까닭이 직접적인 우상 숭배나 열방을 의지한 것 때문이 아니라는 점이다. 이 도시가 '창녀'로 불리는 까닭은 이곳에서 정의와 공의, 즉 '미슈파트'와 '쩨데크'가 사라졌기 때문이며, 그 결과 살인자로 가득하게 되어버렸기 때문이다. '음행'이 정의와 공의가 사라진 현실을 가리키는 의미로 쓰인 유일한 사례라는 점에서 이사야서 구절은 주목할 만하다. '음행'의 근본적인 의미가 언약을 맺은 하나님 대신 다른 것과의 관계라는 점에서, 이사야는 정의와 공의가 존재하지 않는 예루살렘은 하나님 대신 다른 것을 찾은 것이라 보았다. 아울러 1장 13절에서 우상 숭배와 연관해서 쓰이는 '헛됨'과 '가증함'이 쓰였던 것을 고려하면, 정의와 공의의 부재야말로 우상 숭배의 본질이라고 말할 수 있다.

 말아크

내가 나의 **특사**를 보내겠다. 그가 나의 갈 길을 닦을 것이다. 너희가 오랫동안 기다린 주가, 문득 자기의 궁궐에 이를 것이다. 너희가 오랫동안 기다린, 그 언약의 **특사**가 이를 것이다. 나 만군의 주가 말한다. _ 말 3:1

'특사'로 두 번 언급된 표현의 히브리어는 **말아크**다. **말아크**는 여기서처럼 '특사' 혹은 '사자'로 번역되는데, 주 하나님께서 그의 말씀과 행동을 전하기 위해 보내는 존재를 가리킨다. **말아크**는 하늘의 존재인 '천사'를 가리키기도 하고(예를 들어 스가랴서 1-6장), 제사장을 가리키기도 한다(말 2:7). 학개 같은 예언자 역시 '주님의 사자'로 불렸다(학 1:13). 이 표현에 1인칭단수 대명사접미어가 붙은 형태가 '말아키', 즉 '나의 사자'이다. 구약성경 말라기는 히브리어로는 '말아키'다. 그래서 '말라기'가 고유명사인지, '나의 사자'를 의미하는 보통명사인지 모호하다. 무엇이든 하나님께서 그 뜻을 전하기 위해 보낸 존재를 가리키며, 하나님의 말씀을 듣는다는 것은 그분의 **말아크**에게 귀기울인다는 의미다.

מַצֵּבָה

맛쩨바

주민의 십 분의 일이 아직 그곳에 남는다 해도, 그들도 다 불에 타 죽을 것이다. 그러나 밤나무나 상수리나무가 잘릴 때에 그루터기는 남듯이, 거룩한 씨는 남아서, 그 땅에서 **그루터기**가 될 것이다. _ 사 6:13

> **맛쩨바**는 기념을 위해 세운 기둥이나 돌(예를 들어 창 31:51, 삼하 18:18), 하나님의 현현을 기념하느라 기름부어 세운 돌을 가리킨다(예를 들어 창 28:18, 31:13). 하나님과의 언약을 기념하며 세운 기둥도 **맛쩨바**다(출 24:4). 그러나 많은 경우 **맛쩨바**는 가나안의 우상 숭배와 연관하여 세워진 기둥을 가리킨다(예를 들어 출 23:24, 신 7:5, 왕하 3:2). 이사야서 6장 13절의 **맛쩨바**는 특이하게도 나무를 베고 남은 '그루터기'를 가리킨다.

13절은 흔히 잘못 이해되는 경향이 있다. 심판 가운데서도 남는 자가 있다는 것으로 이해되면서, 심판을 이기는 은혜의 상징으로 풀이되곤 한다. 그러나 이 절의 전반절은 혹시 십 분의 일이 남는다 할지라도 그것까지 완전히 불태워지게 된다는 것을 분명히 한다. 그러므로 이 본문의 진정한 의도는 완전한 진멸이다. 거룩한 씨는 바로 나무를 벨 때 남겨지는 나무들의 그루터기다. 이 본문의 의도는 완전한 진멸이되, 다만 희망이 있다면 완전하게 진멸되고 난 다음에 밑둥으로 남아 있는 부분이 희망이 될 뿐이다. 그러므로 이 그루터기는 듣는 이들을 위해 희망의 여지를 남겨놓기 위해 제시된다기보다는 유다의 범죄와 그에 합당한 완전한 진멸에도 불구하고 하나님께서 그 잘려나가고 남은 그루터기와 같은 이들을 통해 이루실 회복을 상징한다.

'거룩한 씨'라는 표현은 확실히 전면적인 심판 이후에 오게 될 희망을 반영한다. 사실 진정한 소망은 그렇게 완전히 잘려나간 뒤에 남겨질 그루터기에 있다. 겨우 그루터기만 남겨놓을 정도로 잘려지고 난 후에야 이러한 희망의 씨를 목격하게 된다. 이것은 전적으로 하나님의 은혜에 의해 가능하다. 이 희망이 '거룩한 씨'라고 불리는 것은 전적으로 하나님에 의해 구별된 것임을 의미한다고 볼 수 있다. 이것은 하나님에 의해 '남겨진' 것이지, 스스로 '남은 자'라고 여기는 이들과는 무관하다.

 믈라카

자기 **일**에 능숙한 사람을 네가 보았을 것이다. 그런 사람은 왕을 섬길 것이요, 대수롭지 않은 사람을 섬기지는 않을 것이다. _ 잠 22:29

> **믈라카**는 온갖 형태의 '일'을 의미한다. 구약에서 **믈라카**로 표현되는 일은 다채롭다. 하나님께서 천지를 창조하신 것도 '일'로 표현되며(창 2:2), 하나님께서 행하신 모든 것도 같은 단어로 표현된다(시 73:28). 밭 가는 일(대상 27:26), 바깥 일 전체(잠 24:27), 성벽 재건 일(느 4:11), 토기장이의 일(렘 18:3), 항해사의 일(시 107:23), 성막 관련 일(출 36:2), 레위인의 일(대상 26:29), 제사장의 일(대하 29:34), 제사와 성소 관련 일(출 35:24, 36:1) 등 그야말로 일상과 제사 관련 일이 두루 **믈라카**로

표현된다. 그런 점에서 '자기 일에 능숙한 사람'은 제사장과 레위인, 토기장이, 농부, 지도자 등 모든 삶의 영역의 사람을 두루 가리킨다. 어떤 영역, 어떤 일이건, 자신이 하는 일을 제대로 행하는 사람은 "왕을 섬길 것이다", 즉 매우 인정받고 존엄하며 존귀하게 대우받을 것이다. 반면, 자기 일을 게을리하는 자는 어떤 일이건 망친다(잠 18:9).

 밀하마

주님께서 민족들 사이의 분쟁을 판결하시고, 뭇 백성 사이의 갈등을 해결하실 것이니, 그들이 칼을 쳐서 보습을 만들고 창을 쳐서 낫을 만들 것이며, 나라와 나라가 칼을 들고 서로를 치지 않을 것이며, 다시는 **군사 훈련**도 하지 않을 것이다. _ 사 2:4

밀하마는 '전쟁하다'를 의미하는 '라함' 동사에서 파생한 명사로, '전쟁'을 의미한다. 여호수아가 이끄는 이스라엘의 가나안 정복 전쟁과 다윗과 솔로몬의 전쟁을 비롯해, 전쟁은 주 하나님께서 그 백성을 위해 행하시는 구원의 방편으로 자주 언급된다. 그러나 언제나 전쟁은 한편의 승리와 다른 한편의 처참한 패배, 그리고 이에 연루된 무고한 이들의 죽음이라는 참혹한 결과를 수반한다. 성경이 전쟁을 강조한다지만, 어디까지나 매우 제한된 목적임이 분명하다. 이사야 예언자가 꿈꾸고 기다리며 증언하는 세상은 '정당한 전쟁'의 세상이 아니라, 아예 칼이니 창이니 전쟁 무기가 전혀 필요없는 세상이다. 평화를 위한답시고 핵무장을 강조하고, '전쟁 억지력'을 강조하며 강력한 군사력을 주장하는 터무니없는 말장난이 난무하는 현대에, '다시는 군사 훈련 없는 세상, 다시는 전쟁을 연습하지 않는 세상'은 여전히 강력하고도 생생하게 하나님나라를 상징한다. 하나님의 세상은 이긴 자가 승리하는 세상이 아니닌 전쟁이 없는 세상, 평화의 세상이다.

 말라트

오히려 내가 너를 **반드시 구해서**, 네가 칼에 죽지 않게 하겠다. 네가 나를 의지하였기 때문에, 내가 너의 생명을 너에게 상으로 준다. 나 주의 말이다. _ 렘 39:18

말라트 동사는 수동형(니팔)으로 쓰여 '도망치다, 피하다(예를 들어 삿 3:29, 사 20:6), 구원받다'(예를 들어 시 22:5, 잠 11:21)를 의미하고, 강조형태(피엘)로 쓰여 '구원하다, 구하다'를 의미한다(예를 들어 욥 22:30, 시 41:1, 사 46:2). 예레미야서 39장 18절에는 **말라트**의 '피엘'이 두 번 겹쳐 쓰여서 '반드시 구하다'라는 의미가 되었다. 저 말씀은 예루살렘 멸망의 때 유다 왕실에 속한 에티오피아 사람 에벳멜렉에게 주어진 것이다.

예레미야가 하나님의 뜻을 따라 예루살렘 멸망을 선포했을 때 나라의 고관대작들은 예레미야를 박해하며 감옥에 가두었고 심지어는 굶어죽게 만들려고 진흙만 있는 웅덩이에 던져넣기도 했다(렘 38:6-9). 왕조차 신하들의 눈치를 볼 때, 에벳멜렉은 이대로 두면 예레미야가 죽는다며 그를 살려야 한다고 왕에게 간언해 예레미야를 건져냈다(38:7-13). 마침내 예루살렘성이 함락되며 무수히 많은 이들이 죽을 때 하나님께서는 그 죽음 가득한 곳에서 에벳멜렉은 반드시 살게 될 것이라 선언하신다. 그를 살리시는 까닭으로, 에벳멜렉이 "하나님을 의지했다"고 말씀하신다. 그가 한 일은, 예레미야를 억울한 박해로부터 살려낸 것인데, 이를 두고 하나님께서는 그가 "하나님을 의지했다" 표현하신다. 그러므로 믿음은 그저 '신앙고백'이 아니라 억울하고 부당하게 희생당하는 자를 지키고 살려내는 것으로 드러난다.

 멜렉

너는 이렇게 말하여라. "다윗의 보좌에 앉은 유다의 **왕**아, 너는 네 신하와 이 모든 성문으로 들어오는 네 백성과 함께 주가 하는 말을 들어라. 나 주가 말한다. 너희는 공평과 정의를 실천하고, 억압하는 자들의 손에서 고통받는 사람들을 구하여주고, 외국인과 고아와 과부를 괴롭히거나 학대하지 말며, 이곳에서 무죄한 사람의 피를 흘리게 하지 말아라." _ 렘 22:2-3

> **멜렉**은 '왕'을 의미한다. 예레미야 같은 예언자는 왕이란 존재가 왜 필요하며 무엇을 하는 존재인지 명확하게 선포한다. '다윗의 보좌에 앉은 유다의 왕'이라는 표현은 예레미야 당시 존재하는 유다의 왕들이 하나님의 약속을 받은 다윗의 후예임을 분명히 한다. 그러나 하나님의 약속이 있다 하여 무조건 그 왕위가 견고할 수는 없다. 하나님께서 약속으로 세우신 존재니 유다의 왕들은 모두 공평과 정의, 즉 억압자들로부터 고통당하는 이들을 구하고, 외국인, 고아, 과부 같은 사회적 약자들을 지켜내는 것, 억울하게 희생당하는 사람이 없게 하는 일을 실천해야 한다. 왕권은 약자를 위한 것이지, 강자들과 약자 사이에 중재 역할을 하기 위한 것이 아니며, 국민을 이용하거나 약탈하기 위해 존재하는 것이 아니다. 하나님께서 세우신 권력은 약자를 위한 존재인데, 이를 행하지 않는다면, 그 모든 약속으로 인해 왕권은 반드시 몰락하고 패망하게 될 것이다(렘 22:5-7).

 말라크

주님께서 **다스리시니**, 뭇 백성아, 떨어라. 주님께서 그룹 위에 앉으시니, 온 땅아, 흔들려라. 시온에 계시는 주님은 위대하시다. 만백성 위에 우뚝 솟은 분이시다. _ 시 99:1-2

말라크는 '즉위하다, 통치하다'를 의미하는 동사다. 여기에서 '왕'을 의미하는 '멜렉'이 파생되었다. 사울 이래 이스라엘에 '멜렉'이 다스리는 왕정이 시작되지만, 왕정의 최후는 하나님께 대한 불순종과 그로 인한 패망이었다. 북왕국과 남왕국, 특히 다윗 왕권의 몰락을 겪으면서 이스라엘은 그들의 진정한 왕은 더 이상 사람이 아니라 하나님 그분이심을 깨달았다. 시편 기자들은 "주님이 왕이시다"라고 선포했다(시 10:16, 24:10, 29:10, 47:3, 89:19). 특히 다섯 권으로 이루어진 시편집에서 4권에 해당하는 90-106편에는 "주님이 다스리신다"(아도나이 **말라크**)라는 외침을 지닌 시들이 여러 편이다(93:1, 96:10, 97:1, 99:1). 포로기 이래 이스라엘의 희망은 이제 다윗의 후예인 어떤 '괜찮은 왕'의 등장이 아니라 주 하나님 그분의 통치다.

 맘라카

주님, 위대함과 능력과 영광과 승리와 존귀가 모두 주님의 것입니다. 하늘과 땅에 있는 모든 것이 다 주님의 것입니다. 그리고 이 **나라**도 주님의 것입니다. 주님께서는 만물의 머리 되신 분으로 높임을 받아주십시오! _ 대상 29:11

맘라카는 '다스리다'를 의미하는 '말라크' 동사에서 파생한 명사로, '왕국, 나라'를 의미하고, '나라'의 본질로서의 '왕권, 통치'를 의미하기도 한다. 역대지상 29장 10-19절은 다윗이 통치 말년에 성전 건축을 위한 모든 준비를 마친 후에 온 회중 앞에서 하나님께 드린 기도다. 이 기도에서 다윗은 자신과 온 회중을 가리켜 '주님 앞에서 나그네와 임시 거주민에 불과'하고 그들의 날은 '그림자'와 같다 고백한다(대상 29:15). 다윗은 스스로를 왕이라 내세우지 않고 나그네와 같은 존재라 표현하며, 모든 준비를 마치고 장차 세워지게 될 성전에 거하시는 주 하나님이야말로 능력과 존귀를 지니신 분, 왕권을 가지신 진정한 왕이라 고백한다. 역대지가 그리는 다윗은 통치권자가 아니라 철저하게 '하나님 앞에 선 예배자'이고, 다윗과 솔로몬의 나라는 '예배 공동체'다. 그리고 이것은 역대지가 기록된 주전 5세기 말에서 4세기 초 페르시아 시대 유대 지역에 사는 이들의 이상이기도 했다.

אַחֲרִית 아하리트

마지막 때에, 주님의 성전이 서 있는 산이 모든 산 가운데서 으뜸가는 산이 될 것이며, 모든 언덕보다 높이 솟을 것이니, 모든 민족이 물밀듯 그리로 모여들 것이다. _ 사 2:2

아하리트는 '후에, 나중에'를 의미한다. '날'(day)을 의미하는 '욤'의 복수형과 함께 쓰인 표현을 새번역은 '마지막 때'라고 옮겼다. 예를 들어 신명기 31장 29절은 모세가 죽고 난 '뒤에' 이스라엘이 하나님을 진노하게 할 것을 말하는데, 여기서의 '훗날'은 당연히 '마지막 때'와는 거리가 멀다. '마지막 때' 같은 번역은 구약 본문의 사건들을 종말의 시대로 너무 멀리 밀어버린다고 할 수 있다(렘 49:39에서도). 이러한 번역이 지니는 훨씬 더 큰 문제점은 그 시대를 살아갔던 사람들이 품었던 곧 다가올 미래를 향한 모든 희망과 기대를 그야말로 종말의 시대, 세상 끝날로 훌쩍 제쳐놓는다는 데 있다. 그래서 다가올 미래의 변화를 기대하는 것이 기독교 신앙의 본질이되, 어느새 교회는 미래를 죽은 다음의 세상으로 밀어두고 현재의 부귀영화와 축복을 하나님의 은혜의 표시로 이해해버린다. 그리고 이것은 교회가 현실의 불의와 억압, 폭력에 대해 침묵할 뿐 아니라, 도리어 그러한 침묵을 정당화해 교회 구성원들로 하여금 불의한 현실을 수용하고 그저 모든 해결을 내세로만 미루어버리는 논리의 근거가 된다. 그래서 독재 권력이나 불의한 권력의 곁에는 항상 교회나 사이비 종교가 있는 경우가 허다하다. 임박한 미래에 대한 기대야말로 우리 신앙의 본질이다. 종말론은 지금 존재하는 그 어떤 것이든 영원한 것이 아님을 깨닫게 하는 것, 그리고 더 낫고 더 본질적인 변화가 가능하여 현재의 현실로 인해 체념하거나 포기하지 않게 하는 틀이다. 그래서 종말론은 현재의 참상을 정확히 분석하고 이해함으로써 하나님께서 행하실 미래를 기대하게 한다.

옐레드

한 **아기**가 우리를 위해 태어났다. 우리가 한 아들을 모셨다. 그는 우리의 통치자가 될 것이다. 그의 이름은 '놀라우신 조언자', '전능하신 하나님', '영존하시는 아버지', '평화의 왕'이라고 불릴 것이다. 그의 왕권은 점점 더 커지고 나라의 평화도 끝없이 이어질 것이다. 그가 다윗의 보좌와 왕국 위에 앉아서, 이제부터 영원히, 공평과 정의로 그 나라를 굳게 세울 것이다. 만군의 주님의 열심이 이것을 반드시 이루실 것이다. _ 사 9:6-7

> **옐레드**는 '낳다'를 의미하는 '얄라드' 동사에서 파생된 명사로, '아이'를 의미한다. 이사야서 9장 6-7절은 한 아이의 출현을 예고한다. '아기'라는 표현에서 이제 갓 태어났을 때를 상상하게 되지만, 6절("한 아들을 모셨다")과 7절의 표현("그의 왕권은 점점 더 커지고", "다윗의 보좌와 왕국 위에 앉아서")을 볼 때, 왕의 대관식과 연관시키는 것이 보다 적절하다고 여겨진다. 그는 다윗의 후예다. 그가 다윗의 후예인 것은

단지 핏줄로 입증되는 것만이 아니다. 다윗이 공평과 정의로 그의 나라를 다스렸듯이, 새로이 임하게 될 다윗의 후예 역시 '공평과 정의로' 그의 나라를 보존할 것이다.

공평과 정의가 하나님의 통치 기준(시 97:2)임을 기억할 때, 이 나라는 단지 인간 다윗의 후예만의 나라가 아니라, 하나님의 통치를 대신하는 깃임을 알게 된다. 그래서 7절 마지막 문장은 이 모든 것을 가능하게 하는 것이 사실은 '만군의 주님의 열심'이라고 전하고 있다. 이사야서에서 다윗에 대한 강조는 다윗이라는 인간 왕의 나라에 대한 강조가 아니라 참된 왕이신 하나님께 순종하며 이루어지는 세상을 가리킨다고 볼 수 있다. 그런 점에서 이사야서에서 메시아에 대한 본문들은 실상 주님의 왕 되심에 대한 본문이기도 하다.

 야카흐

그는 주님을 경외하는 것을 즐거움으로 삼는다. 그는 눈에 보이는 대로만 재판하지 않으며, 귀에 들리는 대로만 **판결하지** 않는다. _ 사 11:3

> **야카흐** 동사는 사역형(히필)으로 쓰여 '재판하다, 판결하다'를 의미하며, 이 구절에서처럼 또 다른 '재판하다'를 의미하는 동사 '샤파트'와 종종 함께 쓰이곤 한다(예를 들어 사 2:4, 11:3, 4, 미 4:3). 위 구절이 속한 단락은 '이새의 줄기에서 나는 싹'의 역할을 다루는데, 3-4절에 따르면 그가 행할 주된 일은 '재판'이다. 이사야서 2장 4절에서도 이 두 동사가 함께 쓰여 주 하나님께서 세상 모든 나라 가운데서 행하시는 일로 '재판'을 표현한 것을 생각하면 '이새의 싹'이 수행하는 일 역시 하나님의 행하시는 일과 같다는 것을 알 수 있다. 그는 눈에 보이는 것, 귀에 들리는 것으로만 판단하지 않는다. 세상에서 권력과 부를 지닌 이들의 외양과 소리가 압도하는 것을 생각하면, 이새의 싹은 그런 사람들의 입장에 결코 좌우되지 않을 것임을 알 수 있다. 오히려 그는 가난한 사람, 억눌린 사람을 회복하고 권력자를 심판할 것이다(사 11:4).

מָעוֹז 마오즈

참으로 주님께서는 가난한 사람들의 **요새**이시며, 곤경에 빠진 불쌍한 사람들의 요새이시며, 폭풍우를 피할 피난처이시며, 뙤약볕을 막는 그 늘이십니다. _ 사 25:4

마오즈는 '산성, 요새'처럼 안전한 장소, 든든한 보호의 장소를 가리킨다. 구약의 신앙인들은 주 하나님을 그들의 **마오즈**로 고백한다(시 27:1, 31:4, 37:39, 43:2, 렘 16:19, 욜 3:16). 어떤 이들은 하나님인 '요새'가 아니라 자신이 가진 부를 더 신뢰한다(시 52:7). 이사야서 25장 역시 주님을 가리켜 '가난한 사람들의 요새, 불쌍한 이들의 피난처'로 표현한다. 마침내 하나님께서 역사 안에서 행하실 놀라운 미래를 서술하는 이사야서 24-27장에서, 하나님께서는 한편으로 세상의 강하고 견고한 성을 완전히 부수어버리신다(사 25:2, 26:5, 27:10). 다른 한편으로 하나님께서는 아무 데도 의지할 곳 없던 가난하고 불쌍한 이들의 눈물을 닦아주시며(25:8) 그들을 영원히 보호하는 반석이 되신다(26:4). 그래서 하나님께서 행하시면 세상의 질서는 완전히 뒤바뀌게 된다. 견고한 성은 허물어지고, 하나님께서는 가난한 이들의 견고한 요새가 되신다.

מְלִיצָה חִידוֹת

멜리짜 히도트

정복당한 자 모두가 빈정대는 노래를 지어서 정복자를 비웃으며, **비웃는 시**를 지어서 정복자를 욕하지 않겠느냐? 그들이 너를 보고 "남의 것을 긁어모아 네 것을 삼은 자야, 너는 망한다!" 할 것이다. 빼앗은 것으로 부자가 된 자야, 네가 언제까지 그럴 것이냐? _ 합 2:6

여기에서 '비웃는 시'로 번역된 **멜리짜 히도트**는 잠언 1장 6절에도 함께 쓰였는데, 거기에서는 각각 '비유, 심오한 뜻'으로 옮겨졌다. 하박국서의 문맥상 이들은 '정복당한 자들'이 그들을 '정복한 자들'을 향해 지어 부르는 일종의 '신랄한 풍자문학'을 가리킨다고 볼 수 있다. 주로 약자들이 강자를 고발하고 규탄할 때 대상의 본질을 간파해 짧고 함축적인 말로 표현한 것이 이런 양식에 해당된다. 어느 나라 어느 문화에서건, 억압당한 이들은 자신들의 슬픔과 괴로움을 풍자의 노래로 지어 표현하곤 했다. 우리나라의 경우, 마당놀이가 대표적 사례다. 자신들의 처지를 슬퍼하고 애통해 하는 데서 그치지 않고, 자신들을 억압하는 세력을 향해 화를 선포하고 그 멸망을 노래했음을 이야기하는 하박국서의 진술은 매우 인상적이다. 시편을 비롯해 구약 곳곳에 흐르는 '저주의 노래'(예를 들어 시 69편, 109편, 렘 18:18-23) 전통이 하박국서에서도 발견된다고 볼 수 있다. 약자들의 저주는 그들을 억누르는 부당한 폭력과 억압, 압제를 당연한 것으로 받아들이지 않으며 이를 "내 탓이오"라고 여기지 않겠다는 선언이다.

 라담

뱃사람들은 두려움에 사로잡혀 저마다 저희 신들에게 부르짖고, 저희들이 탄 배를 가볍게 하려고, 배 안에 실은 짐을 바다에 내던졌다. 요나는 벌써부터 배 밑창으로 내려가 누워서, **깊이 잠들어 있었다.** _ 욘 1:5

여기에서 '깊이 잠들다'로 번역된 동사 **라담**은 죽은 것 같은 깊은 잠에 빠지는 것을 표현한다(삿 4:21, 시 76:6, 단 8:18, 10:9). 이 동사에서 나온 명사형 '타르데마' 역시 그런 잠을 가리키며, 이 잠에 빠지면 바깥에서 무슨 일이 일어나도 분간하지 못한다(창 2:21, 15:13, 삼상 26:12, 사 29:10). 요나가 탄 배는 이제 침몰할 지경 가운데 있건만, 그는 배 가장 밑바닥까지 내려가서 죽은 듯이 잠에 빠진다. 이 장면은 그 자체로 풍자적이다. 요나는 하나님의 손길을 전혀 알지도 못하고, 그 자신의 문제로 인해 그가 탄 배 전체가 위험에 빠졌는데도 전혀 깨닫지 못하고 죽은 사람처럼 잔다. 여기서 이제 곧 깨어질 것 같은 배는 니느웨를 가리키는 것일 수도 있을 것이다. 요나로 인해 배 전체가 침몰할 지경이듯이, 요나의 도망으로 인해 니느웨 전체가 붕괴될 지경이다. 그 와중에도 뱃사람들은 자신들이 할 수 있는 최선의 행동을 하며 난파당하지 않으려고 애를 쓴다. 이를 위해 배에 있는 자신들의 '짐'까지도 포기한다. 재물과 재산, 수익까지 전부 포기하며 생명을 지키려고 애를 쓰는 뱃사람들의 모습은 무책임하기 이를 데 없는 요나와 극히 대조적이다.

오늘 우리 현실과 비교해보면, 하나님의 교회는 세상으로부터 등을 돌린 채 깊은 잠에 빠져버렸고, 도리어 하나님을 알지 못하지만 자신이 해야 할 바를 바르게 행하는 이들이 교회를 깨우는 형국이라 할 수 있다.

אוּלַי 울라이

마침 선장이 그에게 와서, 그를 보고 소리를 쳤다. "당신은 무엇을 하고 있소? 잠을 자고 있다니! 일어나서 당신의 신에게 부르짖으시오. **행여라도** 그 신이 우리를 생각해준다면, 우리가 죽지 않을 수도 있지 않소?"
_ 욘 1:6

울라이는 '혹시, 행여라도'를 의미한다. 요나가 탄 배는 커다란 풍랑을 만나 난파될 지경이었다. 폭풍에 대해 선원들은 자신들이 어떻게 행동해야 할지 적절하게 반응했고, 선원들의 수장인 선장은 잠들어 있는 요나를 찾아와 깨운다. "일어나라. 당신의 하나님께 구하라. 혹시라도 그가 우리를 생각하면 우리가 망하지 않을 것이다". 아모스서 5장 15절에서 선을 구하고 악을 미워할 때 하나님께서 혹시라도 요셉의 남은 자를 불쌍히 여기실 수 있으리라 언급되었는데, 요나서에서는 이와 비슷한 고백이 선장의 입술에서 이루어진다. 스바냐서 2장 3절에서도 하나님을 찾고 공의를 구할 때 혹시라도 하나님의 분노에서 숨겨질 수 있으리라는 권면이 예언자를 통해 이루어진다. 아모스서-요나서-스바냐서 세 책에 이러한 **울라이**가 사용되었고, 아모스서와 스바냐서는 예언자의 권면인 반면, 요나는 이방인 선장의 권면이라는 점에서 대조적이다. '행여라도'라는 표현이 있다 하여 하나님의 행하심에 대한 어떤 불안함을 이야기하지는 않는다. 언제건 하나님께서 베푸시는 은혜는 전적으로 하나님의 선택이지, 어떤 의무나 기계적인 응답이 아니다. 이제라도 돌이켜 삶을 바로잡을 때 혹시라도 하나님께서 이제까지의 허물과 죄에도 불구하고 그 백성을 불쌍히 여기실 것에 대한 소망이 이 표현에 담겨 있다.

217

 고랄

뱃사람들이 서로 말하였다. "우리가 어서 **제비**를 뽑아서, 누구 때문에 이런 재앙이 우리에게 내리는지 알아봅시다." 그들이 **제비**를 뽑으니, 그 **제비**가 요나에게 떨어졌다. _ 욘 1:7

히브리어 **고랄**은 '제비'를 의미한다. 우리는 '제비를 뽑는다'라고 표현하지만, 히브리어에서는 '제비를 던진다'로 표현한다. '제비뽑기'는 구약을 배경으로 하는 시대에 널리 이루어지던 결정 방법이었다. "제비를 뽑으면 다툼이 끝나고 강한 사람들 사이의 논쟁이 판가름난다"(잠 18:18). 양자 간에 다툼이 생겼을 때 그냥 놔두면 결국 힘이 센 사람이 좌우하게 될 것이다. 그러나 제비를 뽑는다는 것은 힘이나 세력으로 해결하는 것이 아니라 하늘에 맡기는 것이다. 영향력 있는 사람의 의견이 관철되게 하는 것이 아니라, 하나님의 뜻이 이루어지도록 맡기는 방식이다. 그런 점에서 제비뽑기의 본질은 요행이나 운수, 행운이 아니라, 하나님이 최종적인 결정자이며 주관자이심에 대한 신앙이라 할 수 있다. 그래서 이 제도를 오늘에 적용한다는 것은 오늘날에도 제비뽑기를 실제로 실행하자는 의미가 아니라, 하나님만이 우리를 지키고 인도하시는 분임을 굳게 신뢰하며 우리에게 주어진 것을 귀히 여기고 감사하는 삶이라고 할 수 있다. 또한 제비뽑기가 일을 결정하시는 분이 하나님임을 보여주는 것임을 기억한다면, 오늘의 제비뽑기는 세상 모든 일의 궁극적인 주관자이신 하나님을 굳게 믿고 현재의 부당한 억압과 압제를 당연한 것으로 여기지 않는 것으로 나타날 수 있다. 그 어떤 무섭고 두려운 권세가 있다 할지라도, 우리가 정말 두려워해야 할 이는 우리 모두의 주관자요, 주권자이신 하나님 한 분이심을 굳게 붙잡는 것이다(마 10:28).

גָּרַשׁ
가라쉬

오늘 이땅에서 저를 **쫓아내시니**, 하나님을 뵙지도 못하고, 이땅 위에서 쉬지도 못하고, 떠돌아다니게 될 것입니다. 그렇게 되면, 저를 만나는 사람마다 저를 죽이려고 할 것입니다. _ 창 4:14

가라쉬는 '밀어내다'를 의미하는 동사이고, 이 본문에서는 강조형(피엘)으로 쓰여 '쫓아내다, 몰아내다'를 의미한다. '쫓겨났다'는 것은 현재의 참상이 죄로 인한 것임을 전제한다. 하나님께서는 범죄한 아담과 하와를 에덴 동산에서 쫓아내시고(창 3:24), 가인은 하나님께서 죄로 인해 자신을 쫓아내심을 알았다(4:14). 하나님께서는 이스라엘 앞에서 열방을 쫓아내시고 그 땅을 주셨지만(출 23:28, 33:2, 신 33:27, 대상 17:21, 시 78:55, 80:9), 이스라엘이 범죄하니 이제 하나님께서는 그 백성을 쫓아내실 것이다(호 9:15). 사실 구약성경은 쫓겨난 자들의 이야기들로 가득하다. 자신의 상태가 쫓겨난 상태임을 아는 것은 중요하다. 그와 동시에 그것이 끝이 아님을 아는 것도 필수적이다. 하나님께서 찾으시는 것은 자신이 저지른 죄를 깨닫고 인정하며 언제라도 하나님께로 돌이키는 것이기 때문이다. 하나님께서 끝이라 하기 전까지 그 어떤 것도 끝이 아니다.

 카자브

나 주가 선고한다. 유다가 지은 서너 가지 죄를, 내가 용서하지 않겠다. 그들이 주의 율법을 업신여기며, 내가 정한 율례를 지키지 않았고, 오히려 조상이 섬긴 **거짓 신**들에게 홀려서, 그릇된 길로 들어섰기 때문이다. _ 암 2:4

카자브는 '거짓(말)'을 의미한다. 사람들은 자신의 유익을 위해 다른 사람에게 거짓말을 한다(예를 들어 잠 14:5, 단 11:27). 하나님께서는 거짓말을 싫어하시며 하나님의 백성에게 거짓말은 어울리지 않는다(시 5:6, 습 3:13). 그러나 하나님을 빙자하며 자신의 유익을 얻고자 거짓으로 하나님의 환상을 말하고 거짓으로 하나님의 말씀을 전하는 이들도 있다(겔 13:7, 19, 21:29, 22:28). 아모스서 2장 4절에서 '거짓 신'으로 옮겨진 것도 **카자브**다. 여기에 쓰인 '거짓'은 함께 쓰인 '뒤를 따라'라는 표현을 고려할 때 '우상'을 가리킨다고 볼 수 있다. 사실 우상은 거짓의 총체, 거짓의 총화다. 우상은 여호와 아닌 다른 신을 가리키거나 여호와랍시고 만들어놓은 우상을 가리키는데, 다른 신이든지 만들어낸 조각상이든지 이것들의 본질은 '거짓'이다. 하나님을 올바르게 알고 그분을 경배하는 깃이 아니라, 하나님을 흉내내어 이를 이용하면서 사실은 사람들의 욕심을 채운다는 점에서 우상 숭배의 본질은 거짓이라고 할 수 있다.

בָזִיר
나지르

"또 너희의 자손 가운데서 예언자가 나오게 하고, 너희의 젊은이들 가운데서 **나실 사람**이 나오게 하였다. 이스라엘 자손아, 사실이 그러하지 않으냐?" 주님께서 하신 말씀이다. _ 암 2:11

나지르는 '나실 사람'을 의미한다. '나실 사람'은 자발적으로든 하나님의 부름에 의해서든 자신을 하나님께 구별한 사람으로, 평생 포도주를 마시지 않고 머리에 삭도를 대지 않으며, 시체를 가까이 하지 않기로 결단했다(민 6:1-21, 삿 13:5, 7). 특이하게도 선지자와 나실인이 함께 언급된 유일한 본문인 아모스서 2장 11절은 예언자와 나실인을 하나님께서 이스라엘을 위해 세우신 존재로 제시한다. 이 두 가지 직분을 같이 가진 사람으로 사무엘을 들 수 있다. 예언자와 나실인은 이스라엘이 하나님의 백성이며, 하나님의 말씀과 뜻으로 말미암아 존재하는 백성임을 보여주는 상징이고, 이들을 통해 하나님께서 말씀하신다는 점에서, 그 백성들에게 주신 하나님의 은혜의 상징이기도 하다.

이스라엘의 자손들과 젊은이들 가운데 하나님께 구별되고 그 뜻을 깨닫고 그 뜻을 증거하는 이들을 하나님께서는 이스라엘을 위해 세우셨다. 그러나 이어지는 아모스서 2장 12절에서 보듯 이스라엘은 이들을 유린한다. 나실 사람에게는 그 서약을 깨고 포도주를 마시게 하는가 하면, 예언자들에게는 예언하지 말라고 명령한다. 아마도 나실 사람이라는 고대적인 신앙 행위를 별것 아닌 것으로 만들어버리든지, 그렇게 하나님께 구별된 삶을 비웃거나 조롱하며 아무것도 아닌 것으로 만들어버리는 것이 나실 사람에게 포도주를 마시게 했다는 문장이 의미하는 바일 것이다.

 아르몬

나 주가 하는 말이다. 그들은 올바른 일을 할 줄 모른다. 그들은, 폭력과 강탈로 탈취한 재물을 저희들의 **요새** 안에 쌓아놓는다. 그러므로 나 주 하나님이 선고한다. 적군이 이 나라를 포위하고, 너의 방어벽을 허물고, 너의 요새들을 약탈할 것이다. _ 암 3:10-11

이 본문에서 '요새'로 번역된 **아르몬**은 요새이기도 하지만, '궁궐'이 좀 더 적합한 번역어라 여겨진다. 이 단어는 구약에 모두 32회 쓰였는데, 그 가운데 아모스서에 11회로 가장 많이 쓰였다. 아모스서 가운데서도 1-2장에 7번, 3장에 3번(3:9, 10, 11), 마지막 한 번은 6장 8절에 쓰였다. 하나님께서는 열방의 죄악을 심판하실 때 그들의 궁궐을 불살라버리실 것이며(1:4, 10), 이스라엘의 궁궐을 약탈하며(3:11) 미워하신다(6:8).

'궁궐'에 대한 빈번한 언급은 아모스서의 비판과 책망이 명백히 왕실을 향하고 있음을 보여준다. 그렇기에 벧엘 제사장 아마샤로 대표되는 왕실의 반발이 극심했고, 왕실과 왕실을 대변하는 체제는 아모스를 용납할 수 없었을 것이다. 3장 9절은 사마리아 가운데 자행되는 학대를 고발하고, 이어지는 10절에서는 그 궁궐을 배경으로 한 '폭력과 강탈'이 고발되며, 결국 11절은 하나님께서 궁궐/요새를 약탈하시겠다 선언한다. 이 모든 일의 증인으로 아스돗과 애굽의 왕실을 불러냈다는 점에서(3:9), 출애굽 이전의 애굽과 출애굽해서 들어갈 아스돗 같은 포악하고 압제하는 왕실조차도 놀라게 될 이스라엘의 왕실 혹은 권력의 불의가 강렬하게 고발되고 있다고 할 수 있다. 보통, 애굽과 아스돗 같은 열방을 언급할 때는 그들의 죄악을 다루는데, 이 본문은 이러한 열방이 도리어 이스라엘의 죄악상을 증언하게 될 것이라는 점에서 매우 역설적이고 강렬하다.

יוֹם יהוה

욤 아도나이

> 너희는 망한다! **주님의 날**이 오기를 바라는 자들아, 왜 **주님의 날**을 사
> 모하느냐? 그날은 어둡고 빛이라고는 없다. _ 암 5:18

욤 아도나이는 '여호와의 날'이고, 새번역은 이를 '주님의 날'로 옮겼
다. **욤 아도나이**는 12소선지서에 여러 번 등장하며, 소선지서를 묶어
주는 키워드의 하나다(욜 1:15, 2:1, 11, 31, 3:14, 암 5:18, 20, 옵 1:15, 습
1:7, 14, 2:3, 말 4:5). 이 표현에는 이스라엘의 기대와 소망이 담겨 있다.
여호와가 행하시는 날이니 그 백성 이스라엘을 위한 은혜와 회복, 기쁨
의 날일 것 같지만, 도리어 그날은 멸망의 날이었다. 그날을 일러 아모
스는 "어둡고 빛이라고는 없다"(암 5:18), "캄캄해서, 한 줄기 불빛도 없
다"(암 5:20), 스바냐는 "주님께서 분노하시는 날 … 환난과 고통을 겪
는 날, 무너지고 부서지는 날, 캄캄하고 어두운 날, 먹구름과 어둠이 뒤
덮이는 날"(습 1:15), 요엘은 "주님께서 심판하실 날 … 전능하신 분께
서 보내신 바로 그 파멸의 날"(욜 1:15)이라 선언한다.

고대 이스라엘 사람들에게 이같은 선포가 가져다주었을 충격은, 모든
그리스도인들이 기다리는 구원의 날이 사실은 모든 그리스도인들에게
파멸의 심판이 임하는 날이라 선포된 것에 비교될 수 있다. 예수 그리
스도에 대한 신앙고백으로 마치 구원이 보장된 것처럼 '이신칭의'를 말
하는 우리네 신앙으로는 **욤 아도나이**에 대한 예언자들의 선포가 무척
이나 버겁다.

2

23

שֶׁבֶר 쉐베르

대접으로 포도주를 퍼마시며, 가장 좋은 향유를 몸에 바르면서도 요셉의 집이 **망하는 것**은 걱정도 하지 않는 자들. _ 암 6:6

아모스서 6장 1-8절은 북왕국 상류층을 향한 아모스의 규탄이다. 대접, 퍼마시는 포도주, 가장 좋은 향유 같은 표현은 얼핏 '사치'가 문제인 것처럼 여겨진다. 그런데 예언자가 규탄하는 핵심은 사치가 아니라 요셉의 집이 망하는 것을 개의치 않는 것이다. 여기서 '망하는 것'으로 번역된 히브리어 **쉐베르**는 '깨뜨리다'를 의미하는 동사 '샤바르'에서 파생된 명사로, '깨어짐, 부러짐, 상처, 상함'을 의미한다. 사치가 문제가 아니라, 자신의 평안함 속에서 동포가 겪는 '상처'에 무심한 것으로 인해 하나님의 심판을 겪게 될 것이다.

예레미야서의 여러 구절은 백성이 겪는 상처로 인해 함께 밤낮으로 눈물을 흘리는 예언자의 모습을 보여준다(렘 10:19, 14:17, 또한 애 2:11, 3:48). 내 백성이 상하니 나도 상했다는 사람이 있는가 하면(렘 8:21), 백성이 상처를 입어 앓는데도 '샬롬, 샬롬'만 말하는 이들도 있다(렘 6:14, 8:11). 나의 평안, 나의 행복, 나의 사치가 문제가 아니라, 이웃이 겪는 고통과 눈물을 나몰라라 하는 것, 그저 아무 공감도 없이 "괜찮아질 거야"라고 말하는 이들 … 예언자들은 이들에게 하나님의 심판이 임할 것이라 강경하게 선포한다. 그러므로 '검소한 삶'이 중요한 것이 아니라, 이웃의 환난을 돌아보는 삶이 중요하다.

קָשַׁר 카샤르

베델의 아마샤 제사장이 이스라엘의 여로보암 왕에게 사람을 보내서 알렸다. "아모스가 이스라엘 나라 한가운데서 임금님께 대한 **반란을 선동하고 있습니다.** 그가 하는 모든 말을 이 나라가 더 이상 참을 수 없습니다." _ 암 7:10

여기에 쓰인 히브리 동사 **카샤르**는 '묶다, 매다'라는 의미가 있는가 하면(예를 들어 창 38:28), '음모를 꾸미다'라는 의미도 있는데, 이 경우 현재 존재하는 왕권에 대항해 반란을 일으킨 것을 가리키는 동사다. 명사형인 '케셰르'는 '모반'을 의미하며, 오늘날의 표현으로 하자면 '쿠데타'를 가리킨다. 동서고금 어느 왕권에서나 군사 반란은 빈번한 일이지만, 특히 북왕국에서는 거의 일상적이다시피 했다. 바아사(왕상 15:27), 시므리(왕상 16:9), 예후(왕하 10:9), 살룸(왕하 15:10), 베가(왕하 15:25) 등이 기존 왕권에 반역하는 쿠데타로 왕위에 올랐으며, 남왕국에서도 그와 같은 모반의 사례들이 있다(왕하 12:20, 21:23).

특히 여로보암 2세가 속한 예후 왕가 자체가 이러한 모반으로 시작된 왕권인지라, 아마도 '반란'이라는 단어는 특히나 예민하고 강렬한 단어였을 것이다. 왕실 성소의 제사장이던 아마샤가 아모스를 규정한 단어는 바로 이 '반란'이었다. 이러한 용어 사용에서 볼 때 다시 한 번 아마샤는 제사장이라기보다 왕의 관리로 활동하고 있다고 보여진다. 고대 세계나 오늘날의 세상이나 불의하고 부패한 권력에 대한 고발은 대개의 경우 왕권에 대한 반역이나 국가에 대한 반역으로 몰려 처벌당하기 일쑤다. 특히 사상과 이념의 명분 아래 남북이 분단되어 대치중인 한반도에서는 남쪽이든 북쪽이든 독재 권력은 체제 비판의 목소리들을 모두 국가 안보를 구실 삼아 '반역'으로 제거하는 일이 일상적이었다. 권력이 무능하고 부패할수록 그럴 여지는 더욱 커진다 하겠다.

케쯔

주님께서 물으신다. "아모스야, 네가 무엇을 보느냐?" 내가 대답하였다. "여름 과일 한 광주리입니다". 주님께서 나에게 말씀하신다. "나의 백성 이스라엘이 **끝장**났다. 내가 이스라엘을 다시는 용서하지 않겠다." _ 암 8:2

아모스서 7-9장에 나오는 다섯 환상 가운데 네 번째 환상에서 하나님 께서 아모스에게 보여주신 것은 '여름 과일' 한 광주리였다. '여름 과 일'에 해당하는 히브리어는 '카이쯔'다(또한 삼하 16:1, 2, 렘 40:10, 12). 무엇을 보느냐 물으시는 하나님께 아모스는 '카이쯔' 한 광주리를 본다고 답하는데, 놀랍게도 하나님께서는 "그 끝이 내 백성 이스라엘 에게 이르렀다"고 말씀하신다. 여기서 '끝'으로 번역된 히브리어가 **케 쯔**다. 다른 뜻을 지녔으나 비슷한 소리를 내는 단어를 이용한 이런 표 현 방식을 가리켜 '말놀이'(word play)라고 부른다. 비슷한 방식의 말 놀이를 예레미야서 1장 11-12절에서도 볼 수 있다. '카이쯔', 즉 '여름 과 일'이 지니는 풍성함이 **케쯔**, 즉 '끝장'이 의미하는 심판과 확연하게 대 조된다. 여기에 이스라엘에 대한 하나님의 특별한 마음을 보여주는 '내 백성'이라는 표현까지 어울려, 아모스의 선포는 백성들의 모든 달콤한 기대와 막연한 환상을 산산이 부숴버리는 미래를 선언한다.

 쉬르

"그날이 오면, 궁궐에서 부르는 **노래**가 통곡으로 바뀔 것이다." 주 하나님이 하시는 말씀이다. 수많은 시체가 온 땅에 널리고, 아무 소리도 들리지 않을 것이다. _ 암 8:3

여기서 '노래'로 옮겨진 단어는 **쉬르**다. 홍해를 건넌 후에 모세와 이스라엘 백성이 하나님을 찬양하며 부른 노래(출 15:1), 광야 길을 걷던 이스라엘을 위해 우물이 나온 곳에서 이스라엘이 부른 노래(민 21:17), 이스라엘의 불순종을 경고하며 모세가 지어 부른 노래(신 31:19, 22, 30)처럼, '노래'는 하나님과 이웃을 향해 나누고자 하는 내용을 표현하는 중요한 방편이다. 남녀의 사랑을 노래하는 아가서의 히브리어 제목은 '**쉬르** 핫쉬림, 즉 노래들 중의 노래'(Song of the songs)다. 아모스서에 언급된 노래는 성전에서 울려지는 비파와 노랫소리도 있고(5:23), 궁궐에서 불려지는 비파와 노래도 있다(6:5). 궁궐에서 이웃의 고통을 모른 채 한가롭고 교만하게 부르는 노랫가락이든, 성전에서 왕실과 결탁해 정의와 공의는 도외시한 채 오로지 제사 종교 행위를 성대하게 행하는 것에만 관심이 있는 노랫가락이든, 그 모든 노랫소리는 이제 슬피 우는 부르짖음으로 바뀌게 될 것이다. 곳곳마다 시체가 가득하니(6:9-10), 사람들은 아무 말도 하지 못한 채 그저 시체들을 처리하느라 분주할 것이다. 그 모든 노랫소리는 슬피 우는 부르짖음('통곡')과 대조되며, 온통 시체들로 가득한 곳에 흐르는 침묵과도 대조된다. 이웃이 사라진 노래는 부르짖음으로 혹은 침묵으로 바뀔 것이다.

אֵיפָה  에파

기껏 한다는 말이, "초하루 축제가 언제 지나서, 우리가 곡식을 팔 수 있을까? 안식일이 언제 지나서, 우리가 밀을 낼 수 있을까? **되**는 줄이고 추는 늘이면서, 가짜 저울로 속이자." _ 암 8:5

에파는 곡식의 부피를 재는 단위로, 1에바는 10오멜(출 16:36), 10에바는 1호멜(겔 45:11)이다. 새번역 본문에서 **에파**는 '되'로 번역되었다. 이어지는 '추'는 '세켈'의 번역어다. 에바를 줄이고 세겔을 크게 한다는 것은 물건을 사고팔 때 사용하는 가장 기본적인 도구인 저울을 임의대로 조작하는 것을 가리킨다. 장사하는 이들의 영역에서의 '쩨데크' 혹은 '올바름'은 저울로 드러나는데(레 19:35-36, 겔 45:10), 이것은 그가 물건을 사들일 때와 팔 때 각각 다른 저울을 쓰는 것이 아니라 언제나 한결같이 한 종류의 저울을 쓴다는 것을 의미한다(잠 20:23). 그래서 한결같은 저울, 혹은 '공평한 저울'은 여호와께서 만드신 것으로 고백되며(잠 16:11), 하나님께서는 이를 기뻐하신다(잠 11:1). 가나안의 특징은 거짓 저울이며(호 12:7, 새번역은 이 구절의 '가나안'을 '장사꾼'으로 옮겼다), 거짓된 저울은 폭력과 거짓을 일삼는 이들의 특징이기도 하다(미 6:11-12). 그러므로 누군가가 여호와를 경외한다는 것은 그의 저울을 통해 드러나고 증명된다. 제사에 힘쓰고 수많은 예물을 드린다 할지라도 거짓된 저울을 쓴다면 그는 여호와를 알지 못하는 자다.

 라아쉬

나 만군의 주가 말한다. 머지 않아서 내가 다시 하늘과 땅, 바다와 뭍을 **뒤흔들어놓겠다**. 또 내가 모든 민족을 **뒤흔들어놓겠다**. 그때에, 모든 민족의 보화가 이리로 모일 것이다. 내가 이 성전을 보물로 가득 채우 겠다. 나 만군의 주가 말한다. _ 학 2:6-7

이 본문에서 '뒤흔들어놓다'로 옮겨진 것은 **라아쉬** 동사의 사역형(히 필)이다. 세상이 흔들리는 것은 하나님께서 임재하실 때 동반되는 현 상이다. 그분이 시내산에 임하셨을 때 땅이 흔들리고 천둥과 번개가 있 었다(출 19:16-18). 땅이 갈라지고 깨어지며 흔들리며 하늘에 변화가 생기는 일은 여호와께서 온 세상을 심판하실 때 혹은 여호와의 진노 의 때에 일어나는 일이기도 하다(삿 5:4, 삼하 22:8, 시 60:2, 사 13:13, 24:19-20, 렘 10:10, 51:29, 나 1:5). 에스겔서의 한 구절에서는 열방의 강력한 나라가 하나님에 맞서 일어났을 때 하나님께서 '바다의 물고기 와 공중의 새와 들의 짐승과, 땅에 기어다니는 모든 벌레와, 땅 위에 있 는 모든 사람이' 흔들리게 될 것이라 선언한다(겔 38:20). 세상 그 어떤 것도 영원하거나 견고하지 않다. 하늘과 땅, 바다와 뭍, 모든 민족이 하 나님으로 인해 뒤흔들리게 될 것이다. 그러나 하나님을 피난처로 삼은 이들은 '산들이 노하여서 뒤흔들려도' 두려워하지 않는다(시 46:3).

חֲמוּדוֹת
하무도트

네가 간구하자마자, 곧 응답이 있었다. 그 응답을 이제 내가 너에게 알려주려고 왔다. 네가 **크게 사랑을 받고 있기** 때문이다. 그러므로 그 말씀을 잘 생각하고, 그 환상의 뜻을 깨닫도록 하여라. _ 단 9:23

하나님을 굳게 신뢰하고 기도하는 다니엘을 가리켜 23절은 '크게 사랑을 받고 있는 사람'이라고 표현한다. 이에 해당하는 히브리어는 **하무도트** 한 단어로, 이는 '소중한 것, 보물' 등을 의미하는 단어 '하무다'의 복수형이다. 구약의 다른 곳에서 좋은 물건을 가리켜 이 단어가 쓰였고(창 27:15, 대하 20:25, 스 8:27), 다니엘서에서도 그렇게 물건을 가리켜 '보물' 내지는 '진귀한 것'의 의미로 쓰였다(단 10:3, 11:38, 43). 9장 23절과 몇 군데에서는 사람인 다니엘을 가리켜 이 말이 사용되었다(단 10:11, 19). 다른 나라를 침략한 이들은 정복한 나라의 보물을 약탈하고, 어려움에 처한 이들은 우상에게 보물을 드려 도움을 구하기도 한다. 그러나 진짜 보물은 다니엘 같은 사람이다. 다니엘이야말로 보물, '크게 사랑을 받은 자'다. 하나님께서는 그 백성에게 보물을 구하는 분이 아니다. 보물로 하나님을 움직일 수는 없다. 진정한 보물인 다니엘이 하나님 앞에서 기도하며 부르짖을 때 하나님께서는 그의 기도 가운데 응답하신다. 이스라엘의 진정한 국력, 이스라엘의 병거와 마병은 하나님의 말씀을 깨닫고 전하는 예언자이듯이(왕하 2:12, 13:14), 참된 보물은 어디에서나 하나님을 경외하며 부르짖는 하나님의 사람이다.

כַּפְתּוֹר 카프토르

내가 보니, 주님께서 제단 곁에 서계신다. 주님께서 말씀하신다. "**성전 기둥 머리들**을 쳐서, 문턱들이 흔들리게 하여라. 기둥들이 부서져내려서, 모든 사람들의 머리를 치게 하여라. 거기에서 살아남은 자들은, 내가 칼로 죽이겠다. 그들 가운데서 아무도 도망할 수 없고, 아무도 도피할 수 없을 것이다." _ 암 9:1

> **카프토르**는 광야 성막에서 등잔대의 '꽃받침'(출 25:31, 33, 34, 35, 36, 37:19, 21, 22)으로 번역되는가 하면, 아모스서에서는 '기둥 머리'로 번역되었다(또한 습 2:14). 하나님께서는 성전 기둥 머리를 치게 하신다. 건물 전체를 받치는 기둥을 치면 건물 전체가 흔들리게 되고 결국 완전히 무너지게 될 것이다. 이렇게 건물이 무너지게 되면 누구도 피할 수 없을 것이지만, 그나마 빠져나온 이들이 있고, 하나님께서는 그들마저 칼로 죽이겠다고 선언하신다. 결국 누구도 그러한 상황으로부터 도망칠 수 없으며, 누구도 건짐 받을 수 없다.

아모스서는 남은 자의 가능성에 대해 일관되게 매우 단호하다. 성전 건물이 무너질 때 이들이 죽게 된다는 것은 이들이 성전에 모두 모여 있었음을 의미할 것이며, 이것은 죽는 순간까지도 그들이 성전에서 어떤 종교 의식 같은 것을 행하고 있었을 것이라 짐작하게 한다. 그들이 그곳에서 무엇을 하고 있었건 그것은 그들을 구원하지 못한다. 주님을 부르며 성전에 모여 드린 제사와 기도와 그 무엇도 그들 중 어느 누구도 구해낼 수 없고, 그날에 모두 건물 안에 깔려 죽게 될 것이다. 그들이 의지하고 빈번히 찾던 성소의 무게에 눌려 죽게 될 것이다. 오늘로 표현하자면, 교회 건물에 깔려 죽는 것에 비교될 수 있지 않을까? 그토록 크고 높게 세우고 또 새로 지으면서, 그 교회당을 성전이라 부르며 온갖 예배와 모임을 빈번하게 진행하지만, 하나님께서 행하시는 그날에 모두 교회당 건물 안에서 피하지도 못한 채 깔리게 될 것이다.

 나하쉬

비록 그들이 갈멜 산 꼭대기에 숨더라도, 거기에서 내가 그들을 찾아 붙잡아오고, 비록 그들이 내 눈을 피해서 바다 밑바닥에 숨더라도, 거기에서 내가 **바다 괴물**을 시켜 그들을 물어 죽이게 하겠다. _ 암 9:3

아모스서 구절에서 '바다 괴물'로 번역된 **나하쉬**는 기본적으로 '뱀'을 의미한다. 이사야서의 한 구절은 리워야단을 가리켜 '매끄럽고 꼬불꼬불한 뱀'이라 표현하기도 한다(사 27:1). 에덴에서의 사건 이래 뱀은 흙을 먹는 것으로 되었지만(창 3:14). 뱀이 다른 동물이 아니라 흙을 먹는다는 점은 평화의 세상의 상징이기도 하다(사 65:25). 뱀은 대체로 위험, 위협을 상징한다(신 8:15, 시 58:4, 140:3). 그러나 그렇게 사람에게 위협이 되는 뱀은 하나님께서 사용하시는 심판의 도구이기도 하다(민 21:6). 아모스서 9장 3절에서도 뱀은 하나님의 심판 도구다. 죄악을 저지른 백성들에게 성전은 피난처가 아니며(암 9:1), 땅 속과 하늘도 그들을 숨겨줄 수 없으며(9:2), 갈멜 산 꼭대기로 올라가도 바다 저 밑바닥에 숨더라도 하나님께서는 찾아내 심판하신다. 하나님의 눈이 온 세상을 두루 살피신다는 점은 하나님을 거역하고 정의를 내팽개친 이들에게는 온 천지 어디에도 숨을 데라고는 없어 그저 재앙일 따름이다.

סֻכַּת דָּוִיד
숙카트 다비드

그날이 오면, 내가 무너진 **다윗의 초막**을 일으키고, 그 터진 울타리를 고치면서 그 허물어진 것들을 일으켜 세워서, 그 집을 옛날과같이 다시 지어놓겠다. _ 암 9:11

> '초막'은 초막절에 짓도록 되어 있는 '초막'과 동일한 말이며(레 23:42, 신 16:13, 느 8:14), 동물들이 거하는 외양간을 가리키기도 한다(창 33:17). 어떤 영구적이고 견고한 건물이 아니라 다소 임시적이며 잠시 비와 바람을 가릴 수 있는 곳을 가리킨다고 할 수 있다(삼하 11:11, 왕상 20:12, 시 18:11, 사 1:8, 욘 4:5). 이를 생각하면 '다윗의 초막'은 '다윗의 궁궐' 혹은 '다윗 성'과는 다소 거리가 있는 표현이다. 이스라엘의 초막절이 광야 시절 초막에 거주했던 경험을 기억하게 하는 데 목적이 있었

다면(레 23:43), 다윗의 초막 역시 다윗이라는 대단했던 왕과 그 시절의 회복이라고만은 볼 수 없을 것이다.

'다윗의 장막'을 다윗이 다윗 성에 법궤를 안치했던 장소(삼하 6:16, 이 장소는 '다윗 성'이다)로 보고 그 장막의 회복을 '찬양과 경배, 중보기도 사역이 중심이 된 교회의 회복'으로 보는 일부의 시각도 있는데, 아모스서 본문이 법궤나 성소의 회복을 말하는 것과 전혀 무관하다는 점에서 그런 시각은 적어도 아모스서의 의미와는 전혀 맞지 않다. 임시적인 거처로서의 초막과 광야 거처로서의 초막을 생각한다면 '다윗의 초막'을 다시 세우신다는 것은 광야 시절처럼 하나님을 왕으로 모시고 하나님과 함께 동행하는 삶의 회복이라고 볼 수 있을 것이다. '다윗의 초막'을 통해 하나님을 왕으로 모시고 초막 가운데 살아가는 이스라엘의 회복을 말한다는 점에서, 이 구절을 둘러싼 단락 역시 아모스서 첫머리처럼 하나님의 왕 되심 주제와 연관된다고 할 수 있다. 또한 11-15절에

이루어지는 모든 회복의 주체가 하나님을 가리키는 1인칭이고, 단지 다윗만이 아니라 '내 백성 이스라엘의 사로잡힌 것'을 하나님께서 돌이키신다는 언급도 의미심장하다. 이 회복은 단지 다윗이라는 왕의 시대가 다시 시작되는 것이 아니라, 하나님을 왕으로 모신 이스라엘의 새로운 시작을 말한다.

 마아세

너희는 너희가 살던 이집트 땅의 **풍속**도 따르지 말고, 이제 내가 이끌고갈 땅, 가나안의 **풍속**도 따르지 말아라. 너희는 그들의 규례를 따라 살지 말아라. 그리고 너희는 내가 명한 법도를 따르고, 내가 세운 규례를 따라 살아라. 내가 주 너희의 하나님이다. _ 레 18:3-4

본문에서 '따르다'로 번역된 히브리어 동사는 '아사'다. '아사'의 뜻은 '행하다, 만들다'로, 이 동사에서 파생된 명사형이 **마아세**다. 그런 점에서 **마아세**는 '행하는 것' 혹은 '행하는 방식'을 의미하면서 '풍습, 풍속'이라는 의미까지 지니게 된다. 하루하루 순간순간 우리가 '행하는 방식', 그것은 우리의 풍습이 되고 풍속이 된다. 이를 생각하면 레위기 본문이 말하는 '풍속'은 어떤 토착문화나 민속문화 같은 것을 의미하는 것이 전혀 아닌, '살아가는 방식, 일상의 삶'을 가리키는 것이라 할 수 있다. 주 하나님을 경외한다는 것은 단순히 종교가 아니라 '일상의 삶의 방식'에서 하나님의 규례를 따라 걸어가는 것을 의미한다.

 마콤

당신들은, 주 당신들의 하나님이 자기의 이름을 두려고 거처로 삼으신, 당신들 모든 지파 가운데서 택하신 그**곳**으로 찾아가서 예배를 드려야 합니다. _ 신 12:5

마콤은 '장소'를 의미한다. 신명기 12-26장은 '신명기 법전'으로 불리는 본문이다. 신명기 법전은 '예배 처소 단일화' 명령으로 시작한다. 출애굽기 규례에 따르면, 이스라엘은 하나님의 이름을 기억하여 예배하는 곳이라면 어디서든 흙으로 제단을 쌓고 제사드릴 수 있다(출 20:24). 그러나 신명기 법전은 단호하게 '하나님이 택하신 그곳'에서 제사드려야 한다고 규정한다. 그들은 '그들이 택한 아무 곳에서나' 제사드려서도 안되고(신 12:13), 그들이 살아가는 '성 안'에서 제물을 먹어서도 안 되었다(신 12:17). 십일조와 화목제물, 번제를 비롯한 제물과 제사는 반드시 하나님께서 이스라엘 모든 지파 가운데서 택하실 한 곳에 찾아가 드려야 한다. 이러한 '단일화' 혹은 '성소 중앙화' 조치는 지방 성소에서 벌어지는 우상 숭배에 대한 단호한 배격과 철폐를 위한 것이라 볼 수 있다. 남왕국 유다의 임금 요시야는 성전에서 '율법책'을 발견했고, 이 율법책이 명하는 대로 종교개혁을 단행하면서 지방의 모든 산당을 철폐한다(왕하 23:4-20). 그래서 요시야가 발견하고 그의 개혁의 지침으로 삼은 이 '율법책'은 오늘날의 신명기의 상당 부분이었을 것으로 여겨진다.

אָהֵב 아하브

당신들은 마음을 다하고 뜻을 다하고 힘을 다하여, 주 당신들의 하나
님을 **사랑하십시오.** _ 신 6:5

아하브는 '사랑하다'를 의미하는 동사다. 고대 중동의 조약문에 대한
연구를 통해 신명기 전체의 짜임새가 고대 조약문의 짜임새와 비슷하
다는 점을 발견하게 되었다. 특히 주전 7세기 앗수르 임금 에살핫돈의
조약문에서 주군 국가가 그에게 복종하는 신하 국가를 향해 '사랑하라'
요구하는 내용이 있음을 발견하면서, 신명기에 나오는 "하나님을 사랑
하라"는 명령을 이해하는 데 크게 도움이 되었다. 국가간의 조약문에
언급되는 '사랑의 의무'는 바로 '충성의 의무'다. 신하 국가가 주군 국
가에게 충성을 다하듯이, 이스라엘은 그들의 한 하나님 여호와에게 충
성을 다해야 하고 두 주군을 섬길 수 없었다. 고대 중동의 종교들은 여
러 신들을 섬기는 것이 일반적인 일이었지만, 이스라엘에서는 그것이
용납되지 않았다. 이것이 정치적 조약 형태로 표현된 이스라엘 신앙의
특징이다.

그리고 이러한 신앙을 간결하게 요약하여 표현한 것이 흔히 '쉐마'라고
불리는 6장 4-5절이다. 앗수르 조약문의 형태를 빌리면서 신명기는 앗
수르 같은 정복 국가를 향해 지켜야 했던 사랑과 충성을 오직 여호와
한 분을 향한 것으로 선언한다. 그런 점에서 신명기는 명확하게 '반-앗
수르' '반제국주의'적 문서라는 성격을 지닌다고 말할 수 있다. 당대의
용어와 인식을 빌려 강력하게 당대의 사상과 흐름에 맞서고 있다. 고대
중동의 조약과 신명기 조약의 차이점으로는 정복과 점령에서 강제된
고대 조약과는 달리, 이스라엘과 하나님의 언약은 하나님의 일방적인

사랑과 선택에서 나왔다는 점을 들 수 있다. 그러나 일단 조약 관계로 표현되면서 이스라엘의 하나님에 대한 태도가 정해졌다. 이스라엘에게 있어서 죄는 단순히 도덕적인 문제가 아니라 관계적인 문제다. 즉 하나님과 이스라엘간의 관계를 표명하고 있는 이 언약이 깨어지는 것이 바로 죄다.

236

שׂים עַל־לֵב 숨 알-레브

다니엘은 왕이 내린 음식과 포도주로 자기를 더럽히지 않겠다고 **마음을 먹고**, 환관장에게 자기를 더럽히지 않을 수 있도록 해달라고 간청하였다. _ 단 1:8

숨은 '두다, 놓다'를 의미하는 동사이고, **알**은 '~ 위에'를 의미하는 전치사, **레브**는 '마음'을 뜻하는 명사. 일종의 관용구인 **숨 알-레브**는 '누구누구의 마음 위에 두다'에서 '주의하다, 유념하다'를 의미하고(아 8:6, 사 42:25, 57:1, 11, 말 2:2), 문맥에 따라 '마음먹다, 결심하다'를 의미한다. 다니엘서 1장 8절에 쓰인 이 표현은 '결심하다'로 이해할 수 있다. 왕이 내린 음식과 포도주는 그야말로 최상의 음식이다. 그러나 다니엘과 그의 세 친구는 이 음식을 먹지 않기로 마음먹는다. 아마도 이들의 결정은 왕실의 풍성함과 사치스러움, 제국의 풍요에 취하지 않겠다는 각오에서 비롯되었을 것이다. 이들의 결정이 구약의 특정한 규례와 연관되지 않는다는 점에서, 그들은 그저 '글자 안에' 머물러 있지 않았다고 할 수 있다. 그들은 겨우 넷밖에 안 되는 소수에다가 나라가 망해 남의 땅에 끌려와 있는 신세지만, 그들은 그 낯선 땅에서 아무렇게나 살지 않고, 성경의 글자에 매여 살지 않고, 하나님 앞에서 올바르고 더 나은 삶을 살겠다고 '마음먹는다'. 겨우 넷이라도 함께 걸어갈 사람이 있다면 그것으로 충분하다. 그들은 스스로를 과소평가하지 않으며 믿음의 길을 걸어간다.

이트할렐

오직 **자랑하고** 싶은 사람은, 이것을 **자랑하여라**. 나를 아는 것과, 나 주가 긍휼과 공평과 공의를 세상에 실현하는 하나님인 것과, 내가 이런 일 하기를 좋아한다는 것을, 깨달아 알 만한 지혜를 가지게 되었음을, **자랑하여라**. 나 주의 말이다. _ 렘 9:24

'할랄'은 '찬양하다'를 의미하는 동사다. 그런데 이 동사의 재귀형(히트파엘) **이트할렐**은 '스스로를 찬양하다', 그래서 '자랑하다'라는 의미가 된다. 하나님의 사람들은 주 하나님을 자랑하고(시 34:2, 사 41:16, 45:25), 그분의 거룩한 이름을 자랑한다(시 105:3). 하나님을 자랑한다는 것은 무엇을 자랑하는 것일까? 예레미야서 본문은 '하나님께서 긍휼(헤세드), 공평(미슈파트), 공의(쩨다카)를 세상에 실현하는 분'이심을 자랑하라고 증언한다. "하나님은 가장 존귀합니다, 유일하신 분입니다"를 자랑하는 것이 아니라, 사랑과 정의를 허공이 아닌 이땅에 행하시는 분임을 자랑하라는 것이다. 또 자랑할 것은 하나님이 사랑과 정의 행하기를 좋아하는 분임을 알게 된 것이다. 자랑하지 말 것은 나의 지혜, 나의 힘, 나의 성취, 나의 능력이다. 그렇기에 '능력주의' 세상은 명확히 하나님의 말씀과는 거리가 멀다.

세페르

하나님은 이 네 젊은이들이 지식을 얻게 하시고, **문학**과 학문에 능통
하게 하셨다. 그밖에도 다니엘에게는 환상과 온갖 꿈을 해석하는 능력
까지 주셨다. _ 단 1:17

세페르는 '책' 혹은 '두루마리'를 의미한다. 새번역은 다니엘서 1장 7절
의 **세페르**를 '문학'으로 옮겼다. 다니엘과 세 친구들은 바빌론에서 바
빌론 왕실 관리에게 필요한 교육을 3년 동안 받았다. 그들은 왕의 음식
과 포도주는 단호하게 거부하고 물과 채식을 먹었지만, 바빌론 관리에
게 요구되는 학문에 대해서는 아무런 거부감 없이 배우고 익혔으며, 하
나님께서는 이들에게 그것들을 제대로 익히고 공부하는 지식까지 주
셨다. 이들이 배워야 하는 '문학'은 하나님의 말씀이나 신앙과 연관된
것이 아니라, 철저하게 바빌론의 학문, 그것도 천문이나 점성술과 연관
된 공부였을 것이다. 이들이 바빌론의 마술사와 주술가와 비교된다는
점(단 1:20), 그리고 다니엘이 훗날 '마술사의 우두머리'로 불린다는 점
(단 4:9)은 다니엘과 친구들이 배우는 학문이 그와 연관된 것이었음을
잘 보여준다. 다니엘에게 학문에는 차별이나 구별이 없었다. 음식에는
거부할 것이 있었으나 학문에는 구별이 없었던 것이다. 바빌론의 밥상
은 걷어차되, 학문은 제대로 익히고 공부해야 한다. 유감스럽게도 오늘
의 교회는 세상의 밥상은 받기를 원하되, 학문은 '세상 학문'이라며 걷
어차기 일쑤다.

מִצְוָה
미쯔봐

우리가 주 우리의 하나님 앞에서, 그가 우리에게 명하신 대로 이 모든 **명령**을 충실하게 지키면, 그것이 우리의 의로움이 될 것이다. _ 신 6:25

미쯔봐는 '명령하다'를 의미하는 '짜바' 동사에서 파생한 명사형으로, 대체로 '명령'으로 번역된다. 잠언은 아버지의 명령에 주의할 것을 촉구한다(잠 6:20). 레갑 자손 같은 이들은 조상의 명령을 철저하게 지켜(렘 35:14, 15, 18), 하나님의 명령조차 등한시하는 이스라엘 백성과 현저하게 대조된다. 반면, 이사야는 당대 백성들이 입으로는 하나님을 경외한다 하지만 마음은 멀되, 사람들의 명령에 따라 흉내내는 것에 불과하다고 규탄한다(사 29:13). 이들에게 '하나님 경외'는 사람들이 하는 명령을 따른 것, 세간의 유행과 흐름을 따른 것, 그야말로 '종교 나부랭이'일 따름이다. **미쯔봐**가 쓰이는 더 많은 용례는 '하나님의 명령'을 가리키는 것들이다. 자주 이 단어는 '규례'로 번역되는 '호크'와 함께 쓰이거나(예를 들어 출 15:26, 신 4:40), '규례'와 '법도'(미슈파트)와 함께(예를 들어 신 8:11, 26:17, 왕상 8:58, 느 1:7, 10:30) 쓰인다. 이런 결합은 모두 주 하나님께서 그 백성에게 이르신 규례 혹은 명령을 표현한다.

신명기 6장 25절은 하나님 앞에서 그분이 명하신 '명령'을 행하며 지키는 것이 우리의 '의로움'이 될 것이라 표현한다. 하나님과 올바른 관계를 맺는 것이 '의로움'(쩨다카)이라 할 때, 하나님과 언약 맺은 백성이 행할 올바른 관계는 당연히 그분이 명하신 명령을 행하는 것이다. 이것은 "율법을 지켜 구원받는다" 같은 천박한 '율법주의'가 아니라, 하나님의 은혜를 경험하고 그분과 언약 맺은 백성이 일상에서 살아갈 당연하고도 마땅한 삶의 내용을 가리킨다.

נְאֻם יהוה

네움 아도나이

그들이 너에게 맞서서 덤벼들겠지만, 너를 이기지는 못할 것이다. 내가 너를 보호하려고 너와 함께 있기 때문이다. **나 주의 말이다.** _ 렘 1:19

> **네움 아도나이**는 '여호와의 말씀'을 의미하며, 새번역은 "나 주의 말이다" 혹은 '주님의 말씀'으로 옮겼다. 이 표현은 구약에 350회가량 나오는데, 열 번을 제외하고(창 22:16, 민 14:28, 삼상 2:30, 왕하 9:26, 19:33, 22:19, 대하 34:27, 시 110:1) 나머지는 모두 예언서에 나온다(예를 들어 예레미야서에는 170회가량 쓰였다). 그래서 이 표현은 전형적인 예언자의 말투라 할 수 있다. **네움 아도나이**는 그 앞뒤에 제시된 내용이 주 하나님께로부터 나온 것임을 더욱 분명하게 표현하고 강조하는 역할을 한다. 예레미야서 1장은 예레미야의 소명을 다루는데, 예레미야가 해야 할 역할, 그리고 그가 맞서게 될 사람들의 거센 저항과 반대를 언급하면서 1장 8절과 19절에 반복해서 "하나님께서 그를 보호하려고 그와 함께 있다"고 표현한다. 그 각각의 말씀 다음에 **네움 아도나이**가 있어서 주 하나님께서 반드시 그렇게 행하실 것임을 확증한다. 예레미야 같은 예언자에게 가장 크고 든든한 배경과 힘은 주 하나님, 그리고 그분의 확고한 말씀이다.

 다바크

그들은 다시 한 번 큰소리로 울었다. 마침내 오르바는 시어머니에게 입맞추면서 작별 인사를 드리고 떠났다. 그러나 룻은 오히려 시어머니 곁에 더 **달라붙었다.** _ 룻 1:14

이 구절에서 '달라붙었다'로 번역된 히브리어 동사는 **다바크**다. **다바크**는 창세기 2장 24절에도 쓰였는데, 남자가 여자와 결합하여 한 몸이 된다는 맥락에서 '결합하다'로 옮겨졌다. 흔히 이 창세기 구절은 결혼의 의미를 말할 때 쓰이곤 하는데, 이럴 때 남녀의 결합을 표현하는 동사가 **다바크**다. 그런데 룻이 나이들고 더 이상 남편이나 자녀가 있을 수 없는 나오미를 끝까지 따르기로 마음먹고 그녀와 함께하려는 것에도 **다바크**가 쓰였다. 이 동사는 그렇게 남녀의 사랑에도 쓰이지만(창 34:3, 왕상 11:2), 왕을 향한 백성의 연합(삼하 20:2)에도 쓰이고 무엇보다도 주 하나님에 대한 그 백성의 마음을 표현하는 데도 쓰인다(신 10:20, 11:22, 13:5, 30:20, 수 22:5, 23:8, 시 63:8, 119:31).

그렇다면 구약성경은 그저 '남녀의 결합'을 신성시하는 책이 아니라, 남녀든, 시어머니와 며느리든, 왕과 백성, 하나님과 그 백성이든, 서로에게 연합하고 서로와 함께 하는 모든 '결합'을 강조하고 격려하는 책이라 할 수 있다. 그렇기에 아담과 하와 이야기는 단순히 부부 이야기를 넘어 서로 사랑하며 함께 살아가는 삶에 대한 이야기다.

 쉐펠라

이렇게 여호수아는 이 모든 땅 곧 산간 지방과 네겝 지방과 모든 고센 땅과 **평지**와 아라바와 이스라엘의 산간 지방과 **평지**를 다 점령하였다. _ 수 11:16

쉐펠라는 '낮다'를 의미하는 '샤펠'에서 파생한 것으로 '낮은 지역, 저지(低地)'를 의미한다. '낮다'는 것은 상대적인데, **쉐펠라**는 이스라엘의 주된 거주지인 유다 산지 지역에 비해 낮아 그런 이름으로 불렸을 것이다. 이곳은 유다 산지와 블레셋이 장악한 해안 평야지대 사이에 놓인 지역을 가리킨다. 비옥하고 농사짓기 쉬운 좁고 긴 지역이라는 점에서, 블레셋과 이스라엘 사이에 갈등의 원인이 될 수밖에 없었다. **쉐펠라**에 속하는 대표적인 도시가 라기스, 소라 같은 도시들이다(수 15:33-41). 아마도 미가서 1장 10-15절에 열거되는 도시들이 있는 지역도 **쉐펠라**였을 것이다.

이트납베

그래서 내가 명을 받은 대로 **대언하였더니**, 생기가 그들 속으로 들어 갔고, 그래서 그들이 곧 살아나 제 발로 일어나서 서는데, 엄청나게 큰 군대였다. _ 겔 37:10

'나바' 동사는 구약에서 수동형(니팔)과 재귀형(히트파엘)으로만 쓰이고, 이 두 형태에서 모두 '예언하다'를 의미한다. 니팔형의 3인칭 단수형태는 '닙베'(נִבָּא)이고, 히트파엘형의 기본 형태는 **이트납베**다. 이두 형태가 쓰인 동사는 왕정기 초기를 배경으로 하는 본문들에서 대개 '무아지경' 혹은 '황홀경'(ecstasy)을 수반한다(삼상 10:5, 6, 10, 11, 13, 19:20, 또한 민 11:25-27). 히트파엘형이 사무엘기상 18장 10절에도 쓰였는데, 거기서는 '하나님이 보내신 악한 영'이 사울에게 내렸을 때, 사울이 행한 것을 표현하느라 이 형태가 쓰였고, 새번역은 이를 사울이 "미친 듯이 헛소리를 질렀다"로 옮겼다. 이 역시 상식적이지 않은 어떤 접신 현상 가운데 있음을 보이는 행동인 셈이다. 그래서 예언자들은 종종 '미친 사람'처럼 여겨지기도 했다(왕하 9:11, 렘 29:26). 그러나 후대로 오면서 이러한 특별한 영적 체험 현상은 지속되어도 본문에서 거의 부각되지 않고 예언자들이 선포한 내용 자체에 초점을 맞춘다. 사실 예언의 가장 근본적인 의미는 '앞일'을 말하는 것이 아니라 주 하나님을 '대신해' 말하는 것이다. 높고 초월적인 하나님의 말씀을 받아서 전하는 것이기에 사람으로서는 견디기 어려워 특별한 영적 현상이 일어나지만, 어디까지나 본질은 하나님의 말씀을 대신 전하는 것이다. 에스겔서 37장 7절에서는 '닙베' 형태가, 37장 10절에서는 **이트납베** 형태가 쓰였으나 새번역이 이를 '대언하다'로 번역한 것은 매우 적절하다.

244

 나캄

의로운 사람이 악인이 당하는 **보복**을 목격하고 기뻐하게 하시며, 악인의 피로 그 발을 씻게 해주십시오. 그래서 사람들이 "과연, 의인이 열매를 맺는구나! 과연, 이땅을 심판하시는 하나님은 살아계시는구나!" 하고 말하게 해주십시오. _ 시 58:10-11

나캄은 '보복, 복수'를 의미한다. 이스라엘이 하나님과 맺은 언약을 깨고 그 규례와 법도를 지키지 않을 때, 하나님께서는 그들에게 복수하신다(레 26:25, 시 99:8, 사 1:24, 렘 5:29, 9:9). 억울하고 부당한 일을 당해 흘려진 피에 대해 하나님께서 친히 복수하신다(삼상 24:12, 신 32:43, 왕하 9:7, 렘 5:15, 51:36). 당연히 하나님께서는 열방에 대해서도 그 행한 대로 복수하신다(렘 46:10, 50:15). 하나님의 복수는 하나님의 규례와 법도가 깨어진 현실에 대한 합당한 심판이다.

규례와 법도가 깨어진 세상은 필연적으로 약자들이 피를 흘리게 되기 마련이다. 그 약자가 이스라엘 가운데 권력과 부를 지닌 이들에 의해 유린당하는 힘없는 가난한 자일 수 있고, 고대 근동 세계에서 강대국인 앗시리아와 바빌론에게 짓밟히는 이스라엘과 같은 약소국일 수도 있다. 법과 규례를 깨뜨리고 부당하게 힘을 휘두른 이들에 대한 복수라는 점에서, 이 복수는 법정 상황을 전제로 한다. 그러므로 하나님의 복수는 세상에 진정한 재판관이신 하나님께서 살아계시며 그분의 뜻을 따라 온 세상을 재판하신다는 것을 보여준다. 의인은 살고, 악인이 마침내 보복당하는 것을 보면, 사람들은 하나님께서 살아계시다는 것을 깨닫게 된다.

오늘날 우리는 '복수'에 대해 무언가 수준 낮고 비윤리적인 것이라 생각한다. 질투와 분노, 복수가 모두 "네 이웃을 내 몸처럼 사랑하라"는 가장 고상한 명령에 비해 꽤 뒤떨어진 윤리라고 여긴다. 그렇지만 이 단어들이 모두 여호와 하나님께 적용된다는 점에서(예를 들어 나 1:2), 이것은 결코 시대에 뒤처진 것이라 여길 수 없다. 하나님께서 복수하신다는 것은 세상에 정의가 살아 있으며, 불의한 자는 반드시 처벌될 것임을 굳게 믿는 것이다. 한치 앞도 보이지 않을 만큼 불의가 가득하고 불의한 세력이 팽배한 가운데서도 굳건하게 정의를 위해, 그리고 진리를 위해 한걸음 걸어갈 수 있게 하는 것이 복수하시는 하나님에 대한 믿음이다.

245

אֵל קַנָּא

엘 칸나

너희는 다른 신에게 절을 하여서는 안 된다. 나 주는 '**질투**'라는 이름을 가진, **질투**하는 하나님이기 때문이다. _ 출 34:14

'질투'로 번역된 히브리어 **칸나**는 '질투하다, 열심을 내다'를 의미하는 동사 '카나'에서 파생한 형용사로, 이와 비슷한 형용사 '칸노'도 동일한 의미를 지닌다. '하나님'을 의미하는 **엘**과 더불어 '질투하시는 하나님'으로 옮길 수 있는 **엘 칸나**는 십계명을 비롯해 여러 곳에 쓰인다(출 20:5, 34:14, 신 4:24, 5:9, 6:15). '엘 칸노'는 여호수아기 24장 19절과 나훔서 1장 2절에서만 쓰인다. 이 두 표현이 쓰인 맥락은 모두 하나님 아닌 다른 것을 섬기는 것에 대한 하나님의 심판과 진노다. 하나님의 질투와 분노는 하나님 아닌 다른 것에 경배와 영광이 돌려지기 때문이다. 그 다른 것은 우상일 수도 있고, 강력한 열방일 수도 있다. 하나님께서 이를 질투하시는 까닭은 우상과 열방은 아무것도 아닌데, 사람들이 허무한 데 굴복하기 때문이다. 사람의 질투는 독점에 목적이 있으나, 하나님의 질투는 허무하고 헛된 것에 굴복치 않고 마땅한 영광을 하나님께 돌리게 하는 데 있다. 그러므로 질투와 분노는 그저 나쁜 것이 아니라 하나님의 성품과 행하심을 반영하는 매우 적절한 표현이다.

אֶרֶךְ אַפַּיִם

에레크 아파임

주님께서 모세의 앞으로 지나가시면서 선포하셨다. "주, 나 주는 자비롭고 은혜로우며, **노하기를 더디 하고**, 한결같은 사랑과 진실이 풍성한 하나님이다." _ 출 34:6

'아프'는 '코'를 의미하면서 '분노'를 의미하기도 한다. '아레크'는 '길다'라는 뜻인데, 거의 대부분 '아프'와 함께 쓰인 **에레크 아파임**의 형태로 "노하기를 더디 하다"를 의미한다. '노하기를 더디 하는 것'은 잠언에서 강조하는 덕목이다(잠 14:29, 15:18, 16:32). 이 표현이 쓰인 더 많은 경우는 하나님의 본성과 연관된 것으로, 출애굽기 본문이 대표적이다. "자비롭고 은혜로우며, 노하기를 더디 하고, 한결같은 사랑과 진실이 풍성한 하나님"은 구약 전체에서 하나님을 표현하는 대표적인 표현으로 계속 거론된다(민 14:18, 느 9:17, 시 86:15, 103:8, 145:8, 욜 2:13, 욘 4:2, 나 1:3). 특히 미가서 7장 18절에서 하나님께서 노여움을 언제까지나 품지 않으시며 한결같은 사랑을 베푸신다고 표현한 것 역시 출애굽기 34장 6절을 인용한다고 볼 수 있다면, 요나서, 미가서, 나훔서라는 히브리 성경에서 나란히 놓인 세 예언서가 모두 이 표현을 사용한다는 것을 알 수 있다. 요나는 이 구절로 인해 하나님께서 니느웨에 은혜를 베푸실 것을 두려워했지만, 미가는 이 구절에 근거해 이스라엘에 베푸실 은혜를 기대했으며, 나훔은 이 구절을 조금 바꾸어 표현하면서 니느웨에 임할 심판을 기대한다. 나란히 놓인 이 세 권의 책은 모두 출애굽기 구절을 인용하면서 그 나름대로 주석하고 적용하고 있다고 할 수 있다.

 알라

이스라엘 자손아, 나에게는 너희가 에티오피아 사람들과 똑같다. 나 주
가 하는 말이다. 내가 이스라엘을 이집트 땅에서, 블레셋 족속을 크레
테에서, 시리아 족속을 기르에서, **이끌어내지** 않았느냐? _ 암 9:7

알라는 '오르다, 올라가다'를 의미하는 동사로, 사역형(히필)으로 표현
하면 '데리고 올라가다, 인도하여내다'를 의미한다. **알라**의 히필형은
특히 "하나님께서 그 백성 이스라엘을 이집트에서 인도하여내다"라는,
출애굽 사건을 표현하는 가장 기본적이면서도 중요한 문장에 쓰인다
(예를 들어 출 17:3, 32:1, 레 11:45, 신 20:1, 수 24:17, 렘 16:15). 이스라
엘을 위한 하나님의 구원 행동은 이스라엘이 처한 곤경, 그것이 이집트
땅이든, 스올이든(시 30:3), 구덩이와 수렁(시 40:2, 욘 2:6) 혹은 무덤
이든(겔 37:12, 13), 그곳에서 '인도하여내심'으로 표현된다.
그런데 아모스서 9장 7절은 이 중요한 동사를 사용하면서 이스라엘의
출애굽과 블레셋, 시리아의 이동을 동일한 차원의 것으로 만들어버린
다. 이스라엘의 존재의 가장 근본적인 근거요, 토대가 출애굽 사건이지
만, 이 구절은 이스라엘의 출애굽을 그저 민족들의 대이동의 하나로 만
들어버린다. 아모스서의 문맥 안에서 살펴볼 때, 하나님께서 그 백성들
에게 찾고 구하시는 삶, '성문에서 정의를 행하는 삶'(암 5:15), '정의와
공의를 마르지 않는 강처럼 흘러가게 하는 삶'(암 5:24)이 없다면, 이스
라엘의 출애굽은 여러 민족에게 행하신 하나님의 구원 행동의 하나일
뿐이다. 그것이 여호와의 말씀이다. 하나님의 선택은 모든 불의와 불법
에도 불구하고 그 백성을 망하지 않게 하고 쇠하지 않게 하는 것을 의미
하지 않는다. 세상 모든 종교가 그런 것을 약속한다 할지라도 여호와 하
나님께서는 그렇게 행하지 않으신다. 하나님은 이스라엘과 세상에게 불
공평하게 행하는 분이 아니다.

 에쩸

나 주의 말이다. 그때에는 사람들이 유다 왕들의 **뼈**와, 유다 지도자들의 **뼈**와, 제사장들의 **뼈**와, 예언자들의 **뼈**와, 예루살렘 주민의 **뼈**를, 그들의 무덤에서 꺼내다가, 그들이 좋아하고 노예처럼 섬기고 뒤좇아다니고, 뜻을 물어보면서 찾아다니고 숭배하던, 해와 달과 하늘의 모든 천체 앞에 뿌릴 것이다. 그래도 그 **뼈**들을 모아다가 묻어주는 사람이 아무도 없을 것이니, 그것들은 이제 땅바닥에서 거름이 되고 말 것이다. _ 렘 8:1-2

에쩸은 '뼈'를 의미한다. 가장 친밀한 관계를 나타내는 데 '뼈'가 쓰이는데(창 2:23), '골육'을 가리키는 데도 쓰인다(창 29:14, 삿 9:2, 삼하 5:1). 질병과 고통을 느끼는 부위가 뼈이기도 하다(욥 30:17, 30, 시 22:14, 102:3). 종종 사람 전체를 가리키는 대표 부위로 뼈가 언급되기도 한다(시 6:2, 35:10, 잠 3:8, 사 66:14). 제대로 매장되는 것은 '뼈'와 연관된다. 그래서 요셉은 자신의 뼈를 메고 갈 것을 요구했고(창 50:25, 출 13:19), 그의 뼈는 세겜에 묻혔다(수 24:32). 요시야는 벧엘 제단에서 분향하던 제사장의 뼈를 꺼내어 불살라버렸다(왕하 23:15-16). 예레미야서 8장 1-2절 역시 우상 숭배하던 이들의 뼈가 묻혀 있던 무덤이 파헤쳐지고 거리에 버려지게 될 것을 선언한다. 죽은 자의 뼈를 꺼내어 불사르는 것은 그들이 저지른 우상 숭배의 허망함을 폭로하고 조롱하는 행동이라고 생각할 수 있다.

בְּלִיַּעַל

벨리야알

주님을 거역하며 음모를 꾸미는 자, **흉악한** 일을 부추기는 자가, 바로 너 니느웨에게서 나오지 않았느냐? _ 나 1:11

'흉악한 일'로 옮겨진 단어는 **벨리야알**로, '쓸모없음'이라는 기본적인 의미에서 그런 특징을 지닌 사람을 가리키며 '미련한 자, 쓸모 없는 자, 불량배'를 의미하고(삼상 25:25, 30:22, 삼하 20:1, 잠 16:27), '파괴, 파멸'을 의미하기도 한다(시 18:4, 41:8). 그러므로 '벨리야알을 계획한다는 것'은 아무 쓸모 없는, 불량배 같은, 파멸을 불러올 뿐인 그런 것을 계획한다는 의미가 될 것이다. 신명기 15장 9절에서는 7년 면제년이 다 가온다는 이유로 가난한 이에게 돈을 빌려주지 않으려는 궁리를 두고 "마음에 **벨리야알**을 품었다"고 표현한다. 나훔서 본문의 경우, 구체적인 내용은 나오지 않지만, 앞뒤의 내용이 니느웨가 반드시 끝장나게 될 것이라는 말씀이 놓여 있다는 점에서, 아마도 니느웨의 기세 앞에서 하나님을 의지하고 신뢰하기보다는 니느웨에 굴복하며 그의 환심을 구하고 그 그늘 아래 거하려고 계획하는 것을 가리키는 것이 **벨리야알**이라 여겨진다. 나아가 하나님을 대적하며 스스로의 세력과 힘을 내세우는 앗시리아와 같은 강대국 자체가 **벨리야알**이라고 할 수 있을 것이다. 하나님을 신뢰할 때 현실을 가장 정확하게 분석하고 이해할 수 있겠지만, 앗시리아라는 강력한 현실에 압도당하면 도리어 하나님을 돌아보지 못하게 될 것이다. 하나님을 깨달으면 앗시리아라 할지라도 완전히 말라버린 가시덤불로 보이지만, 이를 보지 못하면 '아무 쓸모 없는 꾀'를 생각하게 될 것이다. 하나님을 고려하지 않고 현실에 압도되어버린 생각이야말로 나훔이 고발하는 '**벨리야알**의 꾀'다.

עָנָה _{아나}

나 주가 말한다. 그들의 힘이 막강하고 수가 많을지라도, 잘려서 없어지고 말 것이다. 비록 내가 너를 **괴롭혔으나**, 다시는 너를 더 **괴롭히지** 않겠다. _ 나 1:12

'괴롭히다'로 옮겨진 동사는 하나님께서 그 백성에게 행하시는 연단과 훈련을 표현하기 위해 빈번히 쓰인다(신 8:2-3, 16, 왕상 11:39, 시 88:7, 90:15, 119:75, 사 64:12, 애 3:33). 하나님께서 그 백성을 괴롭게 하시는 것은 그분의 본심이 아니다(애 3:33). 하나님께서 광야 길 동안 이스라엘을 '낮추신 것'은 그들이 참으로 하나님의 명령을 지키는지 알고자 하여, 그리고 사람이 떡으로만 사는 것이 아니라 하나님의 말씀으로 산다는 것을 알게 하려는 목적이 있었다(신 8:2-3). 그러므로 낮추심의 목적은 궁극적으로는 복을 주기 위함이다(신 8:16). 앗시리아와 같은 열강에 눌려 괴로움을 겪었으나, 이 괴로움은 강대국에게 잘 보여 좋은 관계를 맺으라고 주어진 것이 아니라, 진정한 힘과 능력이 하나님께 있으며 하나님만을 의지하게 하려고 하나님께서 잠시 동안 괴롭게 하신 것이다. 하나님께서 그들을 괴롭게 하셨으나 다시는 괴롭게 하지 않겠다 선언하신다. 하나님께서 그들을 위하신다면 누가 그들을 괴롭게 할 수 있으랴.

עֵזֶר כְּנֶגְדּוֹ

에제르 케네그도

주 하나님이 말씀하셨다. "남자가 혼자 있는 것이 좋지 않으니, 그를 **돕는 사람, 곧 그에게 알맞은 짝**을 만들어주겠다." _ 창 2:18

에제르는 '도움'을 뜻하는 명사다. **케네그도**는 '~처럼, ~에 따라'를 의미하는 전치사(크), '~ 앞에'를 의미하는 네게드(예를 들어 창 31:32, 시 38:9), 그리고 '그의'(his)를 의미하는 접미어가 결합된 형태다. 어떤 물건을 반으로 가르면 서로 마주보는 2개로 나누어지는데, 그 각각은 **케네그도**, 즉 "서로의 앞에 혹은 맞은 편에 있다." 책을 펴면 양쪽 페이지가 서로 대응되는 것도 **케네그도**가 의미하는 좋은 예다. 그래서 **에제르 케네그도**를 직역하면 '그의 앞에 있는 도움', 혹은 '그의 맞은편에 있는 도움'이 되고, 이를 '그에게 꼭 맞는 도움'으로 옮길 수 있다. 하나님께서는 사람이 혼자 있는 것이 좋지 않아 동물들을 지어 그 앞에 데려왔지만, 그 사람은 동물 가운데서 **에제르 케네그도**, '자신에게 꼭 맞는 도움'을 발견할 수 없었다. 하나님께서 그의 뼈로 만드신 또 다른 사람만이 '그의 꼭 맞는 도움'이었다! **에제르**, 즉 '도움'의 주체가 하나님인 경우가 허다함을 고려하면(예를 들어 시 20:2, 121:2, 호 13:9), 누구 한 사람이 다른 사람을 늘 돕기만 하는 것이 아니라, 만들어진 두 사람은 서로가 서로에게 '꼭 맞는 도움'임을 알 수 있다.

אֱלָהּ שְׁמַיָּא 엘라흐 쉐마야

그 친구들에게 말하였다. "너희와 나는 다른 바빌론의 지혜자들과 함께 죽지 않도록, **하늘의 하나님**이 긍휼을 베풀어주셔서 이 비밀을 알게 해 주시기를 간구하자." _ 단 2:18

다니엘서 2장 4절부터 7장까지는 아람어로 기록되었다. 히브리어로 '하늘의 하나님'은 아람어로는 **엘라흐 쉐마야**다. 다니엘서는 9장을 제외하고 '여호와'라는 하나님의 이름을 전혀 언급하지 않고 대부분 '하늘의 하나님'으로 하나님을 표현한다. '하늘의 하나님'이라는 호칭은 모두 이방 나라 혹은 이방 사람과 연관되어 하나님이 언급되는 경우다(창 24:3, 7. 참고. '하늘에 계신 하나님'으로 되어 있는 여호수아기 2장 11절, 시편 115편 3절 역시 이방과 연관된 맥락이다). 대부분의 경우 이 호칭은 포로 이후 시기 문헌들에서 찾아볼 수 있다(대하 36:23=스 1:2, 느 1:4, 5, 2:4, 20, 욘 1:9). 동일한 호칭의 아람어 버전도 후대 문헌에서 볼 수 있다(스 5:11, 12, 6:9, 10, 7:12, 21, 23, 단 2:18, 19, 28, 37, 44). '하늘의 하나님'이라는 이름은 어찌 보면 평범하고 다른 신의 이름과 구분이 잘 되지 않는 이름이다. 그런 점에서 다니엘서는 온 세상의 주관자이신 이스라엘의 하나님 신앙을 좀더 일반적이고 보편적인 용어로 표현한다. 다니엘과 세 친구가 섬기는 하나님을 고대 중동의 이방 신들과 구별시키는 것은 이름이 아니라는 사실에 주목할 필요가 있다. 다니엘서는 누가 참 하나님인지 줄기차게 다룬다. 갈대아 술사들은 왕의 꿈을 말할 수 없어서 죽음을 당할 위기에 처했지만, 다니엘은 자신이 부르고 고백하는 하나님께서 이를 행하실 수 있다고 굳게 믿었다. 그러므로 다니엘의 하나님을 특징짓는 것은 하나님께서 행하고 이루시는 역사다. 하나님을 안다는 것은 그분이 어떻게 온 세상을 다스리고 주관하시는지 아는 것이다.

라즈

바로 그날 밤에 다니엘은 환상을 보고, 그 **비밀**을 밝히 알게 되었다. 다니엘은 하늘의 하나님을 찬송하였다. _ 단 2:19

아람어 **라즈**는 '은밀한 일, 비밀'을 의미한다. 이 표현은 다니엘서 2장과 4장에 아홉 번 쓰인 중요한 단어다. 다니엘 같은 신앙인은 자신들에게 '비밀'이 알려졌다고 믿었다. 다니엘은 바빌론의 궁정에서 갈대아 학문을 배웠지만, 다니엘서는 가장 중요하고 근본적인 가르침은 이처럼 하나님께로부터 온다는 점을 증언한다. '계시를 통한 지혜'로 표현할 수 있는 이같은 주장은 유대교가 헬레니즘에 대항하며 맞서 대응하는 모습이기도 하다. 그렇다고 해서 다니엘과 그로 대표되는 유대교 신앙이 이방인을 배격하거나 이방의 지혜자를 배척하게 되지는 않는다. 다니엘서 2장 18절에서 다니엘과 친구들은 그들과 바빌론의 지혜자들 모두가 죽지 않도록 기도하며, 24절에서도 바빌론 지혜자들을 죽이지 말라고 왕에게 이야기한다. '계시를 통한 지혜'로 자신들만 사는 것이 아니라 이방의 지혜자들까지 살려낸다.

 암마

성전 바깥에는 사방으로 담이 있었다. 그 사람의 손에는 측량하는 장대가 있었는데, 그 장대의 길이는, **팔꿈치에서 가운데 손가락 끝에 이르고, 한 손바닥 너비가 더 되는 자로 여섯 자**였다. 그가 그 담을 측량하였는데, 두께가 한 장대요, 높이가 한 장대였다. _ 겔 40:5

대부분의 우리말 번역 성경은 히브리어 **암마**를 '규빗'으로 옮긴다. 개역개정판도 그렇고, 주로 '자'로 옮기는 새번역 역시 일부는 '규빗'을 사용했다(삼상 17:4, 대상 11:23). **암마** 혹은 '규빗'은, 히브리어 본문에 없으나 새번역과 개역성경이 아예 집어넣어 번역했듯이 '팔꿈치에서 손가락'까지의 길이다(겔 40:5, 43:13). 에스겔서는 일반적인 규빗 길이에 손바닥 길이를 더하여 '긴 규빗'을 사용하는데 그 길이는 대략 52.5cm다. 이 구절에 언급된 '한 손바닥 너비(토파흐)는 대략 7.5cm 다. 에스겔서 43장 13절에서는 '한 뼘'(제렛)이라는 단위도 나오는데 이는 '규빗'의 절반이며, 에스겔서의 '긴 규빗'에 따르면 26.25cm가량이다. **암마**, 토파흐, 그리고 제렛 같은 단위에서 보듯, 고대의 측량 단위는 이처럼 사람의 신체 길이, 그 가운데서 성인 남성의 길이를 이용한다. 사람마다 그 길이가 다를 수 있고 지역마다 차이가 있을 수 있어서, 정확한 길이를 단정하기는 어렵다. 새번역의 경우 '자'로 옮기고 가톨릭성경은 **암마**를 그대로 사용한다. 우리 문화권에서 한 자 혹은 한 척은 30.3cm가량이기에 성경의 규빗과는 꽤 차이가 있어서 규빗의 대응어로 쓰기에는 문제가 된다. 에스겔이 사용하는 규빗 길이에 대한 언급은 43장 13절에도 다시 나온다. 성전과 그 주변을 측량하는 기본 단위로 사용하는 측량대의 길이는 여섯 규빗으로, 총 3.15m가량이다. 이 장대의 길이가 이제부터 이루어지는 모든 측량의 기본 단위다.

갈라

이제 내가 너를 치겠다. 나 만군의 주가 선언한다. 내가 네 치마를 네 얼굴 위로 **걷어올려서** 네 벌거벗은 것을 뭇 나라가 보게 하고, 네 부끄러운 곳을 뭇 왕국이 보게 하겠다. _ 나 3:5

갈라는 '드러내다, 떠나다'를 의미한다. **갈라**의 강조형(피엘)은 '드러내다'라는 의미를 더욱 강화한다. '하체' 혹은 '수치'를 의미하는 단어(에르봐)와 결합한 '하체를 드러내다'라는 표현은 '성관계를 하다'라는 의미가 된다(예를 들어 레 18:6, 20:11, 신 22:30, 겔 22:10). 그런데 '하체/수치를 드러내다'가 저지른 잘못에 대한 책망과 처벌로 주어지는 경우도 있다. 나훔서에서 앗시리아는 여성으로 그려지는데, 하나님께서는 앗시리아에 임하게 될 심판을 여성의 치마를 얼굴까지 걷어올려서 뭇 남성들 앞에 드러내겠다 선포하신다. '하체를 드러내다'가 성관계를 암시하는 것일 수도 있기에, 나훔서 구절은 니느웨를 상징하는 여성이 집단적으로 성폭행당하게 될 것을 의미하는 것일 수도 있다. 여성이 겪는 성폭행과 성적 학대로 하나님의 처벌을 표현하는 구약의 진술 방식은 오늘날 무척 당황스러운 대목이다(또한 겔 16:37, 23:10, 호 2:10). 그래서 이와 같은 본문은 무척 주의깊게 다루어야 한다.

나훔서는 포악과 거짓을 행한 니느웨에 대한 심판 선언이다. 그리고 니느웨는 참으로 강력하고 거대한 제국이었다는 점도 기억해야 한다. 그러므로 여성의 치마를 걷어올려 치부를 드러내고 모욕하며 구경거리로 만든다는 말씀의 실체는, 당시에 온 세상을 뒤덮을 만한 초강대국을 하나님께서 일거에 조롱과 모욕거리 대상으로 전락시키겠다는 것이다. 그러므로 이 구절들은 하나님께서 교만한 자를 흩으시고 권세 있는 자를 내리치시는 분이심을 증거한다(눅 1:51-52).

256

שָׁדַד
샤다드

너를 보는 사람마다 "니느웨가 **망하였다**만, 누가 그를 애도하랴?" 하면
서 너를 피하여 달아나니, 너를 위로할 자들을, 내가 어디에서 찾아올 수
있겠느냐? _ 나 3:7

'망하다'로 옮겨진 히브리어 동사 **샤다드**는 재앙과 전쟁으로 인해 폐
허가 되고 모든 것이 붕괴되어버린 현실을 가리키며, 나라나 도시에 일
어난 전면적인 재앙을 가리킬 때 빈번히 사용된다(열방 - 사 15:1, 23:1,
렘 48:1, 15, 49:3, 나 3:7 / 이스라엘 - 렘 4:20, 9:19, 호 10:14, 욜 1:10).
"누가 그를 애도할까" 같은 표현은 죽은 이를 애도하는 맥락에서 사용
된다(사 51:19, 렘 15:5, 16:5, 22:10, 48:17). "누가 그를 애도하고, 내가
어디서 너를 위로할 자를 찾으랴"는 니느웨를 위해 울어줄 이가 아무
도 없고, 그 어디에서도 찾을 수 없음을 의미한다. 고대 근동에서 여신
들은 도시들을 위해 애통하며 탄식하는 존재인데, 여신이 벌거벗겨 끌
려가려고 모든 수치를 드러내게 되었으니, 이제 니느웨를 위해 탄식할 이
는 없다. 7절 첫머리에 있는 "너를 보는 사람이 너를 피해 달아났다"는
표현과 더불어, 이 구절은 니느웨의 멸망과 황폐가 온 세상의 즐거움
과 기쁨이 되었음을 이야기한다. 하나님께서 니느웨를 심판하시거니
와, 니느웨가 받을 심판과 멸망은 이스라엘만이 아니라 온 세상의 즐거
움이 될 것이다. 이것은 니느웨로 인해 저질러진 폭력과 탈취가 참으로
온 세상에 극심했음을 보여준다. 하나님의 심판은 온 세상을 유린하고
짓밟는 포악한 제국에 대한 심판이다. 니느웨와 같은 강력하고 폭압적
인 제국의 붕괴는 하나님으로부터 비롯된다.

דֶּרֶךְ עַל-בָּמוֹת

다라크 알 바모트

이스라엘아, 너희는 복을 받았다. 주님께 구원을 받은 백성 가운데서 어느 누가 또 너희와 같겠느냐? 그분은 너희의 방패이시요, 너희를 돕는 분이시며, 너희의 영광스런 칼이시다. 너희의 원수가 너희 앞에 와서 자비를 간구하나, 너희는 그들의 등을 짓밟는다. _ 신 33:29

다라크는 '밟다'를 의미한다(예를 들어 신 1:36, 삿 5:21). **바모트**는 '높은 곳' 혹은 '산당'을 의미하는 '바마'의 복수형이며, **알**은 전치사로 '~위에'를 의미한다. 그래서 **다라크 알 바모트**는 '~의 높은 곳을 밟다'라는 의미다. 바빌론 왕은 구름 높은 곳에 이르고자 했으나, 스올의 가장 밑바닥에 떨어지게 되었다(사 14:13-14). 그러나 하나님은 땅의 높은 곳을 밟는 분(암 4:13), 바다 높은 곳도 밟는 분이다(욥 9:8). 하나님께서는 그 백성으로 '땅의 높은 곳을 밟게' 하신다(합 3:19). 신명기 33장 29절 역시 이러한 내용을 전한다. 이스라엘의 특별함은 그들의 능력이나 위엄이 아니라 주 하나님께서 그들을 구원하고 보호하며 위해서 싸우신다는 데 있다. 하나님께서는 그 백성으로 원수의 "높은 곳을 밟게 하신다." 이 구절에서 '높은 곳'을 새번역은 '등'으로 반영했다. '바마'가 '산당'을 의미하기도 한다는 점에서, **다라크 알 바모트**는 '산당을 밟는다'라는 뉘앙스도 갖게 된다. 하나님은 땅의 모든 산당을 밟는 분이며, 그 백성으로 그 모든 산당을 짓밟게 하신다.

 페샤

이 모든 일이 일어나는 것은 야곱의 **죄** 때문이며, 이스라엘 집의 범죄 때문이다. 야곱의 죄가 무엇이냐? 사마리아가 아니더냐? 유다의 산당이 무엇이냐? 예루살렘이 아니더냐? _ 미 1:5

'죄'로 번역된 히브리어 **페샤**는 동사 '파샤'에서 비롯된 말이다. 대개 '반역(하다)' 내지는 '거역(하다)'으로 옮겨지는 이 용어는 기본적으로 법적인 '소유권'과 연관해 다른 사람의 것을 훔치거나 횡령하고 전유하는 것을 가리킨다고 할 수 있다(예를 들어 출 22:9). 예언자들이 이스라엘의 죄를 이 용어를 통해 고발할 때 이는 이스라엘이 하나님과 맺은 언약 관계를 반영했을 뿐 아니라 그 언약을 깨뜨리고 하나님의 소유된 이스라엘 자신을 부당하게 사용했음을 의미한다고 볼 수 있다. 언약 관계를 깨뜨림이라는 차원으로 인해 많은 경우 이 동사가 가진 정치적 함의를 생각할 때 '반역'이라는 번역어가 그 의미를 잘 드러낸다고 볼 수 있다. 좁은 의미의 종교적 범죄만이 아니라 삶의 모든 국면에서의 죄악 역시 **페샤**, 즉 하나님의 소유된 스스로를 부당하게 사용한 죄로 고발된다. 12예언서에서도 이스라엘의 죄악이 여러 번 이 단어로 고발되었으며(호 7:13, 8:1, 14:9, 습 3:11), 특히 아모스서(암 1:3, 6, 9, 11, 13, 2:1, 4, 6, 3:14, 4:4, 5:12)와 미가서(미 1:5, 13, 3:8, 6:7, 7:18)에 빈번하게 사용된다.

259

רֵעוּת
레우트

주님의 책을 자세히 읽어보아라. 이 짐승들 가운데서 어느 것 하나 빠지는 것이 없겠고, 하나도 그 **짝**이 없는 짐승은 없을 것이다. 주님께서 친히 입을 열어 그렇게 되라고 명하셨고 주님의 영이 친히 그 짐승들을 모으실 것이기 때문이다. _ 사 34:16

레우트는 '동료, 이웃'을 의미하는 여성형 명사다. 이사야서 34장 9-15절은 하나님께서 시온을 구하며 에돔에게 복수하는 날에 에돔이 황폐하게 될 것을 묘사하는데, 에돔 전역이 온통 들짐승들의 거처가 되리라 표현한다. 특히 14절 후반절부터 15절까지는 암컷 짐승들만 언급된다. 특히 15절 마지막에는 '암컷 솔개가 그녀의 짝인 암컷과'로 되어 있으며, 이같은 표현은 16절에도 볼 수 있다("하나도 그 짝이 없는 암컷 짐승이 없으리라"). 반면 14절 전반절에서 수컷 들짐승이 수컷 이리와 만나고 숫염소가 그 수컷 동료를 부른다고 되어 있어 대조적이다. 사람이 더 살지 못하고 들짐승만 있어 황폐를 표현하지만, 들짐승들이 모여사는 세상은 하나님께서 명하신 것임을 16-17절이 분명히 한다. 17절은 심지어 하나님께서 이스라엘에게 줄 그어 땅을 나눠주시듯, 짐승들에게 이땅을 줄 그어 나눠주셨다고까지 표현한다. 수컷은 수컷끼리, 암컷은 암컷끼리 함께 하는 모습에 대한 묘사는 에돔이 사라진 세상의 평화를 더욱 강렬하게 부각시킨다. 동성끼리의 짐승들이 모여 사는 세상을 두고, 하나님께서 친히 나누어주신 평화의 세상으로 그리고 있다는 점은 매우 특별하며 주목할 만하다.

לִילִית

릴리트

거기에서는 들짐승들이 이리 떼와 만나고, 숫염소가 소리를 내어 서로를 찾을 것이다. **밤짐승**이 거기에서 머물러 쉴 곳을 찾을 것이다. _ 사 34:14

하나님의 심판으로 황폐하게 되어 들짐승들의 천지가 된 에돔에 대한 묘사에서, 그 황폐한 땅에 거하는 들짐승의 하나로 14절 후반절에서 언급하는 '밤짐승'은 히브리어 **릴리트**를 옮긴 것이다. **릴리트**는 갓 태어난 아이를 잡아가고 혼자 잠자는 남자를 찾아온다고 알려진 유대의 가장 무섭고 유혹적인 여성 악마라고도 하고, 사람이 살지 않는 곳에서 발견되는 사나운 괴물로 여겨지기도 한다. 유대 전설에 따르면, **릴리트**는 아담에게 순종하기를 거부한 첫 아내였다고 한다. 그녀는 아담과 똑같이 땅의 티끌로부터 지음을 받았기에 아담과 동등한 대접을 받을 것을 주장했으며, 아담과는 아주 짧은 시간만 함께했다고 한다. 아담에게서 도망쳤을 때 하나님께서는 **릴리트**를 잡아오도록 세 명의 천사를 보내셨는데, 순순히 돌아가지 않으면 매일 한 명씩 백 명의 자식들을 죽이겠다고 천사들이 위협했으나 **릴리트**는 아담과 함께 사느니 그 벌을 받겠다고 했으며, 그에 대한 보복으로 **릴리트**도 갓 태어난 아이들을 해친다고 전한다. 이러한 내용은 루이스(C. S. Lewis)의 <나니아 연대기>에도 반영되어 있으며, 하얀 마녀 제이디스는 **릴리트**의 후손으로 언급된다. 남성 위주의 가부장적 시각을 통해 **릴리트**가 무서운 마녀를 가리키는 것으로 여겨졌지만, **릴리트**를 여성의 주체적인 삶의 원조로 이해하면서 여성 해방의 관점에서 바라보려는 노력들도 많다. 이사야서 34장 본문 역시 '아담'(사람)과 비슷한 발음을 가진 '에돔'이 멸망하고 모든 사람이 사라진 후에, **릴리트**가 거기 머물며 '쉴 곳'을 찾으리라 전한다.

 카라흐

너희는 사랑하는 아들딸을 생각하며, 머리를 밀고 애곡하여라. **머리를 밀어** 독수리처럼 대머리가 되어라. 너희의 아들딸들이 너희의 품을 떠나서, 사로잡혀갈 것이다. _ 미 1:16

카라흐는 '머리를 깎아 대머리가 되다'를 의미한다. 이 동사의 명사형 '코르하'도 이 미가서 구절에 쓰였다. 굵은 베옷처럼, 머리를 밀어 대머리가 되게 하는 것은 죽은 자에 대한 애도의 표현이었다(사 15:2, 겔 7:18, 암 8:10). 머리가 자라는 것이 살아 있는 사람의 특징이라면 머리가 없다는 것은 죽음과 연관될 것이다. 제사장은 가족 가운데 누가 죽었을지라도 머리를 깎아서는 안 되었다(레 21:5). 자신에게 임한 참상이나 수치를 표현할 때 자신을 낮추는 행동의 하나로 머리를 깎기도 했다(욥 1:20, 렘 7:29, 47:5, 48:37, 겔 7:18). 특히 여성의 경우, 머리를 깎는 것은 더 큰 수치이기도 했다(사 3:24).

미가서 본문에서 대머리로 머리를 미는 까닭은 사랑하는 자녀들이 모두 포로로 끌려갈 것이기 때문이다. 부모 세대의 죄악으로 인해 자녀 세대의 미래가 차압되었으니, 죽은 자와 마찬가지인 현실로 인해 그들은 머리를 밀고 애곡해야 한다. 우리 세대의 잘못으로 다음 세대의 미래를 망치는 일은 오늘날 기후 위기라는 현실로 당장 우리의 문제가 되었다. 지금 우리 세대는 어떻게 살아야 할까?

엘

악한 궁리나 하는 자들, 잠자리에 누워서도 음모를 꾸미는 자들은 망한다! 그들은 **권력**을 쥐었다고 해서, 날이 새자마자 음모대로 해치우고 마는 자들이다. _ 미 2:1

여기에서 '권력'으로 번역된 히브리어 단어는 **엘**이다. '힘 있는 사람'으로 옮겨지는 경우(예를 들어 출 15:15, 욥 41:17, 겔 17:13, 31:11, 32:21), '천사와 같은 어떤 신적 존재들'로 옮겨지는 경우(예를 들어 출 15:11, 사 43:10)도 있지만, 대개 **엘**은 '하나님'으로 번역된다. 미가서 본문처럼 '힘' 혹은 '권력'으로 이해될 수 있는 구절들도 있는데, 이 경우 항상 '손'(야드)을 의미하는 단어와 함께 쓰여 "손에 힘이 있다"로 표현된다(창 31:29, 신 28:32, 느 5:5, 잠 3:27, 미 2:1). 차라리 수중에 권력이 없었더라면 아무리 못된 짓을 꿍꿍이해도 실행할 수 없을 테지만, 이들은 힘이 있기에 모든 못된 짓을 그대로 현실로 만들어낼 수 있다. 그들은 자신들의 손에 있는 '권력'이 하나님이 되어버린 이들이며, 사람의 힘을 의지하고 하나님께로부터 그 마음이 떠난 이들이다(렘 17:5).

이로 보건대, 참으로 '권력'과 '하나님'은 동시에 가질 수 있는 것이 아닌, 양자택일 사항이라 할 수 있다. 가난한 자들을 짓밟고 모든 것을 차지하려는 이들에게 힘이 있다는 것은 모두에게 비극이다. 그렇게 힘이 있어 강탈한 이들은 하나님의 심판을 면치 못할 것이며, 가난한 이들은 그들의 힘으로 말미암아 고통을 당하게 된다. 이것은 구약 시대의 일만은 아닐 것이다. 현재에도 진리와 정의, 가난한 자를 돕고 회복하는 일에 전혀 관심이 없는 이들의 손에 힘이 주어졌을 때, 오직 힘을 휘두르며 국민을 짓밟고 제멋대로 행하는 일을 우리는 여실히 목격하고 있다.

בַּיִת 바이트

탐나는 밭을 빼앗고, 탐나는 **집**을 제 것으로 만든다. **집** 임자를 속여서 **집**을 빼앗고, 주인에게 딸린 사람들과 유산으로 받은 밭을 제 것으로 만든다. _ 미 2:2

바이트(연계형은 '베트')는 작게는 사람이 안에서 살아가는 '집'을 의미하고(예를 들어 창 19:2), '성전'을 가리킬 때도 쓰이고(예를 들어 왕상 7:12), 무엇인가를 담아두는 공간이나 물건(예를 들어 출 25:27)을 가리키기도 하며, '가족, 가문'을 의미하기도 한다(예를 들어 창 7:1, 신 6:22, 삼하 3:1). 이스라엘 백성 전체를 가리켜 '이스라엘 집', 즉 '이스라엘 족속'으로 표현하기도 한다(예를 들어 출 16:31). 미가서 구절에서 **바이트**는 한 가족이 살아가는 '집안 전체'를 가리킨다고 볼 수 있다. 권력을 지닌 악한 자들은 다른 이들의 **바이트**를 탐내어 기어이 빼앗고 만다. '탐내다'(하마드) 동사의 목적어로 **바이트**가 쓰인 것은 미가서 구절과 십계명의 열 번째 계명밖에 없다. "도둑질하지 말라"는 계명과 "이웃의 집을 탐내지 말라"는 계명은 어떤 차이가 있을까? 몰래 상대의 것을 차지하는 것이 '도둑질'이라면, '이웃의 집을 탐내는 것'은 합법적으로 상대방의 것을 차지하게 되는 경우와 연관된다고 볼 수 있다. 이렇게 합법적으로 상대의 집을 탐내어 기어이 빼앗는 경우는 아마도 빚 때문일 가능성이 크다(느 5:1-5). 힘 가진 이들이 가난한 이들에게 돈을 빌려주고, 빚을 제대로 갚지 못하는 사람들이 살아가고 함께할 '집' 전체를 빼앗아버리는 것은 미가의 시대나 지금의 21세기나 달라지지 않았다.

 아샤크

너는 이웃을 **억누르거나** 이웃의 것을 빼앗아서는 안 된다. 네가 품꾼을 쓰면, 그가 받을 품값을 다음날 아침까지, 밤새 네가 가지고 있어서는 안 된다. _ 레 19:13

'억누르다'로 옮겨진 동사는 **아샤크**다. 흔히 쓰는 말로 옮기자면 '억압 하다'로 이해할 수 있다. '억압'이라고 하면 꽤나 거창한 것을 떠올리게 되지만, 레위기 본문에서 '이웃을 억누르기, 이웃을 억압하는 것'은 다름 아닌, 제때에 지급해야 할 임금을 늦추거나 아예 지급하지 않는 것이다. 특히 레위기 19장이 '거룩'이라는 주제를 다루고 있음을 고려하면, 다른 이를 고용한 고용주의 '거룩'은 '노동자를 억누르지 않고 제시간에 합당한 임금을 지급하는 것'으로 표현할 수 있다. 그럴 때 레위기가 증언하는 '거룩'은 그저 '종교적인 무언가'가 아니라 그야말로 '사회경제적 현실' 속에서 표현된다. 노동자에게 필요한 것은 제 시간에 제대로 지급된 임금인데, 이를 시행하지 않은 채 '함께 예배하는 시간'을 마련하거나 "서로 사랑하며 살자" 같은 말을 하는 것은, 좋은 외양에도 불구하고 그저 '억누르기, 억압'일 뿐이다.

 사카르

그날 **품삯**은 그날로 주되, 해가 지기 전에 주어야 합니다. 그는 가난한 사람이기 때문에 그날 품삯을 그날 받아야 살아갈 수 있습니다. 그가 그날 품삯을 못 받아, 당신들을 원망하면서 주님께 호소하면, 당신들에게 죄가 돌아갈 것입니다. _ 신 24:15

사카르는 노동을 제공한 대가로 주어지는 '품삯, 임금'을 의미한다. 고대 이스라엘에서 고용 노동은 일용 노동이었기에, 그날 해지기 전에 그날치 품삯을 노동자에게 지급해야 한다. 그날 주지 않을 경우, 그 품삯을 그날 받아야 하루를 살 수 있는 노동자의 삶 전체가 무너지게 될 것이고, 그가 하나님께 호소하면, 하나님께서는 고용주 혹은 자본가를 결코 죄 없다 하지 않으실 것이다. 이에 따르면 노동자를 향해 "혹시 오늘 못 받을 수도 있으니 미리미리 저축하며 대비하라"고 권하는 것은 잘못된 권면이다. 신명기에 따르자면, 노동자가 아니라 고용주를 향해 "당신이 오늘 품삯을 지급하지 않으면 죄에 대해 하나님의 심판이 있을 것"이라고 촉구하는 것이 합당하다. 하루 품삯이 노동자의 하루의 삶을 결정하는데, 그 품삯을 고용주가 쥐고 있으면 그것은 사실상 노동자의 목숨을 쥐고 있는 것과 같다. 그런데 모든 사람의 목숨은 하나님께서 쥐고 계시는데, 고용주가 노동자의 목숨을 쥔다면, 그는 하나님 흉내를 내는 것, 즉 자신이 하나님 자리에 앉는 것이 된다. 그것은 명확하게 '신성모독'의 죄다. 노동자에게 임금을 제때에 제대로 지급하지 않는 고용주는 '신성모독'을 저지르고 있는 것이다.

 페아

밭에서 난 곡식을 거두어들일 때에는, 밭 **구석구석**까지 다 거두어들여서는 안 된다. 거두어들인 다음에, 떨어진 이삭을 주워서도 안 된다. 포도를 딸 때에도 모조리 따서는 안 된다. 포도밭에 떨어진 포도도 주워서는 안 된다. 가난한 사람들과 나그네 신세인 외국 사람들이 줍게, 그것들을 남겨두어야 한다. 내가 주 너희의 하나님이다. _ 레 19:9-10

'구석구석'으로 번역된 히브리어 **페아**는 '모퉁이'를 의미한다. 추수할 때 이스라엘은 자신이 지닌 밭이나 포도원 전부를 수확해서는 안 되며, 모퉁이를 남겨두어야 한다. 그리고 수확하다가 땅에 떨어진 이삭이나 포도 역시 주워서는 안 되며 땅에 그냥 두어야 한다. 그래야 마을에 같이 사는 가난한 사람들과 외국인들이 와서 그 남겨둔 모퉁이를 수확하고, 떨어진 이삭과 포도를 주워 그들도 살아갈 수 있기 때문이다.

레위기 19장은 '거룩'을 다루고 있다. 이에 따르면 '농부의 거룩'은 그의 예배나 기도, 말씀 묵상 아닌, 수확할 때 남겨둔 모퉁이와 이삭으로 표현된다. 이 모퉁이가 어느 정도의 크기인지는 본문에 명시되어 있지 않다. 미슈나(Mishnah)의 경우, 최소한 밭의 60분의 1이어야 한다고 제안하지만, 이 역시 수확량, 소유자의 재산 정도, 가난한 자의 필요 정도에 따라 달라져야 한다는 것도 덧붙인다. 밭 전체가 당연히 하나님께서 자신에게 주신 기업이기에 자신이 모두 수확하는 것이 타당하지만, 하나님께서는 이스라엘로 하여금 모퉁이를 남기게 하신다. 농부가 기도하고 예배하며 살다가 수확을 한다면 당연히 그가 남겨두는 모퉁이의 양은 커질 것이고, 전혀 기도하지 않고 하나님을 경외하지 않는다면, 그가 남기는 모퉁이의 양은 적어질 것이다. 그러므로 우리의 신앙은 예배로 남기는 '모퉁이의 크기'로 표현되고 결정된다. 삭개오가 예수님을 만났을 때 자신의 재산의 절반을 가난한 자에게 나누겠다고 말한 것도 믿음에서 나온 모퉁이의 확대로 풀이할 수 있을 것이다(눅 19:8).

 파님

재판할 때에는 공정하지 못한 재판을 해서는 안 된다. 가난한 사람이라고 하여 **두둔하거나**, 세력이 있는 사람이라고 하여 **편들어서는** 안 된다. 이웃을 재판할 때에는 오로지 공정하게 하여라. _ 레 19:15

이 구절에서 '두둔하다'와 '편들다'에는 모두 '얼굴'을 의미하는 **파님**이라는 단어가 포함되어 있다. "가난한 사람의 얼굴을 드는 것"은 '두둔하다'로, "세력 있는 사람의 얼굴을 존중하다"는 '편들다'로 옮겼다. 돈과 권력, 명예와 같은 세력을 지닌 사람들의 얼굴을 존중하는 판결은 동서고금을 막론하고 흔한 일이었다. 레위기 본문은 권력자나 재벌이라 해서 결코 치우쳐서는 안 된다는 점을 분명히 한다. 그렇다고 가난하다 해서 얼굴을 봐줘서도 안 된다(또한 출 23:3). 가난한 자에게 정말 필요한 것은 '얼굴을 봐주는 동정'이 아니라 가난해도 정당하고 공의로운 재판을 받을 권리다. 권력자이건 가난한 노동자이건, 어떤 사람이건, 그가 행한 일에 대해 치우치지 않는 '차별 없는 판결'이 필요하다.

킬아임

너희는 내가 세운 규례를 지켜라. 너는 가축 가운데서 **서로 다른 종류끼리** 교미시켜서는 안 된다. 밭에다가 **서로 다른 두 종류**의 씨앗을 함께 뿌려서는 안 된다. **서로 다른 두 가지의** 재료를 섞어 짠 옷감으로 만든 옷을 입어서는 안 된다. _ 레 19:19

킬아임은 '두 가지 종류'라는 뜻을 지닌 단어로, 구약에서 레위기 19장 19절과 신명기 22장 9절에서만 볼 수 있는 단어다. 두 가지 종류가 섞인 것은 법궤 위의 그룹처럼 성전에 연관되기에, 일상 영역에서는 금지되었다고 볼 수도 있다. 그와 더불어 '각기 종류대로' 하나님께서 세상의 모든 생명을 지으셨다는 창조 질서와 연관된 규례라고 볼 수도 있다. 두 종류를 섞는 것은 모두 '보다 우수한 종, 보다 많은 생산량'을 얻으려는 목적에서 비롯된다. 문제는 이러한 섞기가 일반화되면 당연히 열등하거나 낮아 보이는 종류는 사라지고 멸종되기 쉽다는 점이다. 우생학을 비롯해 히틀러의 나치 제국 등 역사 곳곳에서 인류는 약자를 제거하고 배제하되, 우월한 종끼리의 세상을 도모했다. 모든 생명을 지으신 분이 하나님이라면, 그 생명을 멸종에 이르게 하는 것은 하나님의 행하심을 거역하는 짓이다. 모든 생명은 생명이기에 그 자체로 소중하고 존귀하다. 또한 레위기 규례는 두 하나님이 아닌, 오직 한 하나님만을 섬기라는 메시지를 함축한다고 볼 수도 있다. 두 종류를 섞지 말아야 하듯이, 재물과 하나님을 동시에 섬길 수 없다.

 세바

백발이 성성한 어른이 들어오면 일어서고, 나이 든 어른을 보면 그를 공경하여라. 너희의 하나님을 두려워하여라. 나는 주다. _ 레 19:32

세바는 '노년'을 의미하기도 하고(창 15:15, 25:8, 삿 8:32 등), 레위기 구절에서처럼 '노년'의 상징인 '백발'을 의미하기도 한다(또한 창 42:38, 왕상 2:6 등). 레위기 19장 첫머리는 "어머니와 아버지를 공경하여라"로 시작하는데(레 19:3), 이는 32절과 서로 상응한다고 볼 수 있다. '공경' 같은 단어는 아직 힘이 있고 경제력도 전부 가진 사람을 향한 것이 아니라, '백발이 성성한 어른, 나이 든 어른'처럼, 이미 나이가 매우 많이 들었고 몸이 더 이상 젊고 청년이라 할 수 없게 쇠한 어른을 향한 것이다. 이제 겨우 초등학생이고 중학생인 아이들을 향해 "부모를 공경하고 어른을 공경하라"고 하는 것이 아니라, 경제력과 육체적 힘이 절정기인 청장년기의 사람을 향해 이제는 노쇠하고 약해진 부모, 어른들을 공경하라는 것이 레위기가 명령하는 '거룩'이다. 그 점에서 나이 든 어른에 대한 공경은 우리 사회를 살아가는 약자에 대한 존중과도 일맥상통한다.

 에즈라흐

너희와 함께 사는 그 외국인 나그네를 너희의 **본토인**처럼 여기고, 그를 너희의 몸과같이 사랑하여라. 너희도 이집트 땅에 살 때에는, 외국인 나그네 신세였다. 내가 주 너희의 하나님이다. _ 레 19:34

에즈라흐는 '그 땅에서 난 사람', 즉 '본토인'을 의미한다. '거룩'을 이야기하는 레위기 19장의 주제를 따르면, 이스라엘 사람이 그 땅에 같이 사는 외국인 나그네를 대함에 있어서의 '거룩'은 그들을 외국인이 아니라 '본토인'처럼 여기는 것으로 표현된다. 이를 '너희의 몸과같이 사랑'하는 것으로 표현한 것이다. 외국인이기에 율법을 지킬 의무는 없는데, 외국인이라도 이스라엘 본토인이 받는 혜택은 다 받을 수 있게 된다. 얼마 전 코로나19 지원금 지급을 두고 외국인 노동자들에게는 주지 말라는 소리가 높았던 것을 생각하면, 수천 년 전을 배경으로 한 레위기 말씀은 매우 놀랍다. 에스겔서 47장 22절은 외국인에 대해 "본토에서 태어난(**에즈라흐**) 이스라엘 족속과 똑같이 여겨라"라고 이른다. 그래서 에스겔서는 외국인에게도 땅을 분배한다! 구약의 율법은 오늘날에 비교해도 지극히 진보적이다.

모즈나임

너희는 바른 **저울**과 바른 추와 바른 에바와 바른 힌을 사용하여라. 내가 바로 너희를 이집트 땅에서 이끌어낸 주 너희의 하나님이다. _ 레 19:36

모즈나임은 '저울'이다. 이 구절에서는 '저울', 저울을 사용해서 무게를 잴 때 쓰는 '추', 그리고 부피를 재는 '에바'와 '힌' 등 도량형이 다루어진다. 이같은 도량형이 쓰이는 현장은 상업 거래이니 '상업 거래' 혹은 '시장터'에서의 '거룩'은 '바른 저울과 추'라는 말로 요약할 수 있다. 여기서 '바른'으로 번역된 단어는 '쩨데크'다. '바른 저울, 바른 추'가 의미하는 것은 각 저울과 추가 어떤 무게를 나타내든, 두 가지 저울을 사용하지 않는 것을 의미한다(신 25:13-16). 물건을 사들일 때 사용하는 저울과 물건을 팔 때 사용하는 저울이 다르면, 그것은 '바른 저울'이 아니다. 나에게나 남에게나 같은 '저울'을 적용할 때, 그것이 '바른 저울'이다. '바른 저울'에 대한 말씀은 미래의 회복된 세상에서 행정 책임을 맡은 지도자들에게 요구되는 가장 중요한 덕목이기도 하다(겔 45:9-10). 그러므로 장사하는 사람이든, 정치하는 사람이든, 그들의 하나님 신앙은 예배나 기도 같은 것으로 표현되는 것이 아니라, '바른 저울', 나에게나 남에게나 동일하게 적용되는 잣대로 표현된다. 그것이 '바름'이고 '거룩'이다.

 나타프

거짓말쟁이나 사기꾼이 와서 "너희에게 포도주와 독한 술이 철철 넘칠 것이다" 하고 **예언하면**, 그 사람이야말로 이 백성의 **예언자**가 될 것이다.
_ 미 2:11

나타프는 '흘리다, 떨어뜨리다'를 의미한다(예를 들어 욜 3:18, 암 9:13). 사람의 입에서 '흘리는 것'은 말이고(욥 29:22, 잠 5:3), 예언자의 입에서 떨어뜨리는 것은 '예언'이다. 그래서 이 동사는 '예언하다'라는 의미도 지닌다(예를 들어 겔 20:46, 21:2, 암 7:16). 특히 미가서 2장 6-11절 단락의 경우 **나타프** 동사가 6절에 3번, 11절에 2번 쓰여서 특이하다. 6절에는 "이것들에 대해(새번역은 '이 모든 재앙을 두고') 예언하지 않는다"가 있고, 11절에는 "포도주와 독한 술에 대해 예언한다"가 있다. 그러므로 이 단락의 쟁점은 "무엇에 대해 예언할 것인가"라 할 수 있으며, 6절의 '이것들'은 11절의 '포도주와 독한 술'과 대조된다. 구약 예언서들 곳곳에서 당대 백성들이 듣기 싫어 했던 예언, 그리고 듣고 싶어 했던 예언이 있었음을 볼 수 있다. 그들은 '칼과 기근이 없을 것'이라는 예언을(렘 14:15), 그리고 '평안, 평안' 말씀을 선호한다(렘 23:17). "포도주와 독한 술이 넘칠 것이다"라는 예언 역시 그런 풍요와 번영의 날이 올 것이라는 예언에 속한다고 볼 수 있다. 아모스 시대 제사장 아마샤는 북왕국이 받을 심판을 전하는 아모스를 추방하며 그런 예언을 하지 말라 경고하기도 한다(암 7:13). 오늘날에도 사정은 전혀 바뀌지 않았다. 권력과 경제력에 의해 가난하게 된 이들에 대한 억압과 착취를 다루는 말씀은 회중이 싫어한다 말하면서 '빨갱이' 혹은 '좌편향'이라는 딱지를 붙인다. 이 회중이 원하는 말씀은 '평안, 번영', 그리고 더 많은 예배와 기도다. 그래서 오늘 우리 현실에서도 아모스, 예레미야, 미가는 살아남기 어려웠을 것이다.

네필림(네피림)

그 무렵에, 그후에도 얼마 동안, 땅 위에는 **네피림**이라고 하는 거인족이 있었다. 그들은 하나님의 아들들과 사람의 딸들 사이에서 태어난 자식들이었다. 그들은 옛날에 있던 용사들로서 유명한 사람들이었다. 주님께서는, 사람의 죄악이 세상에 가득 차고, 마음에 생각하는 모든 계획이 언제나 악한 것뿐임을 보시고. _ 창 6:4-5

히브리어 발음 자체는 **네필림**인데, 새번역은 이를 **네피림**으로 옮겼다. 히브리어 발음과 우리말 성경 번역의 발음이 다른 경우는 꽤 많으며, 주로 고유명사의 표기에서 그렇다. '떨어지다'라는 의미의 동사 '나팔'과 연관된 이름이라는 점에서 '떨어진 자들', 즉 '타락한 자들' 혹은 '다른 사람들 위에 떨어지는 자들', 즉 '다른 사람들을 먹이로 삼는 자들'이라는 식으로 풀이되곤 하며, 아낙 자손이라는 말과 더불어 고대의 거인 집단을 가리키는 것 같다. 이 구절은 하나님의 아들들과 사람의 딸들의 결합의 결과로 **네피림**이라는 대단한 명성을 지닌 고대의 영웅들이 출현했다고 설명한다. 그리스-로마 신화의 신들은 곧잘 인간 여성과 결혼하고 그렇게 태어난 이들은 모두 영웅이고 용사다. 우리네 고대 전설에서도 단군 같은 이 역시 신과 인간 여성의 결합으로 태어난 존재다. 이와 같은 결혼은 대개의 경우 그렇게 태어난 이들을 신격화하며 그들이 왜 통치자이고 지배자여야 하는지 뒷받침한다. 즉 이런 식의 결합 이야기는 통치자들을 정당화하는 이데올로기로 기능하는 것이다.

놀랍게도 창세기는 **네피림** 언급에 이어 곧바로 '땅에 가득한 죄악'을 다룬다. 어려운 시기를 견뎌내고 이기기 위해서는 더 강한 것, 더 탁월한 것이 필요할 텐데, 성경은 도리어 '각기 종류대로'(창 1:11, 12, 21, 24)를 강조한다. 섞어서 더 좋은 것을 만들기 시작하면, 그 사회는 자연스레 열등한 것, 못난 것, 뒤처지는 것들을 배제할 것이다. 용사와 영웅이 득세하는 세상은 평범한 사람들이 살아갈 수 없는 세상이 될 수밖에 없다. 천상 존재와 사람의 결합으로 대표되는 좀더 우수한 존재, 좀더 탁월한 존재의 등장에 대해 구약은 명확하게 반대한다. 가축을 다른 종류와 교미시키지 말고 밭에 2가지 종자를 섞어 뿌리지 말며(레 19:19), 여자는 남자의 옷을, 남자는 여자의 옷을 입지 말라는 말씀(신 22:5)의 의미일 것이다. 모든 것은 그 존재 그대로 소중하고 의미 있다. 크면 큰 대로 작으면 작은 대로 아름답다. 이스라엘은 언제나 이방 백성들이 아낙 자손과 같다 하여 벌벌 떨고 겁을 내지만, 하나님께서는 이스라엘을 아낙 자손으로 만들지 않고 다만 하나님을 의지하라 하신다.

파라쯔

길을 여는 자가 그들 앞서 올라가고 그들은 성문들을 **부수고**, 바깥으로 나갈 것이다. 그들의 왕이 앞장서서 걸어가며 나 주가 선두에 서서 그들을 인도할 것이다. _ 미 2:13

'길을 여는 자'로 옮겨진 것은 **파라쯔** 동사의 분사형이다. 이 동사는 주로 울타리나 담 같은 것을 '헐다, 무너뜨리다'의 의미로 쓰였다(대하 26:6, 느 4:3, 시 80:12, 89:40, 전 10:8, 사 5:5). 여호와께서 그 상대를 흩고 파하심을 가리키는 경우에도 쓰였다(삼하 5:20, 욥 16:14, 시 60:1). 그외에도 이와 유사한 여러 용례들이 있는데, 이상을 생각하면 **파라쯔** 동사는 앞을 가로막고 있는 무엇인가를 헐고 무너뜨리는 것을 의미한다. 그러므로 이 동사의 분사형은 가로막고 있는 것을 뚫고 무너뜨려 길을 만드는 자를 가리킨다고 볼 수 있다.

파라쯔 동사는 이 구절에서 '부수고'로 옮겨지기도 했다. 앞장서서 부수고 치우면서 '길을 여는 자'가 올라가고 뒤따르는 그들 역시 성문과 같은 장벽, 제한된 틀 같은 것을 '부수면서' 나아간다. **파라쯔**가 '길을 여는 자'만이 아니라 함께 가는 무리 전체에도 쓰였다는 점에서, 무너뜨려 길을 만드는 일이 누군가 앞선 사람만의 일이 아니라, 함께 가는 공동체 전체의 일임을 보여준다. 13절에서 '길을 여는 자'와 '그들의 왕'은 평행되어 있다. 이로 보건대 왕은 다른 이들의 희생과 수고 위에 군림하고 누리는 자가 아니라 누구보다 앞서 가며 길을 여는 자, 길을 만드는 자다. 이것이야말로 "너희 가운데서 누구든지 위대하게 되고자 하는 사람은 너희를 섬기는 사람이 되어야 하고"라는 말씀(막 10:42-44)의 의미일 것이다. 그들의 왕이 그들 앞에서 행하지만, 그가 가장 앞에 선 존재는 아니다. 그들의 머리, 그들의 선두에는 여호와께서 계시기 때문이다. 사실 그들보다 먼저 행하시는 분은 여호와 하나님이다.

שֹׁחַד

쇼하드

당신들은 재판에서 공정성을 잃어서도 안 되고 사람의 얼굴을 보아주어서도 안 되며, 재판관이 **뇌물**을 받아서도 안 됩니다. 뇌물은 지혜 있는 사람의 눈을 어둡게 하고, 죄 없는 사람을 죄인으로 만듭니다. _ 신 16:19

쇼하드는 '뇌물'을 의미한다. 은밀하게 주는 선물은 화를 가라앉히고 품속에 넣어주는 '뇌물'은 격한 분노를 가라앉힌다(잠 21:14). 형 에서를 만나는 걸 두려워했던 야곱이 준비했던 선물 역시 에서의 마음을 누그러뜨릴 용도였다. 이렇게 상대에게 악을 행한 이가 열심히 준비하고 마련한 선물 혹은 뇌물은 그래도 화해를 불러오기도 한다. 그러나 구약에서 대부분의 경우 **쇼하드**는 권력을 가진 사람이 자신에게 주어진 권력을 '정의롭게' 행사하지 않고, 죄 없는 자를 죄 있다 하고, 가난한 자를 억울하게 만드는 만드는 데 기여한다. 특히 뇌물과 연관된 권력은 '재판관'이다. 재판은 가난한 자들의 최후의 보루이건만, 동서고금을 막론하고 '뇌물'의 온상이 되어 정의로운 판결을 굽게 만들었다. 뇌물은 사람의 눈을 어둡게 하고 죄 없는 이를 죄인으로 만들어버린다(출 23:8, 신 16:19). 재판관은 그 사회의 최상위 지도력일 경우가 많지만, 신명기 16장 19절을 비롯해 구약은 곳곳에서 뇌물을 받은 재판관들을 경고하고 규탄하며 비난한다(신 27:25, 시 26:10, 잠 17:23, 사 1:23, 5:23, 겔 22:12, 미 3:11). 그러나 크고 영화로우며 모든 신들 가운데 신이신 하나님께서는 사람의 얼굴을 보지 않고 뇌물을 받지 않으신다(신 10:17, 대하 19:7).

 아칼

너희는 내 백성을 **잡아먹는다**. 가죽을 벗기고, 뼈를 산산조각 바수고, 고기를 삶듯이, 내 백성을 가마솥에 넣고 삶는다. _ 미 3:3

아칼은 '먹다'를 의미하는 동사다. 미가서 구절에서 '너희'는 '야곱의 우두머리들, 이스라엘의 지도자들'이다(미 3:1). 지도자들의 존재 이유는 오직 '정의'인데(3:1), 도리어 이스라엘의 지도자들은 백성을 '잡아먹는다'. 3절은 '잡아먹는' 과정을 생생하게 표현한다. 그들은 백성의 가죽을 벗기고, 그 뼈를 산산조각 부순 다음에 고기를 삶듯이 백성을 가마솥에 넣고 푹 고아 삶는다. 마치 소고기나 돼지고기 요리를 하듯, 지도자라는 이들이 이렇게 백성을 철저하게 짓밟고 유린한다. 예언자 미가는 매우 선정적이다. 고대 이스라엘의 지도자들이 오늘의 통치세력에 비해 그렇게 유달리 악할까 싶지만, 미가는 가죽을 벗기고 뼈를부수고 삶는다는 식의, 감정을 온통 들끓게 과장해서 고발한다. 미가는또한 매우 선동적이다. 이런 식의 고발을 들으면 누구라도 지도자들을향해 분노와 증오를 품게 될 것이다. 듣는 사람들을 자극해 통치 세력에 대해 대단한 불만과 분노를 가지게 만든다. 미가의 설교는 선정적이고 선동적이다. 그래서 오늘 우리네 설교 강단을 되돌아보게 한다. 우리는 무엇으로 권력자들을 비판하는가? 우리는 언제 불을 뿜듯 선정적으로 지배 세력을 규탄하는가?

 타아

예언자라는 자들이 나의 백성을 **속이고 있다**. 입에 먹을 것을 물려주면 평화를 외치고, 먹을 것을 주지 아니하면 전쟁이 다가온다고 협박한다.
_ 미 3:5

> **타아**는 '헤매다(예를 들어 출 23:4), 잘못하다'(겔 44:10)를 의미하는 동사인데 미가서 본문에서는 **타아**의 사역형 분사가 쓰였다. 사역형 (히필)은 '길을 잃게 하다, 헤매게 하다(욥 12:24, 시 107:40, 렘 50:6), 잘못된 길로 가게 하다(잠 10:17, 사 19:14), 미혹하다'(왕하 21:9, 잠 12:26, 사 3:12, 9:15, 19:13, 호 4:12, 암 2:4) 등의 의미를 지닌다. 예언 자들이 어떻게 하나님의 백성을 미혹해 잘못된 길로 가게 하는지 이어 지는 내용에서 설명된다. 이에 따르면 '평화를 외친다'와 '전쟁을 준비 한다'가 대조되고, '그들의 이빨로 무는 자들'과 "그들의 입에 아무것도 주어지지 않는다"가 대조된다. 그들에게 무엇인가를 제공해 무엇이라 도 먹을 것이 생기고 씹을 것이 생기면, 이 예언자들은 그들을 향해 '평 화, 샬롬'을 선포한다. 한편, 그들의 입에 아무것도 넣어주지 않으면, 그 들은 '전쟁을 준비한다'. 일상의 현실에서 억압과 착취가 일어나고 백 성들의 밭과 기업이 온통 유린당하는데도, 사람들은 예언자에게 더 많 은 것을 갖다바치고, 종교적인 일에 더 많은 것을 갖다바치는 것이 하 나님을 기쁘시게 하고 그로 말미암아 샬롬의 복을 누리게 된다 여긴다. 그러니 이들 예언자들이야말로 백성을 잘못된 길로 가게 하는 자들이 다. 오늘날에도 우리네 개신교 교회는 정권이 교회에 세금 혜택과 기독 교 사학에 특혜를 주면 정권을 축복하며 평화를 말하지만, 사학의 방만 하고 부당한 운영을 조사하고 처벌하며 기독교에 부여된 혜택을 축소 하면 당장에라도 하나님의 진노가 임할 것처럼 소리를 지른다.

 카삼

이 도성의 지도자들은 뇌물을 받고서야 다스리며, 제사장들은 삯을 받고서야 율법을 가르치며, 예언자들은 돈을 받고서야 **계시를 밝힌다.** 그러면서도, 이런 자들은 하나같이 주님께서 자기들과 함께 계신다고 큰소리를 친다. "주님께서 우리와 함께 계시니, 우리에게 재앙이 닥치지 않는다"고 말한다. _ 미 3:11

카삼은 '점치다'를 의미하는 동사다. 당연히 우상 숭배와 연관된 행태를 가리키는 동사라는 인상을 주지만, 기본적으로 선지자들은 그렇게 점치는 사람으로 여겨졌다. 미가서 3장 11절에서 '계시를 밝히다'로 옮겨진 부분은 **카삼**을 옮긴 것이다. 지도자는 다스리고, 제사장은 율법을 가르치며 예언자는 '계시를 밝힌다'(**카삼**)는 미가서 구절은 예언자의 직무를 **카삼**으로 표현하고 있다. 3장 6절에서는 **카삼**이 '예언을 하다'로 옮겨지기도 했다. 이처럼 '점 치는 자'는 이스라엘의 중재직 가운데 하나로 여겨진다(사 3:2, 렘 27:9, 29:8). 그 점에서 '점을 친다'는 것은 "하나님의 뜻을 묻는다"를 의미한다고 볼 수 있다. 이 동사에서 비롯된 명사 '케셈'이 '하나님의 판결'로 옮겨지기도 한다(잠 16:10). 그렇다면 문제는 거짓으로 점을 치는 것, 돈을 받아야 점을 치는 것이다. 그리고 미가서 3장의 전체 흐름 속에서 이들이 돈을 받고 거짓으로 행한 점의 내용은 불의하고 부당한 권력자를 위한 것이며 가난한 자를 짓밟고 유린하는 것이었다. 권력을 향해 "재앙이 닥치지 않는다"는 평화를 전하는 것이 이들 예언자들이 계시를 밝힌다며 전한 내용이다. 점 치는 이들은 심지어 오늘날도 권력과 돈과 아주 밀접하다. 점 치는 이들치고 해고 노동자, 비정규직 노동자, 난민, 소수자와 같은 현실에 주목하며 함께하는 이들을 찾아볼 수 없다.

גְּבוּרָה 게부라

그러나 나에게는, 주님께서 주님의 영과 능력을 채워주시고, 정의감과 함께, 야곱에게 그의 죄를 꾸짖고 이스라엘에게 그의 범죄를 꾸짖을 **용기**를 주셨다. _ 미 3:8

미가는 하나님께서 자신에게 채워주신 것을, 주님의 영과 함께 능력과 정의, 용기라고 표현한다. 여기에서 '용기'로 번역된 단어는 **게부라**다. 다른 곳에서는 빈번하게 '힘' 혹은 '능력'으로 번역되기도 한다(예를 들어 욥 39:19, 사 28:6). 능력, 정의, 용기의 출처는 주님의 영이다. '능력과 용기', 달리 옮겨 '권세와 능력'은 하나님께 있는 속성이다(대상 29:12, 대하 20:6). 하나님의 속성이 미가 안에 있다. 그래서 미가는 이스라엘의 죄악을 두려움 없이 꾸짖을 수 있었다. 오늘날 누군가에게 주님의 영으로 말미암아 '능력과 용기'가 가득하다면 그는 어떤 일을 할까? 아마도 십중팔구는 '성령 충만'을 말끝마다 앞세우면서, 기도를 강조하고 성령 받기를 강조했을 것이다. 그것 자체가 문제는 아니지만, 미가의 경우 그에게 가득한 능력과 용기로 말미암아 그 어떤 어려움에도 불구하고 백성들의 죄악을 고발한다. 그리고 그가 고발하는 죄악은 정의를 저버린 통치자들에 의해 저질러지는 가난한 백성 억압과 착취, 수탈이었다. 흔히 말하는 바, 우리네 '성령 충만한 사람'과 미가의 모습은 한참 다르다.

라

그들이 너를 보고 "네 집을 부유하게 하려고 **부당한** 이득을 탐내는 자야, 높은 곳에 둥지를 틀고 **재앙**에서 벗어나려 하지만, 너는 망한다!" 할 것이다. _ 합 2:9

이 구절에서 '재앙'으로 번역한 단어와 '부당한'으로 번역한 단어는 같은 단어로, 히브리어 **라**를 옮긴 것이다. **라**의 기본적인 의미는 '악하다'이다. 같은 단어임을 고려해 하박국서 구절을 설명해보면, 그들은 그들의 삶에 닥칠 '악'을 피하기 위해 '악'을 행해 이득을 취한 이들이라고 표현할 수 있다. 이 단어가 빈번하게 쓰여 주인공의 행태를 풍자하는 대표적인 글로 요나서를 들 수 있는데, 이 구절 역시 지극히 풍자적이고 역설적이다. 악을 피하고자 악을 행한 이들은 이미 악에 사로잡힌 이들이다. 악을 행해서라도 이익을 취해야겠다고 마음먹고 그렇게 행하는 것 자체가 이미 그 집에, 그 가족에게 악이 임했고 악에게 잡혀버렸다는 단적인 증거다. 불법을 행해서라도 자기 가족에게 부귀 영화를 남겨주려는 이들을 유독 사회 상류층 사람들에게서 빈번히 보게 된다. 이들이 어떤 신앙을 가졌건, 이들의 행태는 이들의 유일신이 재물임을 명확히 보여준다. 그토록 집요하게 재물을 추구하는 까닭을 그들은 곧잘 '가족을 위하여'라고 울부짖으며 말하기도 한다. 그러나 이 구절에 따르면 이미 그들은 자신과 그 가족, 자손 전체를 악에게 넘겨버린 이들이다. 악을 피해 선을 남겨주기 원하면 선을 행하라. 그것이 답이다.

בּוֹא עָלֵינוּ רָעָה

보 알레누 라아

이 도성의 지도자들은 뇌물을 받고서야 다스리며, 제사장들은 삯을 받고서야 율법을 가르치며, 예언자들은 돈을 받고서야 계시를 밝힌다. 그러면서도, 이런 자들은 하나같이 주님께서 자기들과 함께 계신다고 큰소리를 친다. "주님께서 우리와 함께 계시니, **우리에게 재앙이 닥치지 않는다**"고 말한다. _ 미 3:11

보는 '오다'를 의미하는 동사이며, **알레누**는 전치사와 1인칭복수접미어가 결합된 형태로 '우리 위에', **라아**는 '재앙'을 의미한다. 미가 시대의 지도자, 제사장, 예언자들은 모두 한통속이 되어 "주님께서 우리와 함께 계시니, 우리에게 재앙이 닥치지 않는다"고 말한다. 그들을 묶어주는 것은 언제나 그렇듯이 '돈'이다. 그런 구원의 확신, 신앙의 확신이 그들을 결코 건져내지 못한다. 구원의 확신은 결코 구원을 보장하지 못한다. 구약에서 줄기차게 반복되는 주제는 "하나님께서 우리 위에 재앙을 임하게 하셨다"이다. 여기서 '임하게 하다'는 보 동사의 사역형(히필)이다. 이스라엘의 불순종과 거역으로 인해 멸망을 비롯한 참상이 그들에게 있었으니, 이것은 하나님께서 "그들 위에 재앙을 임하게 하셨기" 때문이다(왕상 9:9, 왕하 21:12, 대하 34:24, 느 13:18, 렘 19:3, 15, 23:12, 겔 14:22, 단 9:12). 요시야 왕이 하나님의 율법을 따라 회개하며 온 나라의 행태를 개혁하니 하나님께서는 그들 위에 임하게 하려던 재앙을 돌이키셨다(왕하 22:20, 대하 34:28). 아합과 같은 왕이라 할지라도 자신의 죄악에서 돌이키니, 하나님께서는 그의 집에 임하게 하려던 재앙을 돌이키셨다(왕상 21:29). 그러므로 필요한 것은 돌이킴이지, 구원의 확신이 아니다.

הַר יהוה

하르 아도나이

민족마다 오면서 이르기를 "자, 가자. 우리 모두 **주님의 산**으로 올라가자. 야곱의 하나님이 계신 성전으로 어서 올라가자. 주님께서 우리에게 주님의 길을 가르치실 것이니, 주님께서 가르치시는 길을 따르자" 할 것이다. _ 미 4:2

하르 아도나이는 '여호와의 산'을 의미하는데, 새번역은 하나님의 이름 '여호와' 혹은 '야훼'를 항상 '주님'으로 옮긴다. **하르 아도나이**, 즉 '주님의 산'이 '야곱의 하나님이 계신 성전'과 나란히 놓여 있다는 점, 그리고 1절에서는 '주님의 성전이 서 있는 주님의 산'으로 표현된다는 점에서, 예루살렘 성전을 가리킨다고 볼 수 있다. '주님의 성전이 서 있는 주님의 산'이 모든 산들 가운데 가장 높이 솟아 모든 언덕을 아래로 내려다보고 우뚝 솟게 된다는 1절 언급은 지각변동 같은 시각적인 이미지를 사용해, 이 산이 천하의 모든 산들 가운데 중심이 되며 으뜸가는 산이 될 것임을 전한다. 시온 산은 근처의 감람산에 비해서도 더 높지 않다는 점에서, 시온 산이 가장 높아진다고 하여, 실재하는 예루살렘 성전이나 시온 산 자체에 대해 이 구절이 말하는 것이 아님을 알게 된다. 굳이 예루살렘 성전이라 표현하지 않고 '주님의 산'으로 표현한다는 점에서, 그리고 미가서 3장 12절에 이미 존재하는 예루살렘 성전은 무너지게 될 것이라 예고되었다는 점에서, 4장의 표현은 그 진정하고 참된 본질로서의 주 하나님의 처소를 가리킨다고 보아야 할 것이다. 땅에 있는 예루살렘 성전은 완전히 파괴되지만, 하나님의 진정한 처소인 거룩한 시온은 우뚝 솟게 될 것이다. 하나님의 산이 우뚝 솟아오르니 뭇 백성들이 그리로 몰려오며, 그들이 기대하는 것은 주님의 길이다. 그래서 미가서 본문이 이야기하는 것은 여호와 하나님께서 온 땅의 왕이요, 통치자로 행하심을 표현한다고 볼 수 있다.

 나하르

마지막 때에, 주님의 성전이 서 있는 산이 모든 산 가운데서 으뜸가는 산이 될 것이며, 모든 언덕보다 높이 솟을 것이니, 모든 민족이 **물밀듯** 그리로 **모여들** 것이다. _ 사 2:2

나하르 동사는 '흐르다'를 의미하며, 여기에서 생긴 명사 **나하르**는 '강'을 뜻한다. 이사야서 본문은 모든 민족의 움직임을 **나하르** 동사로 사용해, 강물이 흘러가듯 모든 민족이 한데 모여 흘러가는 것으로 표현한다. 이 동사가 쓰인 또 다른 본문인 예레미야서에서는 이전에는 열방이 바빌론으로 흘러갔으나, 여호와께서 바빌론을 벌하시매, 더 이상 열방이 바빌론으로 흐르지 않을 것이라 표현한다(렘 51:44). 주님께 구속된 야곱은 주님의 좋은 것을 향해 흘러올 것이다(렘 31:12). 민족의 움직임을 물의 흐름에 비유한다는 점에서, 열방이 시온으로 흘러온다는 것은 시온이 세상의 중심임을 표현한다. 물이 높은 곳에서 낮은 곳으로 흐르는 자연 법칙을 기억한다면, 시온 산이 세상의 중심이라고 해서 세상에서 가장 높은 곳이 아니라 도리어 세상에서 가장 낮은 곳이라 생각할 수 있다. 하나님의 영광과 임재는 가장 높은 곳이 아니라 가장 낮은 곳에서 나타난다. 세상에서의 높낮이는 하나님의 행하심과 무관하다. 에스겔서 1장은 야훼의 영광스러운 현현이 바빌론 포로들이 살고 있는 그발 강가에 임했음을 놀라운 환상을 통해 증언한다. 하나님의 아들 예수 그리스도께서 하늘에서 땅으로 내려오신 것이 사람을 향한 하나님의 사랑을 단적으로 표현한 것이라는 점도 그러한 이치를 알려준다.

게펜

사람마다 자기 **포도나무**와 무화과나무 아래 앉아서, 평화롭게 살 것이
다. 사람마다 아무런 위협을 받지 않으면서 살 것이다. 이것은 만군의
주님께서 약속하신 것이다. _ 미 4:4

게펜은 '포도나무'를 의미한다. '무화과나무'를 의미하는 '테에나'와 함
께 쓰인 표현 '포도나무와 무화과나무'는 풍요로운 땅의 상징이다. 하
나님께서 이스라엘을 인도해 들이실 땅을 두고 밀과 보리의 땅, 그리고
'포도와 무화과'의 땅이라 표현한다(신 8:8). 히스기야 시대 유다를 침
공한 앗시리아는 하나님이 아니라 자신이 그런 포도와 무화과로 상징
되는 풍요를 주겠다고 큰소리치기도 한다(왕하 18:31=사 36:16). 미가서
본문에서처럼 "각 사람이 자기 포도나무와 자기 무화과나무 아래 앉는
다"는 표현은 열왕기상 4장 25절에서도 볼 수 있다. 이 열왕기 구절 바
로 앞의 내용에는 솔로몬 시대에 '주위에 모든 민족과 평화'를 누렸다
는 언급이 있다(왕상 4:24). 그러므로 자기 포도나무와 자기 무화과나
무 아래에 앉았다는 것은 평화의 시대를 단적으로 표현한다. 다른 사람
의 것을 약탈하거나 다른 사람에게 빼앗길 두려움 없이 각각 자신에게
주어진 포도나무와 무화과나무 아래 평안히 거하는 것이 평화다. 나아
가 하나님께서 이스라엘을 포로에서 회복하시는 날에 그 백성들은 "서
로 자기 포도나무와 무화과나무 아래로 이웃을 초대"하게 될 것이다(슥
3:10). 자신에게 주어진 유업을 즐거워하며 살아갈 뿐 아니라, 다른 이
들과 함께 나누며 살아가는 평화의 시대가 도래할 것에 대한 예고다.

אֵין מַחֲרִיד 엔 마하리드

내가 땅을 평화롭게 하겠다. 너희는 두 다리를 쭉 뻗고 잘 것이며, **아무도 너희를 위협하지 못할 것이다.** 나는 그 땅에서 사나운 짐승들을 없애고, 칼이 너희의 땅에서 설치지 못하게 하겠다. _ 레 26:6

'하라드'는 '두렵다'라는 의미의 동사인데, 사역형(히필) 분사인 **마하리드**는 '두렵게 하는 것(혹은 사람)'을 의미한다. 부정어인 '아인'(연계형은 '엔')과 함께 쓰인 **엔 마하리드**는 "두렵게 할 것이 아무것도 없다"라는 의미가 된다. **엔 마하리드**는 주로 예언자들에 의해 쓰이면서 하나님께서 그 백성에게 주시는 진정한 평화의 실체를 표현한다(렘 30:10, 46:27, 겔 34:28, 39:26, 습 3:13). 그저 전쟁이 없는 것이 아니라, 어디에서 무엇을 하건, 두려워할 사람도 없고 두려워할 그 어떤 재앙이 없는 삶을 **엔 마하리드**가 표현한다. 이러한 평화와 안전은 이스라엘이 주 하나님의 규례와 법도를 순종할 때 하나님께로부터 주어진다는 것을 레위기 26장 3-6절이 잘 보여준다. 그런데 **엔 마하리드**는 그 반대의 상황을 표현하기도 한다. 이스라엘이 하나님께 불순종하기를 거듭하며 돌아서지 않을 때, 하나님께서는 이스라엘을 쓰러뜨리실 것이고 온갖 새와 들짐승의 먹이가 되게 하실 터인데, 이들이 이스라엘의 시체를 뜯어먹을 때 이들을 '두렵게 할 것이 없다'(**엔 마하리드**)(신 28:26, 또한 렘 7:33).

에드

주님께서 말씀하신다. "너희는 나의 **증인**이며, 내가 택한 나의 종이다. 이렇게 한 것은, 너희가 나를 알고 믿게 하려는 것이고, 오직 나만이 하나님임을 깨달아 알게 하려는 것이다. 나보다 먼저 지음을 받은 신이 있을 수 없고, 나 이후에도 있을 수 없다." _ 사 43:10

에드는 어떤 사건이나 말을 객관적으로 뒷받침하는 '증거'라는 의미도 지니고(예를 들어 창 31:44, 출 22:13, 신 31:19), '증인'을 의미하기도 한다. 이사야서 43장은 야곱 이스라엘을 가리켜 '하나님의 증인'이라 선언하신다. 40-55장은 바빌론에서 포로로 사는 이스라엘을 향한 말씀임을 생각하면, 포로로 살아가는 이스라엘이야말로 세상에서 하나님을 드러내는 증인이라는 것이다. '주님을 드러내는 증인'으로서의 이스라엘은 가장 약해진 이스라엘이며 나라조차 잃고 남의 땅에 끌려와 살아가야 했던 이스라엘이다. 주님은 이들의 죄악으로 인해 그들을 심판하셨으나, 이제 열방 사이의 전쟁과 제국의 팽창이라는 현실 속에서 이 작은 백성을 다시 회복시키며 고토로 돌아가게 하실 것이다. 이들의 회복을 통해 주님이 어떤 분인지, 어떻게 온 세상의 하나님이신지 드러나게 된다. 자신들의 죄악으로 인한 참상을 인정하며 고백하는 것, 그리고 이제 곧 크고 놀라운 일을 행하실 주님을 신뢰하는 것, 그것이 좋이요, 증인에게 요구되는 것이다. 이스라엘에게 요구되지 않는 것은 그들이 크고 대단하고 능력 있는 백성이 되어야 한다는 식의 자격 조건이다.

 에페스

네가 아무리 찾아보아도 너에게 대적하는 자들은 만나지 못할 것이며,
너와 싸우는 자들이 **아무것도 아닌 것**같이, 허무한 것같이 될 것이다.
_ 사 41:12

에페스는 '끝'을 의미하기도 하지만(예를 들어 신 33:17), 이사야서 구절
에서처럼 많은 경우 '아무것도 아님' 같은 의미로 '존재하지 않는 것'을
가리키는 데 쓰인다. 이사야서 40-55장은 바빌론에 포로로 끌려온 이
스라엘을 배경으로 한다. 바빌론이라는 강력한 제국은 페르시아에 의
해 완전히 무너지게 된다. 이렇게 강력한 나라들이 득세하던 시대, 이
스라엘은 포로의 신세다. 그러나 이사야서 40장에서 예언자는 세상의
모든 민족을 가리켜 "아무것도 아니다"라고 선언한다(사 40:17). 이스
라엘을 괴롭히고 대적하던 이들 역시 아무것도 아니다!(41:12) 바빌론
에 그리도 중시하던 우상은 아무런 쓸모가 없으며, 아무것도 할 수 없다
(41:29). '아무것도 아니다, 허무하다, 공허하다'라는 표현이 41장에 여
러 번 반복된다. 역사와 세상의 주관자이신 하나님, 그리고 하나님께서
부르신 종 이스라엘은 존재하되, 강력한 열방과 그들이 자랑하는 우상
은 아무것도 아닌 실체 없는 것에 불과하다. 그러므로 그들에게 우리 스
스로 복수할 필요는 없다. 어느날 그들은 모두 사라지고 찾으려 해도 찾
을 수 없게 될 것이다. 바빌론으로 대표되는 강력한 나라들이야말로 '있
는 자'이고 그들 외에는 '아무것도 아닌 자' 같은데, 주 하나님이야말로
'있는 분'이며 그 외에는 다른 이가 없다. "하나님 외에는 아무것도 아니
다"라는 이사야서 40-55장 특유의 표현이기도 하다(45:6, 14, 22, 46:9,
47:8, 10). 참으로 하나님의 백성은 아무것도 아닌 자 같되, 살아계신 하
나님을 세상에 증언하는 주님의 종이다.

תּוֹלַעַת

톨라아트

너 **지렁이** 같은 야곱아, 벌레 같은 이스라엘아, 두려워하지 말아라. 주
님께서 말씀하시기를 "내가 너를 돕겠다. 나 이스라엘의 거룩한 하나
님이 너를 속량한다"고 하셨다. _ 사 41:14

'톨레아' 혹은 **톨라아트**는 '벌레'를 의미한다. 박넝쿨이나 포도를 갉아
먹는 벌레를 가리키기도 하고(신 28:39, 욘 4:7), 죽은 사람이 거하는
스올에서 시체를 덮고 있는 벌레를 가리키기도 한다(사 14:11, 66:24).
이사야서 41장 14절에서는 야곱을 가리키는 말로 쓰이면서 **톨라아트**
는 '지렁이'로 옮겨졌다. 시체와 연관된다는 점에서 **톨라아트**는 가장
부정하고 혐오스러운 존재이며 가까이 해서는 안 되는 생물이다. 야곱
을 이렇게 불렀다는 것은 현재 야곱의 상태를 단적으로 보여주는 말이
라 할 수 있다. 그들의 삶이 얼마나 비참한지 누가 봐도 가까이 하고 싶
지 않고, 가까이 하면 왠지 부정탈 것 같은 그런 존재다. 비루하고 남루
하며 혐오스럽고 싫은 존재다. 시편 22편에서 시인은 스스로를 가리켜
벌레라고 고백하기도 한다(시 22:6). 누구라도 보면 비웃고 조롱할 삶
이로되 그는 다만 주님 한 분을 의지한다. 그리고 지렁이 같은 야곱이
지만, 하나님께서 "두려워하지 말아라" 하시니, 모든 안전이 그에게 있
다. 하나님께서 그들을 건지실 것이다.

 욜레다

내가 오랫동안 조용히 침묵을 지키며 참았으나, 이제는 내가 숨이 차서 헐떡이는, **해산하는 여인**과같이 부르짖겠다. _ 사 42:14

욜레다는 '낳다, 출산하다'를 의미하는 '얄라드' 동사의 여성분사형이 며, '해산하는 여인'으로 옮겨졌다. 이사야서 42장 14절은 그 백성을 향한 주 하나님의 열심을 해산하는 여인의 신음으로 표현한다. 여기에 서 이스라엘의 패배와 파멸, 포로 됨은 야훼의 침묵처럼 표현된다. 그 러나 이제 야훼께서는 해산하는 여인처럼 소리지르며 신음하신다. "역 사적 혼돈이 하나님의 산통이 되었다. 하나님의 진통으로 새 창조가 이루어질 것이다"(필리스 트리블). 이스라엘을 회복하고 새 세상을 이 루시는 하나님을 해산의 고통을 겪고 있는 여성에 비유한다. 특히 침 묵을 가리키는 동사와 신음을 가리키는 동사가 많이 쓰여, 하나님의 침묵, 그리고 하나님의 신음과 수고, 고통이 부각된다. 이를 통해 산과 언덕, 초목은 황폐하게 되고, 강은 섬이 되되, 맹인을 이끌어내어 암흑 이 광명이 될 것이다(사 42:15-16). 일찍이 창세기 3장은 해산의 수고 를 타락한 인간이 짊어져야 하는 벌로 표현했지만, 이제 야훼께서는 해산의 수고를 친히 짊어지신다. 해산하는 여인의 진통은 심판 날을 맞이한 이들을 가리키는 표현으로도 쓰인다는 점(렘 49:22)은 이 진통 이 그야말로 죽음이나 마지막을 상징하는 것으로 쓰일 수 있음을 보여 준다. 그러므로 여기에서 볼 수 있는 하나님의 해산의 수고는 사람이 되셔서 사람이 겪는 고난을 지고 마침내 십자가를 지신 예수 그리스도 의 고초를 미리 보여준다.

בֵּית־לֶחֶם

베트-레헴(베들레헴)

그러나 너 **베들레헴** 에브라다야, 너는 유다의 여러 족속 가운데서 작은 족속이지만, 이스라엘을 다스릴 자가 네게서 내게로 나올 것이다. 그의 기원은 아득한 옛날, 태초에까지 거슬러올라간다. _ 미 5:2

'에브라다' 역시 **베들레헴**(히브리어 발음은 **베트-레헴**이다)을 가리키는 한 이름이었을 것이다(룻 4:11). **베들레헴** 에브라다가 어찌나 미미하고 중요하지 않은 곳인지, 유다 지파를 구성하는 가족이라 하기에도 부족했다. 그러나 바로 그 **베들레헴** 에브라다로부터 이스라엘 전체를 다스릴 자가 나오게 될 것이다. 그러므로 이 구절은 쫓겨났던 자들이 강한 나라가 되고 저는 자들이 남은 백성이 되며, 바빌론까지 갔던 이들이 그곳에서 구원을 경험하게 된다는 전세의 역전이라는 모티브를 지니고 있다. 유다 족속 중에 들기에도 작고 미미한 성읍이로되, 바로 그곳에서 이스라엘 전체를 다스릴 자가 나올 것이다. **베들레헴**이 언급된 까닭은 이곳이 다윗의 고향이기 때문일 것이다. 나아가 다윗과 연관되면서도 더 중요한 장소로 예루살렘을 들 수 있지만 예루살렘이 지니는 중요성에 비해 **베들레헴**은 훨씬 덜 알려진 장소라는 점도 **베들레헴**이 언급된 까닭의 하나일 것이다. 예루살렘에서의 다윗은 이스라엘을 다스리는 왕이었지만, **베들레헴**에서의 다윗은 양을 치는 목동에 불과한 존재였다. 그러므로 **베들레헴**에서 나오게 될 이스라엘을 다스릴 자는 **베들레헴** 이새의 집에서 등장하게 될 다윗과 같은 존재라고 할 수 있다. 예루살렘이 아니라 **베들레헴**을 언급한다는 점에서, 미가서 구절은 현재 존재하는 예루살렘이 아닌 새로운 예루살렘을 추구한다고 볼 수 있다. 그러므로 **베들레헴** 언급은 미가서에서 줄기차게 예루살렘 지도층을 고발한 것과 일관되며, 이스라엘의 재판자가 겪게 될 모욕과도 통한다. **베들레헴**에서부터 새로 시작하는 근본적인 변화가 이 본문에서 제시된다고 할 수 있다.

 림무딤

주 하나님께서 나를 **학자**처럼 말할 수 있게 하셔서, 지친 사람을 말로 격려할 수 있게 하신다. 아침마다 나를 깨우쳐주신다. 내 귀를 깨우치시 어 **학자**처럼 알아듣게 하신다. _ 사 50:4

여기서 '학자'로 번역된 히브리어 **림무딤**은 정확하게 말하자면 '배우 는 자들'이다. 사실 그 의미가 '학자(學者)'라는 한자말의 의미이기도 할 것이다. 그러나 오늘날에 '학자'라고 말하면 왠지 더 이상 배울 것이 없고 오로지 다른 이에게 가르치기만 하는 사람처럼 여겨지기도 한다. '학자'는 더 이상 배울 것이 없는 사람, 혹은 현실과는 상관없는 사항을 하염없이 연구하는 사람이 아니라, 계속해서 '배우는 사람'이다. 학자 처럼 말하게 되면 지친 이들을 격려할 수 있다. 그 학문으로 가난하고 곤고한 이들을 죽게 하는 경우도 있겠지만, 주님의 좋은 그의 학문을 통해 곤고한 이를 살린다. 그러므로 공부와 배움의 목적은 근본적으로 그 배운 것을 통해 곤고한 사람을 돕는 것이다. 악인은 정의를 깨닫지 못하며 가난한 자의 사정을 알아줄 지식이 없다(잠 28:5, 29:7). 배우고 알지 못하면 가난한 자의 사정을 알지 못한다. 그래서 평화시장 노동자 였던 전태일은 '대학생 친구가 있었으면' 했다. '대학생 친구'로 상징되 는 바, 노동자의 삶과 그 삶을 규정하고 좌우하는 노동법에 대한 지식 이 그에게 필요했던 것이다. 무언가를 알면 곤고한 자를 말로 도울 수 있다. 또한 '귀를 깨우치는 것'과 '학자처럼 알아듣는다'도 원인과 결과 의 관계처럼 연결된다. '학자들같이 알아듣다' 역시 지치고 괴로운 이 들의 소리와 부르짖음을 알아듣게 되었음을 가리키는 것으로 볼 수 있 다. '학자'가 된다는 것은 올바르게 알아서 곤고한 이들을 도와주는 것, 그리고 사람들이 겪는 고통과 괴로움, 그에 대한 하나님의 뜻을 제대로 듣고 이해하는 것을 의미한다.

 카바

그는 상한 갈대를 꺾지 않으며, 꺼져가는 등불을 **끄지** 않으며, 진리로 공의를 베풀 것이다. _ 사 42:3

카바는 '꺼지다'를 의미하는 동사다. 이사야서 구절에서 '상한 갈대'와 '꺼져가는 등불'은 서로 대응되며 같은 이미지를 전달한다. 갈대는 쓰임새가 많지만 '상한 갈대'는 쓸 데가 없고, '꺼져가는 등불', 보다 정확하게는 '꺼져가는 심지'는 끄고 잘라내야 한다. 그런데 주 하나님께서 택하신 종은 이러한 갈대와 심지를 결코 포기하지 않는다.

3절에서 '상한'으로 옮겨진 단어는 4절에서 '낙담하다'로, '꺼져가는'으로 옮겨진 단어는 4절에서 '쇠하다'로 반영되었다. 상한 갈대라 하여 꺾지 않는 종은 꺾이지('낙담하지') 않을 것이고, 꺼져가는 등불이라 하여 끄지 않은 종은 꺼지지('쇠하지') 않을 것이다. 스스로 상한 것처럼 보이고 꺼져가는 것처럼 보이지만, 이 종은 결코 상하여 낙담하지도, 꺼져가서 쇠하지도 않을 것이며, 이 종은 또 다른 상한 갈대와 꺼져가는 등불을 돌아볼 것이다. 이렇게 상한 갈대, 꺼져가는 등불은 다름아닌 바빌론 포로들을 가리키는 표현일 것이다. '등불을 끄다'라는 이미지는 43장 17절에서도 볼 수 있다. 주님은 "병거와 말과 병력과 용사들을 모두 이끌어내어 쓰러뜨려서, 다시는 일어나지 못하게 하고, 그들을 마치 꺼져가는 등잔 심지같이 꺼버렸다"(사 43:17). 여기에서 그들이 '꺼버리다'로 옮긴 단어가 **카바**다. 겉보기에 강력하고 위엄 있는 군대는 등불처럼 꺼지되, 야훼의 종은 꺼져가는 등불 같은 이들로 꺼지지 않게 하고 자신 역시 꺼지지 않을 것이다.

אִישׁ מַכְאֹבוֹת

이쉬 마크오보트

그는 사람들에게 멸시를 받고, 버림을 받고, **고통을 많이 겪었다**. 그는 언제나 병을 앓고 있었다. 사람들이 그에게서 얼굴을 돌렸고, 그가 멸시를 받으니, 우리도 덩달아 그를 귀하게 여기지 않았다. _ 사 53:3

히브리어 **이쉬**는 '남자' 혹은 '사람'을 뜻하고, **마크오보트**는 '슬픔, 수고, 고통'을 의미하는 '마크오브'의 복수형이다. **마크오보트**는 이스라엘이 애굽에서 겪은 고난을 가리키는 데도 쓰였다(출 3:7). 그래서 **이쉬 마크오보트**는 '슬픔의 사람'(a man of sorrows), 즉 슬픔과 고통을 무수히 겪은 사람을 의미한다. 4절에서는 **마크오보트**가 '슬픔'으로 번역되어 3절과 대응된다. 악인들은 평강을 누리면서 강건하고 죽을 때도 고통이 없으며, 사람이 당하는 고난, 사람이 당하는 재앙도 겪지 않는다며 시인은 탄식한다(시 73:4-5). 그러나 주님의 종의 삶은 그야말로 '슬픔'으로 가득하니 그는 참으로 '슬픔의 사람'이다. 놀랍게도 그분이 겪은 슬픔과 고통은, 사실 우리가 겪어야 할 슬픔과 고통을 대신한 것이었다(사 53:4-5).

 파샤

"그들이 나가서 나를 **거역한 자**들의 시체들을 볼 것이다." 그들을 먹는 벌레가 죽지 않으며, 그들을 삼키는 불도 꺼지지 않을 것이니, 모든 사람이 그들을 보고 소름이 끼칠 것이다. _ 사 66:24

파샤는 '거역하다, 반역하다'를 의미한다(258번 '페샤'를 참고하라). 이사야서 마지막 구절에서는 이 동사의 분사복수형이 쓰여 '거역한 자들'로 번역되었다. 이들은 누구를 가리키는가? 특이하게도 이사야서 1장과 66장에는 서로 대응되는 표현들이 있다. 동산(1:29-30, 66:17), 제사보다 윤리를 촉구(1:16-17, 66:2)하는 내용 등이 1장과 66장에 각각 등장해두 장이 대응됨을 보여준다. 그런데 **파샤** 동사의 경우, 1장 첫머리(1:2)와 66장 마지막(66:24)에 등장해 그야말로 이사야서 전체를 묶어준다. 이를 생각하면, 1장에서 제시된 '거역한 자들'이야말로 66장 마지막이 고발하는 '거역한 자들'로 생각할 수 있다. 그렇기에 66장 24절의 '거역한 자들'은 정의의 삶은 없고 제의만을 일삼는 이들을 가리키며, 이러한 악행은 하나님께서 행하실 영광스러운 미래를 기대하거나 꿈꾸지 않고 체념한 데서 비롯되었을 것이라고 말할 수 있다. 1장과 66장 모두 이렇게 패역한 이들은 '꺼지지 않는 불'에 처하게 된다고 증언한다(1:31, 66:24). 교부들은 이사야서 마지막 구절을 그리스도를 거역한 유대인들에게 적용하기도 했지만, 이제까지의 논의를 생각하면 이러한 이해는 유대인에 대한 편견, 성경 본문에 대한 문자적 이해에서 비롯된 것이라고 할 수 있다. 이사야서의 맥락을 생각할 때, 이 '거역한 자'는 이스라엘이건 이방이건 일상의 정의를 저버리고 제사에만 힘쓰는 세력이다.

סָרִיס

사리스

이러한 사람들에게 주님께서 이렇게 말씀하신다. "비록 **고자**라 하더라도, 나의 안식일을 지키고, 나를 기쁘게 하는 일을 하고, 나의 언약을 철저히 지키면, 그들의 이름이 나의 성전과 나의 성벽 안에서 영원히 기억되도록 하겠다. 아들딸을 두어서 이름을 남기는 것보다 더 낫게 하여주겠다. 그들의 이름이 잊혀지지 않도록, 영원한 명성을 그들에게 주겠다." _ 사 56:4-5

사리스는 구약에서 대체로 '환관' 혹은 '내시'로 번역된다. '고환이 상한 사람'(레 21:20), '고환이 터졌거나 음경이 잘린 사람'(신 23:1) 역시 아마도 '고자'와 비슷한 신체적 상태에 있는 이들이다. '고자'는 그 성별이 모호한 사람이며 더 이상 자녀를 낳을 수 없는 사람이다(마른 나무, 사 56:3). 레위기는 이들을 제사장 직무에서 배제하지만, 신명기는 아예 '주님의 총회' 안에 들어올 수 없다고 규정한다. 반면, 이사야서 56장은 이 두 율법과 확연히 다르다. 이사야서는 안식일을 지키며 하나님의 언약을 지키는 고자라면, 생물학적 성별이 뚜렷하고 자녀를 낳을 수 있는 '아들딸'보다 더 나은 이름과 명성을 하나님께서 이들에게 주실 것이라 선언한다. 그러므로 이사야서 말씀은 레위기와 신명기 말씀을 폐한다기보다, 그 본질적 의미를 재해석한다고 볼 수 있다. 신약성경에 오면, 빌립은 에티오피아 내시에게 예수 그리스도의 복음을 전하고 세례를 베푼다(행 8:26-39). 흔히 우리네 교회는 동성애자들을 향해 "생육하고 번성하라"라는 창세기 명령을 따를 수 없다는 이유로 정죄하고 부정하기 일쑤지만, 제3이사야서와 복음서, 사도행전은 자녀를 얻을 수 없는 '고자'가 그 영광의 나라에 참여하고 누리며 영원한 이름을 얻게 될 것임을 명확하게 증언한다. 이사야서 56장의 '고자' 본문은 하나님께서 베푸실 회복의 폭이 얼마나 넓은지 단적으로 보여준다.

쉐에리트

행여 주 만군의 하나님이 **남아 있는** 요셉의 **남은 자**를 불쌍히 여기실 지 모르니, 악을 미워하고, 선을 사랑하여라. 법정에서 올바르게 재판 하여라. _ 암 5:15

쉐에리트는 '남은 것, 남은 자'를 의미한다. 대체로 '남은 자'에 대한 기 독교 신앙 공동체의 기대는 유별나다. 온 세상이 다 위태로워보여도, 신앙 공동체는 자신들이 '남은 자'라는 확신을 가진 경우가 많다. 하지 만 '남은 자'에 대해 아모스서는 그리 호의적이지 않다. 이 백성의 남은 자는 사자가 모두 먹어 치우고 겨우 목자에 의해 끄집어내진 두 다리나 귀 조각에 비유되고(암 3:12), 그 남은 자마저 낚여서 끌려가게 될 것이 라 선언되기도 한다(4:2). 하나님의 반복되는 재앙에도 불구하고 남은 자들이 있되, 그 남은 자들은 끝까지 하나님께로 돌아오지 않는다고 고 발된다(4:6-11). 천 명 중에 백 명이, 백 명 중에 열 명이 남으리라는 표 현이 있지만(5:3), 앞에서 보았듯이 초점은 남는다는 것에 있는 것이 아 니라, 완전히 초라하고 보잘것없이 궤멸되고 말 것에 있다. "한 집에 열 사람이 남아 있다고 하여도 끝내 모두 죽을 것이다"(6:9). 5장 3절에서 는 열 명이 남는다 했는데, 6장 9절은 그 열 명마저 다 죽을 것이라고 단언한다. 5장 15절은 아모스서에서 남은 자에 대해 볼 수 있는 유일하 다시피 한 긍정적 진술이다. 요셉의 남은 자를 그래도 하나님께서 불쌍 히 여기실 유일한 근거가 악을 버리고 선을 사랑하며 '법정'(성문)에서 정의를 세우는 것, '올바르게 재판'하는 것이다. 잘못된 길에서 돌이킨 다면 혹시라도 주님은 불쌍히 여기실 수 있다.

שַׁעַר
샤아르

사람들은 **법정**에서 시비를 올바로 가리는 사람을 미워하고, 바른말 하는 사람을 싫어한다. 너희가 가난한 사람을 짓밟고 그들에게서 곡물세를 착취하니, 너희가 다듬은 돌로 집을 지어도 거기에서 살지는 못한다. 너희가 아름다운 포도원을 가꾸어도 그 포도주를 마시지는 못한다. _ 암 5:10-11

> **샤아르**는 '성문'을 의미한다. 글자 그대로 '성문'을 의미하기도 하지만 (수 2:5, 느 2:17 등), 성문을 열고 들어가면 곧바로 넓은 광장이 있는데 이 광장은 시장(왕하 7:1), 회의나 모임 장소(신 21:19), 재판정으로 이용되곤 했다. 그래서 '성문'은 그저 문이 아니라 공동체의 공적 활동이 이루어지는 광장을 의미하게 된다. 무엇보다도 성문은 왕이나 성읍의 장로들과 귀인들 등에 의해 재판이 열리는 장소다(신 21:19, 22:15, 룻 4:1, 삼하 19:8, 욥 5:4, 31:21, 잠 31:23, 사 29:21). 이 백성들은 성문에서 바른말을 하며 잘못된 일을 잘못되었다 책망하는 이들을 미워하고 싫어한다. 아마도 그렇게 성문에서 책망하며 정직히 말하는 자들이 고발한 내용이 11절에 나오는 내용이었을 것이다. 11절에서 힘 없는 자에 대한 행동과 그에게서 곡물에 대한 무언가를 취했다는 것이 나란히 놓여 있다. 그리고 이 행동에 대한 심판으로 그들은 집과 포도원을 누리지 못하게 된다. '곡물세' 같은 표현은 아모스 당대 권력자들이 불법적으로 뜯어낼 뿐 아니라 합법적으로 가난하고 힘 없는 이들을 유린한 일들도 저질렀음을 보여준다. 그리고 이렇게 가난한 자를 합법과 불법을 동원해 짓밟는 것을 고발하고 비판하는 이들의 소리가 성문에서 울려퍼진 소리였을 것이다. 힘 없는 자이기에 성문으로 대표되는 재판에서 보호되어야 함에도 불구하고 도리어 그들의 약함을 이용해 짓밟아버렸고, 그렇지 않아도 약한 백성들에게서 세금을 착취했다. 그래서 아모스에게 있어서 하나님을 구하는 것의 핵심은 '성문'에서 올바르게 재판하는 것이다(암 5:15).

 키

주님께서 그 물고기에게 명하시니, 물고기가 요나를 뭍에다가 **뱉어냈다.**
_ 욘 2:10

'뱉어내다'로 번역된 동사 키는 '토하다'를 의미한다. 아무리 좋은 것이라도 너무 많이 먹으면 토하게 된다(잠 25:16). 이 동사가 자주 나오는 본문은 레위기다(레 18:25, 28, 20:22). 이스라엘 이전 가나안 땅에 살던 이들의 가증한 행실로 인해 땅이 그들을 토해내었고(레 18:25, 28), 이제 이스라엘은 하나님의 규례와 법도를 지켜야 땅이 토해내지 않을 것이다(20:22). 하나님께서 주신 땅에 합당하지 않은 삶은 약속과 선물로 받은 땅에 거할 수 없다. 이 동사의 이러한 사용을 생각하면, 요나를 삼킨 물고기가 요나를 '토한' 것 역시 달리 생각해보게 한다. 요나가 물고기 뱃속에서 드린 기도는 자못 경건한 외양을 띠고 있지만, 요나는 사실상 자신의 잘못에 대해서는 전혀 언급하지 않고 도리어 "헛된 우상을 섬기는 자들은, 주님께서 베풀어주신 은혜를 저버린다"고 고발한다(욘 2:8). 그러나 요나서 1장과 3장에서 뱃사공과 니느웨 거민은 요나보다 훨씬 올바르고 성의로우며 속히 돌이키는 이들이라는 점에서, 요나의 경건한 기도는 그야말로 외식의 절정으로 보인다. 물고기조차도 그를 견디지 못한 채 토해버렸다!

 마나

주 하나님이 박넝쿨을 **마련하셨다.** 주님께서는, 그것이 자라올라 요나의 머리 위에 그늘이 지게 하여, 그를 편안하게 해주셨다. 박넝쿨 때문에 요나는 기분이 무척 좋았다. _ 욘 4:6

'마련하다'로 번역된 히브리어 동사 **마나**의 강조형(피엘)은 '지정하다, 세우다, 마련하다, 준비하다' 등의 의미로 이해될 수 있다(욥 7:3, 시 61:7, 단 1:10, 11). 특정한 목적을 위해 물건이나 사람을 염두에 둔 것을 가리킨다고 할 수 있다. '준비하다'를 의미하는 이 동사는 요나서에서 4장 6절을 포함해 4번이나 사용되어(1:17 큰 물고기, 4:6 박넝쿨, 4:7 벌레, 4:8 뜨거운 동풍), 요나서 저자의 뚜렷한 의도를 보여준다. 이 4번의 경우는 요나를 둘러싼 환경과 연관되며, 이는 모두 하나님께서 뜻을 두고 마련하신 것들이다. 하나님은 바다의 물고기와 땅 위의 벌레와 박넝쿨, 그리고 동풍을 주관하시는 분, 바다와 육지를 지으신 분이다. 이렇게 천지의 주관자이신 하나님께서 뜻을 두고 마련하신 것으로 인해 요나는 바다에서 살게 되기도 하고, 뜨거운 햇볕으로부터 보호되는가 하면, 벌레와 동풍으로 인해 괴로움을 겪게 되기도 한다. 하나님께서 예비하신 것으로 인해 살고 보호되었을 때는 기뻐하고 감사하지만, 그 예비하신 것으로 인해 조금이라도 고통이 오거나 싫은 일이 일어나면 견딜 수 없어 하는 것이 요나의 모습이다. 하나님께서 준비하신 4가지는 이렇게 요나의 모습을 적나라하게 드러내는 도구다.

שָׁלוֹשׁ 샬로쉬

주님께서는 큰 물고기 한 마리를 마련하여두셨다가, 요나를 삼키게 하셨다. 요나는 **사흘** 밤낮을 그 물고기 뱃속에서 지냈다. _ 욘 1:17

샬로쉬는 숫자 3을 가리킨다. '사흘 밤낮'으로 옮겨진 표현에는 **샬로쉬**가 두 번 반복되었고, 이를 직역하면 '사흘 낮, 사흘 밤'이다. 이러한 표현은 구약 다른 곳에서도 쓰인다. 에스더가 목숨을 걸고 왕에게 나아가기 위해 금식했던 기간이기도 하고(에 4:16), 아말렉 군대의 종이었던 애굽 소년이 병들자 버려져서 아무것도 먹지 못했던 기간이기도 하다(삼상 30:12). 아마도 요나 역시 물고기 뱃속에서 사흘 밤낮을 아무것도 먹지도 마시지도 못했을 것이다. 그는 하나님의 명령을 피해 다시스 배를 타고 배 밑층까지 내려가 죽은 듯이 깊은 잠에 빠졌고, 이제 물고기 뱃속에서 그야말로 죽은 상태나 마찬가지의 사흘 밤낮을 보냈다. 그런 점에서 이 '사흘 밤낮'은 삶과 죽음의 갈림길을 의미한다 볼 수 있다.

גְּבוּל

게불

나 주가 선고한다. 암몬 자손이 지은 서너 가지 죄를, 내가 용서하지 않겠다. 그들이 **땅**을 넓히려고 길르앗으로 쳐들어가서 아이 밴 여인들의 배를 갈랐기 때문이다. _ 암 1:13

게불은 나라와 나라, 성읍과 성읍, 개인에게 속한 땅의 영역을 가르는 '경계선'을 의미하기도 하고, 그런 '경계선' 안에 있는 영역을 가리키는 데 쓰이기도 한다. 아모스서 1장 13절에서 **게불**은 '땅'으로 번역되었다. 하나님께서는 물과 바다의 경계를 정하셨다(시 104:9, 렘 5:22). 하나님께서 이스라엘에게 약속하신 땅 역시 무한정하지 않고 '경계'가 있다(출 23:31, 신 11:24). 강력한 나라가 있고 약한 나라가 있듯, 강하고 부유한 사람이 있고 가난하고 힘 없는 사람도 있다. 그러나 누구라도 가난한 이들, 고아, 과부에게 속한 땅의 경계를 옮겨서는 안 된다(신 19:14, 27:17, 잠 22:28, 23:10). 하나님께서는 과부의 지경을 정하셨으니(잠 15:25), 이것을 옮기는 이들에게 주 하나님의 진노가 물같이 임할 것이다(호 5:10). 이스라엘을 둘러싼 열방의 죄악과 그에 따른 심판을 선포하는 아모스서 1장 13절은 암몬 자손이 그들에게 주어진 땅의 '경계'를 넓히려고 저지른 잔인무도한 짓을 고발하며 이어지는 14-15절에서 심판을 선포한다. 사람들은 약육강식을 당연한 질서인 것처럼 말하지만, 주 하나님께서는 약자의 땅을 빼앗고자 침략하며 생명을 유린하는 개인과 나라를 결코 용납하지 않으실 것이다.

 라아

내가 직접 내 양떼를 **먹이고**, 내가 직접 내 양떼를 눕게 하겠다. 나 주 하나님의 말이다. _ 겔 34:15

라아는 '(가축을) 치다, 먹이다, 돌보다'를 의미하는 동사다. 이 동사의 분사형 '로에'는 '가축을 먹이는 자', 그래서 '목자'를 의미한다. '백성을 먹이는 자'라는 데서부터 '목자'는 고대 중동과 구약성경에서 한 사회나 국가의 지도자를 가리키는 말로 자주 쓰였다(예를 들어 삼하 5:2, 미 5:4-5). 오늘 우리는 '목자'라는 말로 신앙 공동체의 리더십을 떠올리지만, 구약에서 '목자'는 대개의 경우 정치적 지도자다. 그래서 에스겔서 34장 2-4절에서 볼 수 있는 이스라엘 목자들에 대한 규탄은 제사장 같은 사람들보다는 이스라엘의 왕들을 비롯해 권력자들을 향한 규탄이다. 제 역할을 수행하지 않고 자신만 돌보는 목자로 인해 양떼가 모두 흩어지게 되었다. 에스겔과 구약에 따르면 정치 지도자의 유일한 존재 이유는 양떼를 돌보는 것, 그 백성을 지키고 먹이는 것이다. 그러나 고대 이스라엘에서나 오늘날에나 정치 지도자들 대부분은 자기 몸을 돌보고 자기 집안의 유익만 구하는 데 혈안이 되어 있다. 주 하나님께서는 그 목자들을 모두 물리치고, 이제 하나님께서 친히 이스라엘을 돌보겠다 선언하신다. 이스라엘에게 필요한 것은 괜찮은 임금이나 좋은 지도자가 아니라, 이제 주 하나님 한 분이다.

 샤마드

헤매는 것은 찾아오고, 길 잃은 것은 도로 데려오며, 다리가 부러지고 상한 것은 싸매어주며, 약한 것은 튼튼하게 만들겠다. 그러나 살진 것들과 힘센 것들은, 내가 **멸하겠다.** 내가 이렇게 그것들을 공평하게 먹이겠다. _ 겔 34:16

샤마드 동사는 수동형(니팔)에서 '멸망하다'(예를 들어 창 34:30)를 의미하고, 에스겔서 본문에 쓰인 형태인 사역형(히필)에서는 '멸망시키다'를 의미한다. 하나님께서는 범죄한 사람과 나라를 멸망시키신다(예를 들어 신 1:27, 암 9:18). 친히 이스라엘의 목자가 되신 하나님께서는 잃어버린 자, 쫓기는 자, 상하고 병든 자를 회복시키고 돌보실 것이다. 그러나 목자이신 하나님께서는 그와 더불어 살진 자와 힘센 자, 즉 부귀와 권세를 지닌 자들은 '멸하실 것이다'(**샤마드**). 목자이신 주 하나님의 돌보심 안에 살지고 강한 이들은 설 자리가 없다! 그것이 하나님의 '공평'(미슈파트)이다. '돌보다, 먹이다'를 의미하는 '라아' 동사의 목적어가 '앗시리아 땅'인 경우, '정복하다'로 이해되는 것(미 5:6)도 같은 맥락일 것이다. 이를 생각하면 약하고 병든 이들이 존재하는 세상에서 살지고 강하다는 것 자체가 심판의 대상이 된다고 말할 수 있다. 부자와 거지 나사로 같은 본문에서도(눅 16:19-31), 부자는 나사로와 같은 이가 존재하는 시대에 온갖 좋은 것을 누리며 살았다는 것 자체로 음부에 들어가게 된다. 그렇다면 힘세고 살진 자들이 살 수 있는 유일한 길은, 그들의 세상에서 힘 없고 약하며 쫓겨난 이들도 충분히 제 삶을 누리며 살도록 미리 애쓰고 노력하는 것밖에 없다.

쉐미니

소나 양이나 염소가 태어나면, 이레 동안은 그 어미 품에 그대로 두어
야 한다. **여드레째** 되는 날부터는 그것을 제물로 삼아 나 주에게 살라
바칠 수 있다. 나 주도 그것을 즐거이 받을 것이다. _ 레 22:27

쉐미니는 '여덟 번째'를 의미한다. 소나 양이 새끼를 낳으면 7일 동안 어
미와 있다가 8일째에 예물로 드린다(출 22:30, 레 22:27). 이것은 처음
태어난 새끼와 그 어미 사이를 고려한 인도주의적인 의도에서 비롯된
행동일 수 있다. 그러나 구약에서 숫자 8은 그 자체로 의미 있다기보다
는 7 다음에 나오는 수라는 점에서 상징적인 중요성을 지닌다고 볼 수
있다. 남자아이를 낳으면 이레 동안 부정하고 8일째에 할례를 행하고
(레 12:2-3), 아론을 비롯해 구별된 제사장은 8일째에 드디어 제사를 집
전할 수 있었다(9:1-22). 나병 환자나 유출병 환자, 나실인의 제사도 나
은 지 8일 후에 드리고(레 14:10, 15:13-14, 민 6:9-10), 솔로몬은 성전 봉
헌 축제를 끝내고 8일째에 백성을 돌려보냈으며(왕상 8:66), 에스겔 환
상 속의 회복된 성전에 대해 7일 간의 정결 과정을 거쳐 8일째에 정식
번제와 감사제를 드렸고(겔 43:26-27), 초막절 기간(레 23:36)도 8일 째
와 연관된다.

일곱 안식일 다음날에 지키는 칠칠절(레 23:15-16)과 일곱 안식년의 다
음 해에 지키는 희년(레 25:10)도 동일하게 일곱 다음에 오는 숫자에
연관된다. 그러므로 7이 무엇인가를 꽉 채우는 완전과 연관된 숫자라
면, 8은 그러한 완전 이후에 오는 새로운 시작을 나타낸다고 볼 수 있
다. 그래서 환자들에게 8일째는 완전한 일상으로의 복귀를 의미하며,
제단이나 성전의 8일은 온전한 제 기능의 발휘가 시작되는 날을 의미
한다. 50년째 희년 역시 일곱 안식년에 이어 새로운 출발 혹은 새로운
시작을 선포하는 절기로 이해할 수 있다.

אַשּׁוּר

앗수르(앗시리아)

그들은 이레 동안 무교절을 즐겁게 지켰다. 주님께서 **앗시리아** 왕의 마음을 돌이켜서, 그들에게 호의를 베풀도록 하셨으므로, 그들은 힘을 얻었다. 그들은, 주 이스라엘의 하나님이신 하나님의 성전을 다시 지을 수 있었으므로, 한없이 기뻤다. _ 스 6:22

이 구절에 쓰인 '**앗시리아** 왕'은 이상하다. 바빌론에 포로로 끌려갔다가 다시 돌아와서 두 번째 성전을 지을 수 있게 된 것은 포로 귀환과 성전 건축을 명령한 고레스의 칙령(스 1:1-4, 6:3-5), 그리고 이 칙령을 따라 성전 건축을 허락한 다리우스의 칙령(스 6:6-12)에서 비롯되었기 때문이다. 그렇다면 에스라기 6장 22절에 나오는 '**앗시리아** 왕'은 강력한 제국을 상징하는 일종의 코드(code)로 이해할 수 있다. 아마도 예레미야애가 5장 6절에 있는 **앗시리아** 역시 그렇게 이해할 수 있을 것이다.

외경 유딧서는 느부갓네살을 **앗시리아**의 왕으로 언급하는데(유딧 1:1), 여기에서 느부갓네살과 **앗시리아**는 모두 하나님의 백성을 대적하는 이방 임금과 제국을 상징하는 코드로 쓰였다고 볼 수 있다. 요한계시록에 등장하는 '바빌론' 역시 이러한 맥락에서 이해해야 할 것이다(계 14:8, 18:2-3). 바빌론 포로 이래, 유대인들은 당대 세계를 지배하던 제국의 호의 아래 존속이 가능해졌다. 더 이상 자신들의 임금을 세운 자신들의 나라를 추구하지 않고, 주 하나님을 예배하는 신앙 공동체로 살아가고자 했기에, 제국과의 우호적인 관계는 필수적인 사항이라 할 수 있다. 에스라기 구절은 포로기와 포로기 이후 시대 내내 이스라엘과 제국의 관계를 잘 보여준다.

 사탄

그러므로 악인을 시켜, 그와 맞서게 하십시오. **고소인**이 그의 오른쪽에 서서, 그를 고발하게 하십시오. _ 시 109:6

사탄은 모음이 다르되 같은 발음을 지닌 동사 '사탄'에서 생겨난 명사다. 동사 '사탄'은 '대적하다, 대적으로 맞서다'를 의미한다(예를 들어 시 38:20, 71:13, 109:4, 슥 3:1). 명사 **사탄**은 기본적으로 '대적하는 자'다. 시편 109편 6절에서 **사탄**은 '고소인'으로 옮겨졌다. 민수기 22장 22절에서 여호와의 사자는 발람의 가는 길을 막는 **사탄**으로 선다. 누군가의 하는 일을 가로막고 맞서는 이들이 **사탄**이다(삼상 29:4, 삼하 19:22, 왕상 11:25). 하나님께서 솔로몬의 **사탄**으로 하닷과 르손을 세우듯이(왕상 11:14, 23), 욥에게도 **사탄**이 작용했다. 욥기의 **사탄**은 어디까지나 하나님의 다스리심과 주권 아래 놓여 있다. 이것은 스가랴서 3장 1절에서도 볼 수 있다. 욥에게 고통을 주고 여호수아를 고소하여, 하나님 앞에서 넘어지게 하려는 **사탄**의 시도는 다윗에게 인구조사를 하게끔 하는 작용과 본질적으로 동일하다고 할 수 있다(대상 21:1).

신약성경에서는 사탄이 하나님의 대적자이지만, 구약에서는 하나님을 맞서는 존재가 아니다. 구약에서 **사탄**은 '천상회의에서의 도덕적으로 중립적이면서 고발하는 기능'을 수행하지만, 신약에 이르러서는 하나님의 대적 세력이 되었다. 제2성전기는 **사탄**에 대한 이해가 본질적으로 변화된 시기임을 알 수 있으며, 외경 <솔로몬의 지혜> 2장 23-24절은 그 첫 사례다.

אֵל זֹעֵם
엘 조엠

하나님은 공정한 재판장이시요, 언제라도 **악인을 벌하는 분**이시다.
_ 시 7:11

새번역이 '악인을 벌하는 분'으로 옮긴 히브리어 표현은 **엘 조엠**이다. **엘**은 '하나님'을 뜻하고, **조엠**은 '분노하다'를 의미하는 동사 '자암'의 분사형이다. 그래서 **엘 조엠**은 '분노하시는 하나님'을 의미한다. 시편 7 편 11절에서 '분노하시는 하나님'은 '공정한 재판장'과 대칭되어 서로의 의미를 밝혀준다. 분노는 불의한 현실에 대한 정당한 반응이며 적절한 분노는 표현되어야 한다.

무엇보다도 이 대적은 악과 죄를 행하며 가난하고 궁핍한 이들을 짓밟는 이다. 그러므로 시편 기자의 분노에 찬 저주는 단지 저주가 아니라 불의에 대한 분노의 정당한 표현이다. '진노하시는 하나님'이라는 표현은 어느새 우리에게 무척이나 낯설어졌지만, 실상 하나님은 '매일 분노하시는 하나님'이다. 마지막 날에 온 땅의 임금들과 왕족들과 장군들과 부자들과 강한 자들과 모든 종과 자유인이 굴과 바위 틈에 숨게 되는 까닭은 온 땅에 임하는 '어린 양의 진노' 때문이다(계 6:15-17). 그러므로 분노는 신적인 것이다. 우리의 분노가 많은 부분 욕망과 탐욕으로 얼룩져 있지만, 그것이 분노 자체의 정당성을 결코 없앨 수는 없다. 분노는 불의와 죄악을 향한 하나님의 마음이며, 마땅히 하나님을 따르는 사람의 마음이다.

דִּבְרֵי שִׂנְאָה

디베레 시느아

미움으로 가득 찬 말을 나에게 퍼붓고, 이유도 없이 나를 맹렬하게 공격합니다. _ 시 109:3

> **디베레**는 '말, 말씀'을 의미하는 '다바르'의 복수연계형이다. **시느아**는 '미워하다'를 의미하는 동사 '사네'의 명사형으로 '미움, 혐오'를 의미한다. 시편 109편을 노래하는 시인을 괴롭게 하는 현실은 근본적으로 '말'이다. '혀를 놀려서 거짓말로 비난(2절), 고발(4절), 저주하기를 좋아함(17, 18절), 악담을 퍼부음'(20절) 같은 표현이 이를 잘 보여준다. 시인의 대적들은 이런 말로 계속해서 시인을 공격하고 모략하며 헐뜯는다. 그들은 이러한 말들로 시인을 괴롭히고 못살게군다(16절). 말로 상대를 헐뜯고 비방하며 유린하면 말 그대로 사람을 죽음에까지 이르게 할 수 있다. 이는 상대의 명예와 이름을 짓밟는 것이다. 이름은 그 사람 자체를 상징하니, 이름을 짓밟는 것은 결국 그 생명을 짓밟는 것이다. 상대에 대한 이러한 말을 두고 3절은 '미움으로 가득 찬 말'이라 표현하는데, 요즘 식으로 풀이하면 정확히 '혐오 표현'(hate speech)이라 할 수 있다. 시편 109편은 이렇게 혐오 표현을 일삼아 곤고한 이들을 괴롭히는 자들에게 하나님께서 복수해주시기를 구하는 기도다.

מְעוֹן קָדְשׁוֹ

메온 코드쇼

그 **거룩한 곳**에 계신 하나님은 고아들의 아버지, 과부들을 돕는 재판관이시다. _ 시 68:5

메온은 '처소, 거처'를 의미하는 '마온'의 연계형이며, **코드쇼**는 '거룩'을 의미하는 '코데쉬'에 3인칭대명사접미어가 붙은 형태로 '그의 거룩하심'을 의미한다. 그래서 **메온 코드쇼**는 '그의 거룩한 처소'가 된다. 하나님께서 거하시는 '그의 거룩한 처소'는 하늘이다(신 26:15, 대하 30:27, 렘 25:30). 높은 곳에 계신 하나님께서는 홀로 영광중에 머물지 않으시고 땅에 있는 당신의 백성을 살피신다. 특히 시편 68편 5절은 '그 거룩한 곳 하늘에 계신 하나님'께서 땅을 살피시되, 아버지 없는 고아들의 아버지가 되시고, 홀로 남겨져 삶이 막막한 과부들을 지키고 도우시는 재판관이 되심을 증언한다.

'거룩'이라는 가장 숭고하면서도 신비한 표현이 고아와 과부의 하나님이라는 가장 진보적이고 인류애적인 표현과 맞물린다. 하나님은 그 백성 성도들의 '거처'(마온)이시기도 하다(시 71:3, 90:1, 91:9). 그렇다면 하나님을 '거처'로 삼은 성도들 역시 '고아의 아버지, 과부의 재판관'으로 살아가는 것이 당연하다. '거룩'이라는 알 듯 말 듯한 추상적인 표현을, 고아와 과부라는 현실 세계에서 약자의 편에 서는 것으로 구체화시키는 것을 이 시편 구절은 잘 보여준다.

탈

내가 이스라엘 위에 **이슬**처럼 내릴 것이니, 이스라엘이 나리꽃처럼 피고, 레바논의 백향목처럼 뿌리를 내릴 것이다. _ 호 14:5

탈은 '이슬'을 의미한다. '이슬'이 성경에 쓰일 때는 두 가지 이미지를 지닌다. 첫 번째는 기름짐과 풍요의 상징이다(창 27:28, 39, 신 32:2, 33:28, 사 26:19, 학 1:10, 슥 8:12). 여기서의 이슬은 생명력, 만물을 소생케 하는 힘을 상징한다. 호세아서 14장 5절에서 쓰인 '이슬' 역시 여기에 속한다. 하나님께서 이스라엘 위에 이슬처럼 내리실 것이니, 이스라엘은 다시 살아나고 꽃처럼 피어나고 결실하게 될 것이다.

반면 '이슬'은 곧 있다가 없어지는 것, 그래서 '덧없음'을 의미하기도 한다. 호세아서 6장 4절은 이스라엘을 일러 '아침 안개와 같고 덧없이 사라지는 이슬' 같다 표현한다. 하나님을 향한 대단한 열심을 지닌 것 같았지만(호 6:1-3), 그런 마음은 이슬처럼 덧없이 사라진다. 이를 생각하면 "왕의 은혜는 풀 위에 내리는 이슬과 같다"(잠 19:12)는 잠언 구절은 처음부터 이중적인 의도를 지닌 표현일 수 있다. 권력자의 은혜라는 것은 사람을 살릴 수 있는 생명력이기도 하지만, 동시에 언제 사라질지 모르는 극히 덧없는 것이기도 하다.

샤하르

내 영혼아, 깨어나라. 거문고야, 수금아, 깨어나라. 내가 **새벽**을 깨우려다.
_ 시 57:8

샤하르는 '새벽'을 의미한다. 새벽에 동쪽 하늘이 밝아오는 것을 우리는 '동트다'로 표현한다면, 히브리어에서는 **샤하르**, 즉 '새벽'이 올라온다(알라)고 표현한다(예를 들어 창 19:15, 느 4:15). 시편 57편은 다윗이 사울을 피해 동굴로 도망쳤을 때를 상기하도록 지시한다. 그래서 이 시는 시인이 겪는 고초를 '괴롭히는 자들(3절), 사람을 잡아 먹는 사자들 한가운데 누워 있음(4절), 목숨을 노리고 그물을 치고 함정을 판 대적들'(6절) 같은 표현으로 전한다. 그러나 시인은 이토록 괴롭고 고통스러운 중에도 절망하지 않고 주 하나님을 부르고 하나님의 도우심을 구한다(1-3절). 그뿐 아니라 스스로 마음을 단단히 먹고 도리어 하나님을 찬양하겠다고 선포한다.

8절은 이런 맥락에 속한다. 그는 동굴에 있지만, 놀랍게도 '하늘에까지 이르는 주님의 진실하심'과 '주님의 영광'을 바라본다(10-11절). 수만 명이 모인 대집회장이 아니라, 쫓겨다니며 겨우 숨어 지내는 동굴에서 하늘에 이르는 하나님의 영광을 바라보는 것, 그가 하나님의 사람이다. 그는 참으로 어둡고 캄캄한 밤중에도 '새벽을 깨우는 자', 어두운 세상에 새벽 빛이 밝아오게 하는 사람이다.

312

 야함

실로, 나는 죄 중에 태어났고, 어머니의 **태 속에 있을 때부터** 죄인이었습니다. _ 시 51:5

"어머니의 태 속에 있을 때부터 죄인이었습니다"로 옮겨진 표현을 직역하면, "나의 어머니가 죄 중에 나를 잉태하였습니다"이다. 여기에서 '잉태하다'로 옮겨진 단어가 동사 **야함**이다. 이 구절은 사람의 깊은 죄성에 대해 이야기한다는 점에서 흔히 '원죄'를 말한다고 여겨진다. 그러나 '원죄 교리'는 성경이 명백하게 증언한다기보다, 어거스틴 이래 교회 시대에 생겨났다는 점에 유의해야 한다. 이 시편 구절의 관심은 우리가 얼마나 죄로 둘러싸인 존재인지, 죄가 얼마나 심각하게 우리를 싸고 있는지 말하는 데 있다. 사실, 하나님께서 그 백성을 부르심이 하나님의 전적인 계획과 뜻 가운데 있음을 표현할 때, 즉 하나님의 부르심의 태고성을 표현할 때 사용되는 것이 어머니의 태에 대한 언급이다 (시 71:6, 사 49:1, 렘 1:5). 동일하게 이 시편 구절에서는 인간의 죄성이 얼마나 깊고 강한지 표현하기 위해 어머니의 잉태를 언급한다. '원죄'를 말하는 것보다 더 중요한 것은 자신의 죄악에 대한 철저한 인식이며, 이 죄악을 변화시키고 새롭게 되고자 하는 갈망과 간구다. 시편 기자는 이 깊은 죄를 하나님 앞에서 느끼며 하나님의 도우심만을 구하고 있다. 도리어 오늘날 우리는 원죄라는 교리를 앞세워 사람의 완악함과 우리 속의 죄악을, 그리고 우리 교회의 죄악을 당연한 것처럼 여기는 경향이 있다. 특히 사회적인 죄 부분에서 두드러진다. 사회의 죄악에 이를 적용해 세상은 원래 불의한 것이고 바꿀 수 없는 죄성이 가득하므로, 이의 변화를 위한 노력 자체를 경시하게 된다는 점에서, 시편 기자의 방향과는 상반된다고 할 것이다.

 나시

그때에는 나 주가 그들의 하나님이 되고, 내 종 다윗은 그들의 **왕**이 될 것이다. 나 주가 말하였다. _ 겔 34:24

이 구절이 포함된 에스겔서 34장 20-31절은 주 하나님께서 온 이스라엘을 돌보는 목자가 되실 것이라는 회복과 구원 말씀을 다룬다. 그때에 주님은 이스라엘의 하나님이 되시고, 이스라엘은 그의 백성이 될 것이다. 다윗으로 상징되는 사람이 있을 것인데 그는 이스라엘의 **나시**가 될 것이다. '왕'에 해당하는 히브리어는 '멜렉'이지만, 이 구절에서 새번역이 '왕'으로 옮긴 단어는 **나시**로, 대개 '지도자' 혹은 '군주'로 번역된다. 이 표현은 여호수아서에서 가나안 땅에 정착한 초기 시절 이스라엘 회중의 '지도자'를 가리키는 말로 쓰였다(수 9:15, 18, 19, 21, 17:4, 22:14, 30, 32). 그리고 솔로몬 시대 이스라엘 지파들의 지도자를 가리키는 데도 쓰였다(왕상 8:1). 특히 이 표현은 민수기에 가장 많이 쓰여 62회나 언급되는데, 지파의 우두머리를 가리킨다. 민수기와 여호수아서는 이스라엘 체제가 열두 지파와 지파의 대표자 **나시**로 이루어진 것으로 그린다. 이곳뿐 아니라 미래의 회복을 집중적으로 선포하는 40-48장에서도 에스겔은 미래의 회복된 이스라엘 위에 세워진 이를 **나시**로 표현한다(겔 45:7, 8, 9, 17, 46:2, 16-18, 48:21-22). 여기에서도 에스겔이 기대하고 꿈꾸는 미래는 다윗 왕이 다스리는 시대가 아니라 야훼께서 이스라엘의 하나님으로 임하시는 시대임을 알 수 있다.

아도나이 샴마(여호와샤마)

이렇게 그 둘레가 만팔천 자이다. 이 성읍의 이름이 이제부터는 '**여호 와샤마**'라고 불릴 것이다. _ 겔 48:35

샴마는 '거기에'를 의미한다. 유대인들은 하나님의 이름 '여호와'를 '주 님'이라는 뜻의 **아도나이**로 읽었다. 그래서 **아도나이 샴마**는 "여호와께 서 거기에 계시다"를 의미한다. 에스겔서 48장 30절부터는 미래의 이 스라엘 한가운데에 있는 '거룩한 구역'에 인접한 '그 성읍'의 크기를 다 룬다. 이 성읍에는 이스라엘 열두 지파에서 온 이들이 거주하며, 이 성 읍에 있는 열두 개의 문들은 모두 그 열두 지파의 이름을 딴 것이다.

놀랍게도 '거룩한 구역'이나 '거룩한 구역' 안에 있는 제사장의 영역이 아니라, 열두 지파를 대표하는 이들이 살아가는 성읍을 가리켜 **아도나 이 샴마**, 즉 "주님께서 거기에 계시다"라는 의미의 이름을 붙인다. 굳이 이 장소를 가리켜 예루살렘이나 시온으로 부르지 않는다는 점도 주목 할 만하다. 중요한 것은 그런 이름이 아니라 "주님께서 그곳에 계시다" 라는 본질이다. 에스겔서 40-48장의 미래 환상이 새 성전 측량으로 시 작했지만, 그 가장 마지막은 평신도들이 살아가는 성읍이야말로 **아도 나이 샴마**라는 언급이다.

레바드

주님께만, 오직 주님**께만**, 나는 죄를 지었습니다. 주님의 눈 앞에서, 내가 악한 짓을 저질렀으니, 주님의 판결은 옳으시며 주님의 심판은 정당합니다. _ 시 51:4

레바드는 '~에게'를 의미하는 전치사 '르', 그리고 '분리된 부분'을 의미하는 '바드'가 결합된 표현으로, '자체로, 홀로, 따로' 같은 의미를 지닌다. 시편 구절에서는 2인칭 대명사접미어가 붙어 '당신께만'이란 의미가 된다. 이 표현은 하나님께만 죄를 짓고 사람에게는 죄를 짓지 않았다는 의미는 전혀 아니다. 시편 51편 첫머리는 이 시를 다윗과 밧세바 사건을 기억하며 읽도록 알려준다. 다른 사람에게 잘못한 것에 대해 구약의 여러 율법이 단호하게 규정하고 고발한다는 점을 고려하면 "당신께만 내가 죄를 지었습니다"라는 고백은, 사람이 지은 모든 죄가 근본적으로는 하나님께 죄를 지은 것임을 표현한다고 볼 수 있다. 이웃에 대한 우리의 죄는 단지 다른 사람에게 잘못한 것에서 그치지 않고, 사람들의 모든 상황을 함께하며 지켜보시는 하나님께 범죄한 것이다.

카로브

참으로 주님의 구원은 주님을 경외하는 사람에게 **가까이 있으니**, 주님의 영광이 우리 땅에 깃들 것입니다. _ 시 85:9

카로브는 '가까운'이라는 의미의 형용사다. 하나님의 구원이 선포되매 그것은 이제 멀지 않다. 아직 이루어지지 않았다 할지라도 그것은 멀지 않은 현실이다. 이러한 구원은 주 하나님을 경외하는 사람들에게 가깝다. 주님을 인정하고 그에 합당한 존경과 신뢰를 드리는 자들에게 구원은 가깝다. 그러므로 이 '가까움'은 물리적인 시간이 아니며, '하나님 경외'와 연관된 믿음의 시간이다. 하나님의 구원이 가깝다는 응답은 하나님을 갈망하는 사람들에게 공통적으로 주어지는 응답이기도 하다(합 2:3, 히 10:36-39). 이 본문들의 공통점은 약속과 성취 사이의 간격이며 그 속에서 '뒤로 물러나 멸망'할 것인지, 아니면 '인내'와 '믿음'으로 살 것인지 촉구한다(히 10:36-39). 믿음으로 그 약속을 받는, 하나님을 경외하는 자들은 하나님의 영광이 그 땅에 거하게 되는 것을 경험하게 될 것이다. 주님은 가까이 계시고(시 119:151) 주의 이름이 가까우니(시 75:1), 가까이 계실 때에 그를 부르라(사 55:6). 그의 구원이 가까울 것이다(사 51:5). 그래서 주님의 종은 자신을 의롭다 하시는 이가 가까이 계심을 담대히 선포한다(사 50:8).

 나샤크

사랑과 진실이 만나고, 정의는 평화와 **서로 입을 맞춘다.** _ 시 85:10

나샤크는 '입맞추다'를 의미하는 동사다. 구약 곳곳에서 '입맞춤'이 언급된다. 이제 죽음을 앞둔 사람이나 헤어지게 되는 경우, 작별 인사로서의 입맞춤이 있지만(창 48:10, 50:1, 왕상 19:20), 기본적으로 입맞춤은 반가움과 친밀함의 표현이었다(창 29:10, 13). 특히 에서와 야곱이 오랜 시간 후에 다시 만나 화해할 때 그들은 입맞추며 울고(33:4), 요셉이 애굽에서 그의 형들을 다시 만나게 되었을 때 입맞추며 운다(45:15). 이러한 입맞춤은 화해와 애정, 우호적 관계 회복의 표현일 것이다. 당연히 사랑하는 연인 사이의 입맞춤이 있다(아 1:2). 반면에 원수 사이에 이루어지는 거짓 입맞춤도 있다(잠 27:6). 바른말을 하는 것이야말로 친구 사이에 적합한 입맞춤이다(잠 24:26, 새번역은 '입맞춤'을 '참된 우정'으로 옮겼다). 한편, 상대방에 대한 경의와 복종의 표시로 이루어지는 입맞춤도 있다(삼상 10:1, 왕상 19:18, 시 2:12). 시편 85편 10절은 하나님의 구원과 영광이 임한 세상을 "정의와 평화가 입맞춘다"고 표현한다. 정의를 실현하고자 할 때 무수한 갈등이 일어나고 고발과 심판이 이루어지지만, 결국 정의야말로 평화를 가져오는 지름길이며 유일한 길이다. 정의와 평화는 어느 하나가 희생해야 하는 가치가 아니라, 서로 입맞추며 함께 가야 하는 가치다.

메텍

너희는 **재갈**과 굴레를 씌워야만 잡아둘 수 있는 분별 없는 노새나 말처럼 되지 말아라. _ 시 32:9

메텍은 말이나 나귀에게 씌워 그것들을 통제하는 '재갈'을 의미한다(또한 잠 26:3). '노새와 말'은 그들을 억제하는 수단이 없으면 주인에게로 나아오지 않는 존재를 가리킨다. 그들은 재갈과 굴레로만 움직이고 주인의 뜻을 이해하지 못할 뿐만 아니라 하려 하지도 않는다. 이스라엘은 말과 나귀가 아니다. 억제하고 통제해야 하나님께 순종하는 존재가 아니며, 하나님의 뜻을 분별하고 이해하는 이들이다. 하나님께서는 그 지으신 사람에게 완전한 자유의지를 주셨으며, 그를 통해 하나님께 나아오게 하셨다. 재갈과 고삐는 통제의 상징이다. 그러나 하나님께서 부르신 삶은 재갈로 통제되는 것이 아니다. 그런 점에서 획일화되지도 않는다. 32편은 죄사함의 기쁨과 감격을 노래한 시다. 이 은혜를 경험한 사람의 삶은 그야말로 자유롭다. 획일화와 통일은 우리 안에 늘 내재되어 있는 유혹이지만, 참된 자유는 훨씬 더 풍성한 삶으로 우리를 이끈다.

하존

이것은, 아모스의 아들 이사야가, 유다 왕 웃시야와 요담과 아하스와 히스기야 시대에, 유다와 예루살렘에 대하여 본 **이상**이다. _ 사 1:1

하존은 '이상이나 환상으로 보다'를 의미하는 '하자' 동사에서 생겨난 명사로, '이상' 혹은 '환상'으로 옮길 수 있다. 이사야서 1장 1절에서 '본'으로 옮겨진 동사가 '하자'이니, 히브리어로 이사야서 첫머리는 '이사야가 본 환상'이 된다. '하자'와 **하존**은 육신의 눈으로 보는 것과는 다르다. 이사야서의 내용은 하나님께서 이사야에게 보여주신 것, 이사야가 하나님께 대한 믿음과 경외 속에서 '본 것'이다. 그가 보기에 유다는 '온통 상처투성이 머리, 골병든 속, 발바닥부터 정수리까지 성한 데라고는 없는 존재'였다(사 1:5-6). 이사야가 보기에, 유다의 지도층은 가난한 자의 얼굴을 맷돌질하듯 짓뭉개면서 그들의 포도원을 약탈하는 자들이었다(3:14-15). 오늘 우리는 '환상으로 본다'면 대개 현실과는 꽤나 동떨어진 일을 생각하곤 하지만, 이사야의 '환상'은 이처럼 겉으로 괜찮아 보이는 현실의 깊은 본질을 통찰한다. 이사야서 2장 1절에서 '계시로 받은'이라는 표현은 '하자' 동사를 옮긴 것이다. 이사야서 전체는 '이상, 환상'이다.

 샤마

사무엘이 나무랐다. "주님께서 어느 것을 더 좋아하시겠습니까? 주님의 말씀에 **순종하는** 것이겠습니까? 아니면, 번제나 화목제를 드리는 것이겠습니까? 잘 들으십시오. 순종이 제사보다 낫고, 말씀을 따르는 것이 숫양의 기름보다 낫습니다." _ 삼상 15:22

샤마는 '듣다'를 의미하는 동사다. 소리를 '듣는' 것도 의미하지만, 우리 말에서처럼 '말을 듣는 것', 즉 '순종하는 것'을 의미하기도 한다. 하나님께서 사울에게 아말렉을 진멸할 것을 명령하셨지만, 백성들에 대한 두려움(삼상 15:24)과 자신의 이름을 떨치려는 마음으로(15:12) 사울은 적장 아각과 가축 떼를 사로잡아 데려온다. 그러면서도 자신과 백성의 행동을 하나님께 가장 좋은 가축으로 제사드리기 위한 것이라고 핑계댄다(15:21). 그에 대한 사무엘의 대답은 극히 단호했다. 번제나 화목제와 같은 제사의 본질은 제물이 아니라 '하나님의 말씀에 대한 순종'이다. 그런데 순종이 없다면 제사는 무의미하다. 그렇기에 하나님께서 그 백성에게 찾으시는 것은 '듣는 것'이다. 신명기의 말씀, "이스라엘은 들으십시오"(신 6:4, '들으십시오'는 **샤마**의 명령형 '쉐마'다) 역시 이를 표현한다. 하나님 백성의 본질적인 특징은 '하나님의 말씀을 듣는 이'다.

 미슈네

왕위에 오른 사람은 레위 사람 제사장 앞에 보관되어 있는 이 율법책을
두루마리에 **옮겨** 적어. _ 신 17:18

미슈네는 '두 배'(double)를 의미하기도 하고(예를 들어 창 43:12, 신
15:18), '두 번째'를 의미하기도 하는데(예를 들어 창 41:43, 삼상 23:17,
왕하 22:14), 원래 있는 것을 필사하여 만든 두 번째 것이라는 점에서
'두 번째 본', 즉 '복사본'을 의미하기도 한다. 새번역은 **미슈네**라는 말
을 정확하게 반영하기보다 의미를 살려 번역해서 이에 대응하는 말
을 찾기가 쉽지 않은데, 이는 '옮겨'라는 표현에 반영되었다고 볼 수
있다. 이스라엘의 왕이 된 사람은 무엇보다도 먼저 레위 사람 제사장
이 간직하고 있는 율법책의 '두 번째 본', 즉 필사본을 적어야 한다. 주
전 3세기경에 이집트에서 그리스어로 번역된 신명기의 경우, **미슈네**
를 '두 번째 율법'이라는 의미로 '도이테로노미온'(deuteronomion)으
로 옮겼고, 이것이 영어권에서 <신명기>를 가리키는 이름 '듀터라너
미'(Deuteronomy)가 되었다. 가나안 땅에 들어간 후 에발 산에서 신
명기 27장에 명령된 대로, 여호수아는 에발 산에 제단을 쌓고, 모세의
율법책의 **미슈네**를 그 돌 제단에 새겼다(수 8:32).

נָכְרִי 노크리

그러나 그의 주인이 그에게 대답하였다. "안 된다. 이스라엘 자손이 아
닌 이 **이방 사람**의 성읍으로 들어갈 수는 없다. 기브아까지 가야 한다."
_ 삿 19:12

노크리는 '외국인, 이방 사람'을 뜻한다. 여성형은 '노크리야'다. 한편으
로 구약은 '이방 사람'에게 매우 단호하게 배타적인 입장을 취한다. 에
스라는 이방 여자와 결혼한 유대인을 강력하게 규탄한다(스 10:1-11).
그리고 느헤미야는 솔로몬의 죄가 이렇게 이방 여자와 결혼한 것이라
고 지적하며 하나님을 거역하는 행태라고 규탄한다(느 13:26-27). 잠언
은 '노크리야', 즉 '이방 여자'야말로 지혜로운 삶의 가장 큰 훼방거리
인 것처럼 서술한다(잠 2:16, 5:20, 7:5, 6:24, 23:27). 하지만 다른 한편
에는 '이방 여인'인 룻도 있다(룻 2:10).

사사기 19장은 레위인과 그의 첩이 자신의 집으로 돌아가는 길에 날
이 저물어 베냐민 지파의 기브아에 묵었다가 기브아 사람들로부터 성
폭행 위협을 받고 결국 그 첩이 집단 성폭행 후에 죽고 마는 참혹한 일
을 겪는 과정을 표현한다. 여기에서 19장 11-14절의 짜임새를, '해가 진
다(11) - 밤을 보내다(11) - 이스라엘에 속하지 않은 이방 사람의 성읍이
아닌 기브아로(12) - 밤을 보내다(13) - 해가 진다(14)'처럼 교차대구로
분석할 때(월터 브루그만/토드 리나펠트, <구약개론>, 236p), '이스라
엘 자손에 속한 기브아'와 '이방 사람의 성읍'은 두드러지게 대조된다.
종의 말에도 불구하고 주인이 기브아까지 간 이유는 당연히 '이방 사람
의 성읍'이 아니고, '이스라엘 자손에게 속한' 곳이기 때문이었을 것이
다. 11절 첫머리에는 '여부스 가까이'가 있고 14절 마지막에는 '기브아
가까이'가 있어서 '여부스-기브아 대조'를 더 분명히 보여준다.

레위인은 **노크리**의 성읍보다 멀더라도 '이스라엘에 속한' 기브아까지 나아갔지만, 그들을 기다린 것은 참혹한 현실이었다. 이러한 대조는, 나그네를 섬기지 않는 이스라엘은 이방 사람의 성읍에도 미치지 못함을 명확하게 증언한다. 중요한 것은 하나님의 규례를 따라 살아가는 삶이지, 혈통이나 민족이 아니다. 이와 같은 점은 구약이 강력하게 증언하는 '이방 민족에 대한 거부'가 무엇을 의미하는지 잘 보여준다. 이방 민족에 대한 배격은 민족 자체나 혈통, 인종에 대한 것이 아니라 삶에 대한 것, 세계관에 대한 것이다. 그리고 참 이스라엘을 판정하는 기준은 바로 "나그네를 어떻게 환대하는가"이다.

 라아

너희는 히브리 여인이 아이 낳는 것을 도와줄 때에, **잘 살펴서**, 낳은 아기가 아들이거든 죽이고, 딸이거든 살려두어라. 그러나 산파들은 하나님을 두려워하였으므로, 이집트 왕이 그들에게 명령한 대로 하지 않고, 남자 아이들을 살려두었다. _ 출 1:16-17

라아는 '보다'를 의미하는 동사다. 이집트 왕은 히브리 인들의 숫자가 늘어나는 것을 경계했다. 그래서 히브리 산파들을 향해 태어난 아이를 '보고'(새번역 '잘 살펴서'), 남자아이면 죽이라고 명령했다. 산파들은 태어난 남자 아이들을 '보았을' 테지만 죽이지 않고 그들을 살렸다. 왜냐하면 산파들은 하나님을 '두려워하였기' 때문이다. 여기에서 '두려워하다'로 옮겨진 동사는 '야레'인데, **라아** 동사와 변화형이 비슷해서 일종의 말놀이가 이루어진다. 왕의 명령은 고대의 '법'이다. 그러나 태어난 아이는 누구든 생명을 누리고 살아갈 권리가 있다. 산파들은 법을 지키기보다 태어난 아이의 권리를 지켜냈다. 그래서 이 본문은 법과 권리의 충돌을 보여준다. '하나님을 두려워하는' 신앙은, 그들이 사는 나라의 법인 왕의 명령보다 인간이 가진 기본적인 권리를 지켜내게 한다. 이 산파들은 '시민 불복종'의 전형을 보여준다(장 루이 스카, <잉크 한 방울>, 304p).

하말

열어보니, 거기에 남자 아이가 울고 있었다. 공주가 그 아이를 **불쌍히 여기면서** 말하였다. "이 아이는 틀림없이 히브리 사람의 아이로구나." _ 출 2:6

하말은 '불쌍히 여기다, 아끼다'를 뜻한다. 이집트 왕은 히브리인이 낳은 모든 남자아이를 강에 던지라는 잔혹한 명령을 내렸다. 남자아이를 낳은 한 어머니는 석 달을 숨겨 키우다가 갈대 상자에 실어 강물에 띄웠다. 바로의 딸 공주가 우연히 그 상자를 발견하고 열었을 때, 그녀는 울고 있는 아기를 보았다. 출애굽기 본문은 공주가 그 아이를 '불쌍히 여겼다'고 표현한다. 공주는 왕의 명령이자 국법을 알았지만, 결국 그 아이를 살려낸다. 공주가 훗날 모세가 될 아이를 살려낸 것은 그 아이의 가능성, 총명해보임 같은 것이 아니라 '울고 있는 아기', 이제 곧 죽게 될 아기에 대한 '불쌍히 여김'이다. 여기서 공주가 이집트 여인이냐, 히브리인이냐 하는 것은 아무런 의미가 없다. 우리네 교리 가운데 '원죄' 같은 주장이 있지만, 출애굽기 본문은 하나님을 전혀 알지 못하는 이집트 공주가 아기를 살려내는 것을 보여준다. 인간의 소중함은 그의 능력이나 재능, 잠재력이 아니라 인간이라는 사실 자체에 있다. 그 앞에 국법도 나중 순위일 따름이다. 훨씬 중요한 것은 법이 아니라 인간의 기본권이다.

오즈

어린이와 젖먹이들까지도 그 입술로 주님의 위엄을 찬양합니다. 주님
께서는 원수와 복수하는 무리를 꺾으시고, 주님께 맞서는 자들을 막아
낼 **튼튼한 요새**를 세우셨습니다. _ 시 8:2

오즈는 '견고함'을 의미하기도 하고(예를 들어 삿 9:51, 시 61:3, 사
26:1), '힘'(삼하 6:1, 잠 31:17), '능력'(시 89:10, 사 62:8)을 의미하기도
한다. 하나님은 그를 경외하고 신뢰하는 이들에게 **오즈**, 즉 능력이 되
신다(출 15:2, 시 81:1, 84:5, 사 49:5, 미 5:4). 새번역은 시편 8편 2절에
서 **오즈**를 '튼튼한 요새'로 옮겼다. 2절은 '어린이와 젖먹이들'을 '원수
와 복수하는 무리, 주님께 맞서는 자들'과 대립시킨다. 매우 강하고 뚜
렷한 '원수와 복수하는 무리'에 비해, '어린이와 젖먹이들'은 힘도 거의
없을 뿐 아니라 말도 제대로 할 수 없다. 그러나 하나님께서는 이 상대
도 안 되는 싸움에서 도리어 어린이와 젖먹이들의 입에서 나오는 찬양
을 힘 있게 하셨다. '원수'의 거센 소리가 아니라 젖먹이들의 '찬양'을
능력 있게 하셨다. 그리스어로 번역된 칠십인경 시편의 경우, **오즈**를
'찬양'으로 옮겼고 이는 마태복음 21장 16절에도 반영되었다. 거기에서
도 대제사장과 서기관의 분노한 소리와 어린이들의 찬양이 대조되었
다. 힘 있고 덩치 큰 남자 어른들의 큰 소리가 아니라 약하고 작은 어린
이와 젖먹이들의 입술에서 나오는 소리를 능력 있게 하시는 하나님, 그
가 이스라엘의 하나님이시다.

 파카드

사람이 무엇이기에 주님께서 이렇게까지 생각하여주시며, 사람의 아들이 무엇이기에 주님께서 이렇게까지 **돌보아주십니까?** _ 시 8:4

파카드는 '자세히 살피다, 돌보다' 그리고 '방문하다' 같은 의미를 지닌다. 우리네 교회 문화권에서 유통되는 '심방하다'에 해당하는 동사라고 쉽게 표현할 수 있다. 하나님께서 사람을 '방문하실' 때, 보살피고 건지기 위해 방문하신다(창 21:1, 50:24, 출 3:16, 13:19, 32:34). 그러나 하나님께서 '방문하실' 때, 범죄한 백성을 찾아내고(신 5:9) 죄악을 심판하기 위해 방문하기도 하신다(시 89:32). '하나님의 방문하심'은 언제나 구원과 기쁨이 아니며 심판의 상황도 있다. 왜냐하면 그들이 하나님의 언약 백성이기 때문이다. 시편 8편의 시인은 마치 스스로가 어린이와 젖먹이처럼 작고 힘 없는 존재임을 느낀다. 그런데 놀랍게도 하나님께서는 그와 같은 자신을 생각하고 강력한 원수와 복수하는 자들로부터 튼튼한 요새처럼 세우셨다. 그래서 시인은 하나님께서 이렇게까지 '돌보아주신' 것을 고백하며 찬양한다.

 마샬

주님께서 손수 지으신 만물을 **다스리게 하시고**, 모든 것을 그의 발 아래에 두셨습니다. _ 시 8:6

마샬은 '다스리다, 주장하다'를 의미하는 동사다. 요셉은 애굽에서 애굽 온 땅을 '다스리는 자'가 되었다(창 45:8, 26). 기드온의 업적으로 인해 사람들은 그에게 자신들을 '다스려달라' 청하지만, 기드온은 주 하나님만이 그들을 다스리실 것이라 단호하게 답한다(삿 8:22-23). 시편 8편 6-8절은 하나님께서 지으신 만물을 사람이 다스리게 하셨다고 증언한다. 우리가 생각하는 다스림은 우리 마음대로 결정하고 추진하며 좌우하는 것인데 비해, 우리는 사자와 소, 바다의 물고기를 우리 마음대로 부리거나 지배할 수 없다. 만물을 다스리게 하고 발 아래 두셨다는 것은, 무엇보다도 사람이 이같은 것을 떠받들거나 숭배하지 말라는 말씀이라 볼 수 있다.

주 하나님을 고백하는 신앙은 하나님 아닌 모든 것을 사람이 숭배해서는 안 되는, 사람의 발 아래 있는 것으로 제자리잡게 한다. 그리고 다스리고 발 아래 둔다는 것은 상대를 지배할 대상으로 여기는 것과는 거리가 멀다. 사람이 피조 세계를 제멋대로 주관하고 말 그대로 제 발 아래 두었더니 세상이 얼마나 파괴되고 황폐해졌는지 오늘 우리는 잘 알고 있다. 멀쩡한 산과 자연을 파헤치고 골프장으로 만들어버리는 일은 아직도 현재진행형이다. 이 모든 현실은 다스림을 착각한 것이다.

예수님은 우리의 참된 왕이요 주님이시되, 우리가 사는 세상에 '섬기려고 오셨다'고 선포하셨다. 다스림은 섬김이라는 것을 주님은 명확히 알리셨다. 수많은 이들이 주님을 찬미하는 까닭은 그분의 지배와 다스림 때문이 아니라 그분의 섬김, 자기 목숨을 우리를 위한 대속물로 주셨기 때문이다. 우리가 부모의 은혜를 기억하는 것도, 부모의 간섭과 명령이 아니라 우리를 향한 그분들의 사랑과 희생을 알기 때문이다. 예수 그리스도를 고백하는 것은 착한 권력이 되거나 괜찮은 권위를 행사하는 것이 아니다. 섬기는 것이야말로 다스림임을 고백하고 그 고백대로 살아가는 것이다. 그러므로 피조 세계에 지배되지 말고, 대단해보이는 사람에게 지배되지 말아야 한다.

 리레가임

사람이 무엇이라고, 주님께서 그를 대단하게 여기십니까? 어찌하여 사람에게 마음을 두십니까? 어찌하여 아침마다 그를 찾아오셔서 **순간순간** 그를 시험하십니까? _ 욥 7:17-18

'레가'는 '순간'(moment)을 의미한다. 전치사 '르'와 함께 쓰인 **리레가임**은 '매 순간, 순간순간'을 의미한다(또한 사 27:3, 겔 26:16). 욥은 하나님께서 아침마다 그를 찾으시고(파카드) '순간순간' 그를 시험하신다고 표현한다. 이렇게 아침마다 사람을 찾으신다는 점에서, 언뜻 하나님의 크신 사랑과 관심을 표현하는 것 같은데, 정작 욥은 고통스러워하며 하나님께 자신에게서 눈을 떼고 내버려두시기를 구한다(욥 7:19).
'사람이 무엇이기에'라는 표현은 시편 8편 5절에서는 인간을 향한 하나님의 사랑과 사람에게 주신 영광과 존귀를 말한다면, 욥기에서는 그로 인해 잠시도 평안하지 못하고 고통과 괴로움에 처하는 인간의 현실을 말한다. 침 삼킬 동안만이라도 자신을 내버려두기를 구하는 욥의 토로는 '하나님 사랑과 찬양'에 익숙한 우리에게 무척이나 낯설다. 어쩌면 어떻게든 믿음을 표현하고 찬양하려 애쓰는 우리의 '경건'은 도리어 하나님에 대한 깊은 불신에서 비롯된 위장 행동일 수도 있다. "순간순간 나를 찾지 마시고 이제는 나를 내버려두세요"라고 말하는 욥의 경건을 생각해볼 일이다.

אֲנִי יְהוָה

아니 아도나이

내가 너희를 아끼지도 않고, 불쌍히 여기지도 않겠다. 오히려 나는 너희의 모든 행실에 따라 너희를 벌하여, 역겨운 일들이 바로 너희의 한가운데서 벌어지게 하겠다. 그때에야 비로소 **내가 주인 줄 너희가 알게 될** 것이다. _ 겔 7:4

아니는 1인칭 주격대명사이고, **아도나이**는 하나님의 이름 '여호와'를 읽는 방식이니, **아니 아도나이**는 "나는 여호와이다"를 의미한다. 특히 '알다'를 의미하는 동사 '야다'와 결합된 형태인 "내가 여호와인 줄 ~가 알리라"를 가리켜 '여호와 인지 어구'(recognition formula)라고 부르는데, 이는 에스겔서에 50회 이상 쓰였다. 하나님께서 이스라엘을 건지느라 행하신 놀라운 행위로 인해 이방 나라들이 여호와를 알리라로 쓰이던 것이 기본적인 용례인데(예를 들어 출 7:5, 17), 에스겔서에서는 이스라엘을 향해 이 표현이 빈번하게 쓰였다.

이와 같은 표현이 있다는 것은, 이스라엘이 엉뚱한 존재를 여호와로 여겼음을 생각하게 한다. 바알을 여호와로 생각하기도 하고, 혹은 여호와라면 무조건 그들을 보호하고 지키기만 하실 것이라 생각하기도 했다. 이스라엘은 금세 잊어버리고 다른 데로 찾아가지만 하나님께서는 "너희는 내가 누구인 줄 아느냐? 내가 바로 여호와이다"라고 이르며 당신이야말로 능력이고 권능이심을 선포하신다. 다른 곳을 찾아다니며 평안과 안전, 번영을 구했으나 모든 것을 잃고 칼과 기근과 전염병에 맞으며 쫓겨난 이스라엘은 그때에야 다른 누구도 아닌 주님 그분을 깨닫게 될 것이다. "내가 여호와인 줄 알리라"의 또 다른 의미로는 11장 12절에서 보듯이 주님의 규례에 대한 강조를 들 수 있다. 이스라엘은 주님께서 행하심을 겪고 나서야 그들이 주 하나님과 그의 규례와 법도를 가벼이 여겼음을 깨닫게 될 것이다.

עַיִן א인

그때에는 이스라엘에 왕이 없었으므로, 사람들은 저마다 자기의 **뜻**에 맞는 대로 하였다. _ 삿 21:25

> **아인**은 '눈'을 의미한다. 우리말이나 다른 언어에서처럼, 히브리어에서도 '눈'은 '시각, 견해'를 의미하기도 한다. 이런 경우 **아인** 다음에 해당하는 주체를 가리키는 명사나 대명사 접미어가 붙어서 "그가 보기에"(예를 들어 창 34:18) 혹은 "그녀가 보기에"(예를 들어 창 16:4)가 되고, '하나님'을 가리키는 표현이 붙으면 "주님께서 보시기에"(신 12:25)가 된다. '옳다'를 의미하는 '야샤르'와 함께 쓰이면 '각기 제 보기에 옳

은 대로'가 된다(예를 들어 신 12:8). 사사기 17장 6절, 21장 25절에도 이 표현이 쓰였고, 새번역은 이를 '저마다 자기의 뜻에 맞는 대로'로 옮겼다. 여기서 **아인**은 '뜻'으로 옮겨졌다. 사사기 17-21장에서 서로 다른 소견이 충돌할 경우, 힘센 지파가 약한 지파를 이기고, 힘센 사람이 약한 사람을 이긴다. 결국 힘이 정의가 되어버리는 세상이 되며, 이런 세상에서 약자와 여성은 제대로 살아갈 수 없음을 사사기 본문이 잘 보여준다. 반면, 사사기에 이어지는 룻기의 경우, 마찬가지로 왕이 없는 사사시대임에도, 이방 여인인 룻과 나이 든 나오미는 자신들의 삶을 제대로 살아갈 수 있었다. 더구나 룻기 전체에서 룻과 나오미가 하나님을 부르거나 기도하는 모습을 찾아보기 어렵고, 룻과 나오미는 자신들의 소견을 따라 행한다고 볼 수 있다. 자신들이 상황을 이해하고 판단했으며 때로 위험스러울 수 있는 행동을 결정한다. 그러면서 이들은 서로가 서로에게 살 길을 만들며 나간다. 이들에게 임금 같은 권위는 필요없다. 그리고 무엇보다도 이들에게 남자는 결정적인 요소가 아니다. 그렇지만 이

들에게 결정적인 것은 이 모든 상황을 주관하시는 하나님이며 서로를 향한 '헤세드', 서로를 향한 사랑, 서로에게 대한 연대다. 그래서 사사기가 말하는 '제 소견에 옳은 대로'는 힘을 가진 이들의 소견에 옳은 대로, 그들보다 힘이 약한 이들의 삶을 유린하고 이용하기 위한 소견대로를 의미한다. 결국 사사기가 말하는 왕이 없어 제 소견에 옳은 대로 행하는 삶은 서로에 대한 사랑 없는 삶, 연대하지 않는 삶이다.

 미크레

그리하여 룻은 밭으로 나가서, 곡식 거두는 일꾼들을 따라다니며 이삭을 주웠다. 그가 간 곳은 **우연히도**, 엘리멜렉과 집안간인 보아스의 밭이었다. _ 룻 2:3

> **미크레**는 '우연'을 의미한다(룻 2:3, 삼상 6:9). 전도서에 이 표현이 빈번히 나오는데 거기에서는 '운명'이라는 말로 옮길 수 있다(전 2:14, 15, 3:19, 9:2, 3). '우연'이라는 말과 '운명'이라는 말이 한 단어로 포괄될 수 있다는 점은 흥미롭다. 여기에는 "모든 우연은 주님께서 정하신 운명"이라는 고대 이스라엘의 신앙이 반영되어 있다고 볼 수 있다. 나오미와 룻은 아무것도 가진 것이 없었고, 자신들의 삶을 지탱하기 위해서는 젊은 룻이 남의 밭에 떨어진 이삭을 주워 사는 길밖에 없었다. 그런데 하필 룻이 이삭을 주우려간 밭이 보아스의 밭이었다는 우연, 그리고 하필 그날 보아스가 자신의 밭에 나왔다는 것을 어떻게 합리적으로 설명할 수 있을까. 하나님께서는 어디에나 계시지만 젊은 여인의 우연한 발걸음이나 늙은 여인의 위험스러운 계획 등 순전히 인간의 우연함과 계획의 배후에 감추어져 있다. 하나님의 인도하심이 인간의 우연성 안에 감추어져 있다.

יַרְכְּתֵי צָפוֹן

야르케테 짜폰

우뚝 솟은 아름다운 봉우리, 온누리의 기쁨이로구나. **자폰 산의 봉우리** 같은 시온 산은, 위대한 왕의 도성. _ 시 48:2

짜폰은 '북쪽'을 의미한다. '야르크'의 쌍수형인 '야르크타임'은 이어지는 표현과 연결하여 '연계형'으로 쓰여 '~의 끝'을 의미한다. 그래서 **야르케테 짜폰**은 '북쪽 끝'을 의미하는데, 새번역은 이를 밋밋하게 '자폰 산의 봉우리'로 옮겼다. 이런 번역에는 '북쪽 끝'이 지닌 신화적인 의미가 전혀 담겨 있지 않다는 점에서 아쉽다. 이 표현은 이사야서 14장 13절에도 쓰여서 바빌론 왕의 위세를 가리킨다. "북방에 있는 산 위에 앉는다"는 것은 가장 높은 존재임을 의미한다. 바빌론 왕은 자신이 그 자리에 앉았다고 선언하지만, 하나님께서는 그를 스올 깊은 곳으로 낮추신다(사 14:11, 15). 에스겔에 따르면, 마지막 날에 이스라엘을 치러 오는 곡이 자리한 곳도 **야르케테 짜폰**이다(겔 38:14-16, 39:2). 시편 48편은 "북방에 시온 산이 있다"고 선언한다. 이것이 시온 산의 실제의 지리적인 위치를 말하는 것은 전혀 아니다. 말인즉슨, 하나님의 처소인 시온 산이 북방에 있으니, 주 하나님이야말로 온 세상의 가장 높으신 하나님이라는 선포다. 고대 중동의 신화적인 '북방' 이미지를 사용해 이 시는 주 하나님이 온 세상을 다스리는 큰 왕이심을 선포한다.

אֹרֶךְ יָמִים

오레크 야밈

진실로 주님의 선하심과 인자하심이 내가 사는 날 동안 나를 따르리니, 나는 주님의 집으로 돌아가 **영원히** 그곳에서 살겠습니다. _ 시 23:6

오레크는 '길이'를 의미하고(예를 들어 창 6:15), **야밈**은 '날'(day)을 의미하는 '욤'의 복수형이다. 그래서 **오레크 야밈**은 '날들의 길이'가 된다. 이 표현은 대체로 '장수'로 번역되지만(신 30:20, 욥 12:12, 시 21:4, 91:16, 잠 3:2, 16), 몇 군데는 '오랜 기간', 즉 '영원히'로 번역되는 것이 낫다(시 23:6, 93:5, 애 5:20). '영원히'라고 하지만, 사람은 결코 영원하지 않다. 여기서의 영원은 자신의 삶이 다하는 날까지, 자신에게 육체의 생명이 남아 있는 날까지를 의미하며 6절 전반절에서 '내가 사는 날 동안'이라는 말과 같은 의미일 것이다.

그의 사는 날 동안 그렇게 하나님의 선하심과 인자하심을 기억하며 찬양하며 살아간다면 그것이야말로 '영원'이며 '장수'다. 오래 사는 것은 그저 물리적인 시간으로 오래 사는 것이 아닐 것이다. 구약 곳곳에서 장수를 약속하는 것도 이러한 맥락에서 이해될 수 있다. 장수의 약속은 사는 날 동안 하나님 안에서 충만하게 살아가는 것이다. 이러한 이해는 제2성전기에 쓰여진 <솔로몬의 지혜>에서도 볼 수 있다. 의인의 요절에 대해 의문을 품게 되지만, "영예로운 나이는 장수로 결정되지 않고 살아온 햇수로 셈해지지 않는다"(솔로몬의 지혜 4:8). "짧은 생애 동안 완성에 다다른 그는 오랜 세월을 채운 셈이다"(솔로몬의 지혜 4:13). 이것이야말로 신약성경이 약속하는 영생의 본질일 것이다. 영생은 영원토록 죽지 않는 삶이 아니다. 영생은 하나님을 알고(요 17:3), 그분을 굳게 신뢰하며 살아가는 것이니 그분을 믿는 자는 죽어도 살고 살아서는 영원히 죽지 않는다(요 11:25-26).

 아말

내가 이 얽힌 문제를 풀어보려고 깊이 생각해보았으나, 그것은 내가 풀기에는 **너무 어려운** 문제였습니다. _ 시 73:16

여기에서 '너무 어려운'으로 번역된 것은 히브리어 **아말**이다. **아말**은 사람들이 살아가면서 겪게 되는 고생 혹은 수고다. 즉 이스라엘이 애굽에서 겪은 수고(신 26:7), 예레미야의 삶에 가득하던 수고(렘 20:18), 시편 기자들이 겪는 곤고함(시 10:14, 25:18), 욥이 겪는 고생(욥 5:6, 7:3), 요셉의 수고(창 41:51), 인생 중에 만나게 되는 모든 수고들(전 2:10, 4:6, 8:15)이 있다. 73편 5절에서는 **아말**이 '고통'으로 번역되었는데, 시인은 악인에게는 그러한 **아말**이 없음을 알았다.

그러나 시인과 같은 하나님의 사람에게는 **아말**, 고통 혹은 곤고함이 있다. 16절은 왜 의인에게는 극심한 고통이 있고 악인은 평안을 누리는지를 두고 시인이 고통이 될 지경까지 고민하고 궁리했음을 말한다. 시인의 고통은 그의 눈에 비친 세상의 곤고함이기도 하고, 현실의 부조리함을 알고자 하는 시인 자신의 진리 추구의 곤고함이기도 하다. 진리를 추구하고 현실을 직면하는 것은 참으로 고통스러운 일이다. 일상의 살아가는 삶도 고통이었지만, 이제 이 삶의 문제를 직면하는 또 다른 고통이 시인에게 있다. 이 구절에 나타난 시인의 고통은 그야말로 인문학적 성찰의 고통이라 할 수 있다.

 할롬

아침이 되어서 일어나면 **악몽**이 다 사라져 없어지듯이, 주님, 주님께서
깨어나실 때에, 그들은 한낱 **꿈**처럼, 자취도 없이 사라집니다. _ 시 73:20

> **할롬**은 '꿈'을 의미한다. 이 구절에서 **할롬**은 처음에 한 번 쓰였고, 새
> 번역은 이를 '악몽'으로 옮겼으며, 문장의 흐름상 후반부에도 다시 '꿈'
> 이란 말을 추가했다. 악몽이어도 깨고 나면 그것은 그저 꿈일 뿐이다.
> 악인의 번성은 새번역대로 아무리 끔찍해도 자고 나면 사라질 악몽에
> 불과하다. 이 구절은 악인의 번성을 주님이 잠시 동안 주무시는 시기로
> 표현한다. 이를 통해 악인의 번성이 제한되어 있으며, 이제 곧 사라지
> 게 될 것임을 이야기한다. 악인의 형통은 한바탕 꿈과 같으니 그야말로
> '일장춘몽'이다. 그렇지만 악인은 죽을 때도 고통이 없고 윤기가 흐른

다는 현실의 경험도 생생하다(4절).

그런 점에서 악인의 결국에 대한 18-20절에서의 고백은 어떤 특정한
때를 가리킨다기보다는, 하나님께서 반드시 악인의 영광을 멸하실 날
이 있음에 대한 고백이요, 믿음이라 할 수 있다. 19절은 악인들이 몰락
하는 시간을 가리켜 '한순간'이라고 표현하지만, 그 시간 역시 지극히
주관적이다. 그러나 설령 그 시간이 평생이라 해도 긴 것이 아니며, 몇
대를 걸친다 해도 긴 것이 아닐 것이다. 이 시간은 하나님의 구원은 그
를 경외하는 자에게 가깝다는 선언(시 85:9)의 반대편이라 할 수 있다.
하나님의 구원은 워낙 확실해 반드시 속히 성취될 것이며, 악인의 몰락
역시 워낙 확실해 반드시 임하게 될 것이다. 그런 점에서 이러한 일들
은 '갑자기'(19절) 일어난다. 그리고 이 시간은 전적으로 하나님의 손에
있다는 점에서, 18-20절은 하나님의 주권, 하나님의 정의에 대한 굳건
한 신앙고백이다.

336

 아하르

주님의 교훈으로 나를 인도해주시고, **마침내** 나를 주님의 영광에 참여
시켜주실 줄 믿습니다. _ 시 73:24

> **아하르**는 장소와 연관하여 '뒤쪽, 뒤'를 의미하기도 하고(예를 들어 창
> 22:13), 시간과 연관해 '나중에, 훗날에'를 의미하기도 한다(예를 들어
> 창 9:28). 시인은 주님의 교훈에 대해 고백한다. 그의 삶에 가득했던 고
> 난과 고초는 하나님의 교훈이라는 계획 안에 있었던 것이다. 그의 괴로
> 움도, 그가 받은 벌도 모두 하나님의 교훈 안에 있었다. 이제 하나님께
> 서 주실 영광이 시인의 소망이 되었다. 세상에서의 일장춘몽 같은 영광
> 이 아니라 영원하신 하나님의 영광이다. 이 영광은 지금 당장의 영광이
> 아니라 '마침내' 이끄실 영광이다. 악인의 평화라는 일장춘몽과 더불
> 어, 의인이 장차 얻을 영광 역시 전적으로 믿음의 시간이다. 훗날에 대
> 한 기대는 예언자들을 비롯한 구약의 신앙인들에게 공통된 기대라고
> 할 것이다. 이것을 '훗날' 혹은 '마침내'라고 표현하는 까닭은 하나님의
> 행하심이야말로 최종적인 행동이기 때문이다. 그런 점에서 '훗날'의 영
> 광, '마침내' 이루어질 영광에 대한 시편 기자와 구약 신앙의 기대야말
> 로 신약시대에 분명히 드러나는 부활 신앙의 본질이라 할 수 있다.

337

 샤탈

주 하나님이 말한다. 내가 백향목 끝에 돋은 가지를 꺾어다가 심겠다. 내가 그 나무의 맨꼭대기에 돋은 어린 가지들 가운데서 연한 가지를 하나 꺾어다가, 내가 직접 높이 우뚝 솟은 산 위에 **심겠다.** _ 겔 17:22

샤탈은 '옮겨심다'를 의미하는 동사다. '시냇가 혹은 물가에 심겨진 나무'가 번성하며 풍성한 결실을 맺을 것을 상징하는 이미지다(시 1:3, 렘 17:8, 겔 19:10). '시냇가' 혹은 '물가'가 의미하는 것은 하나님의 말씀에 따른 삶일 것이며(시 1:2-3), 그래서 '주님의 집에 심겨진 나무'도 같은 이미지라 할 수 있다(시 92:13). 에스겔서 17장은 유다와 예루살렘에 임할 재앙과 심판을 증언한다. 그러나 심판이 끝이 아니다. 하나님께서는 '연한 가지'를 직접 높은 산에 다시 심으실 것이다. 그리고 그 나무가 자라고 가지가 무성하며 열매를 맺어 온갖 새들이 그 나무에 깃들게 될 것이다(겔 17:23). 바빌론과 같은 나라는 언제나 '땅 중앙에 높이 솟은 나무'처럼 커다랗고 강력한 이미지로 표현되지만(단 4:10-12, 20-22), 하나님께서 심으시는 나무는 이처럼 '연한 가지'로 표현된다. 물론 '높이 우뚝 솟은 산'이라는 표현도 있지만, 이 나무가 자라고 결실하게 되는 까닭은 '높은 산' 때문이 아니라 전적으로 '주님이 심으셨기' 때문이다. 하나님께서 친히 심으시는 '연한 가지'는 예수님께서 비유로 언급하신 '겨자씨 한 알'에 대응된다.

שָׁקַץ 쉬케쯔

그는 고통받는 사람의 아픔을 **가볍게 여기지** 않으신다. 그들을 외면하지도 않으신다. 부르짖는 사람에게는 언제나 응답하여주신다. _ 시 22:24

새번역의 '가볍게 여기지 않는다'는 히브리어 본문에 있는 '멸시하지('바자') 않으신다'와 '피하지(**쉬케쯔**) 않으신다' 이 두 동사를 하나로 합친 번역이다. **쉬케쯔**는 동물의 정부정을 다루는 레위기 11장에서 '가증하다' 혹은 '피해야 한다'로 번역된 동사다(레 11:11, 13, 43, 20:25). 이렇게 가증하다고 규정되는 것들은 죽음과 맞닿아 있는 것들로, 시편 22편에서도 시인은 죽음과 맞닿은 존재로 여겨진다(시 22:6, 15). 그로 인해 사람들은 시인을 '피해야 하는' 존재, '혐오스러운' 존재로 여겼다. 사람들은 고통받고 괴롭고 힘겨운 사람들을 보기 싫어한다. 그래서 오늘날에도 장애인 시설을 잘 보이지 않는 곳에 두려 하고, 장애인들이 대중교통을 이용하는 것을 내심 싫어 한다. 성소수자들의 축제 역시 사람들 눈에 잘 안 보이는 곳에서 하라고 요구하기도 한다. 그야말로 '혐오스러운 것, 피해야 할 것'으로 여기는 것이다. 그러나 하나님께서는 고통받는 사람의 아픔을 가볍게 여기시지 않으며 도리어 그들에게 응답하신다. 사람들은 '부정하다'며 멀리 하지만, 하나님께서 가까이 하고 그 소리를 들으시니 누가 그를 부정하다 할까.

שֹׁאָה 쇼아

그날은 주님께서 분노하시는 날이다. 환난과 고통을 겪는 날, **무너지고
부서지는 날**, 캄캄하고 어두운 날, 먹구름과 어둠이 뒤덮이는 날이다.
_ 습 1:15

쇼아는 '파괴, 파멸'을 의미하는 단어이며, 이 구절에서 '부서지는'으로
번역된 '메쇼아'도 비슷한 의미의 단어다. 이렇게 비슷한 의미를 나란히
늘어놓게 되면, 이는 강조의 의미가 된다. 그래서 '**쇼아** 우메쇼아'('우'는
접속사)는 '완전한 파멸'을 의미한다. 이 구절이 속한 단락은 이제 가까
운 '주님의 날'이 어떤 날인지 선포한다. 이스라엘은 그날이 하나님께서
자신들을 건지고 이방을 무너뜨릴 날이라고, 주 하나님은 이스라엘의
하나님이시니 이스라엘을 구원하실 날이라고 기대했겠지만, 예언자 스
바냐는 그날이 주님이 등불을 켜고(습 1:12) 예루살렘을 다니며 모두 찾
아내 심판하시는 날이라 선언한다. 그날은 주님이 분노하시는 날, 환난
과 고통을 겪는 날, 완전한 파멸의 날, 먹구름과 어둠의 날이다.

오늘에 비하자면 오늘날 기독교인은 주님이 재림하시는 날이 자신들
의 구원의 날이 될 것이라 고대하지만, 어쩌면 그날은 '파멸'의 날, **쇼
아**의 날일 수 있다. 필요한 것은 죄악으로부터 돌이킴이지, 구원의 확
신이 아니다. '파멸'에서 살 수 있는 길은 주 하나님께 있다. 하나님의
창조주 되심을 열거하는 욥기 38장의 한 구절은 이를 암시한다. "메
마른 거친 땅을 적시며, 굳은 땅에서 풀이 돋아나게 하는 이가 누구
냐?"(욥 38:27) 이 구절에서 '메마른 거친 땅'으로 번역된 것이 '**쇼아** 우
메쇼아'이다. 하나님께서는 파멸의 땅에서 새로운 풀이 돋아나게 하신
다. 20세기 중반 독일에서 벌어진 유대인 대학살을 영어로는 '홀로코
스트'(Holocaust)로 표기하지만, 히브리어로는 **쇼아**라고 표현한다.

 라마

나 주가 말한다. **라마**에서 슬픈 소리가 들린다. 비통하게 울부짖는 소리가 들린다. 라헬이 자식을 잃고 울고 있다. 자식들이 없어졌으니, 위로를 받기조차 거절하는구나. _ 렘 31:15

라마는 예루살렘 북쪽에 있으며, 벧엘보다 약간 남쪽에 있는데, 베냐민 지파에 속한 땅으로 에브라임에 인접한 곳이다. 호세아서에서 **라마**는 베냐민의 대표적 성읍으로 언급되며 북왕국의 곤경을 표현한다(호 5:8). 예레미야서 40장 1절에 따르면, 바빌론의 진격으로 인해 예루살렘이 함락된 후 수많은 사람들이 포로로 끌려가고, 예레미야 역시 그렇게 포로로 끌려가다가 바빌론 당국자들의 호의로 **라마**에서 풀려나게 된다. 아마 **라마**는 유다 포로들을 바빌론으로 끌고 가기 위한 중간 집결지였을 가능성이 있다. **라마**, 벧엘, 에브랏은 서로 인접했을 것이고, 에브랏은 베들레헴에 인접했다(창 35:19). 에브랏 근처에서 라헬은 베냐민을 낳은 후 죽어 거기 장사되었다(창 35:16-20). **라마**에서 멀리 떨어지지 않은 곳에 라헬의 무덤이 있다는 점이 예레미야로 하여금 **라마**와 라헬의 눈물을 연결시키게 했을 것이다. 예언자는 라마에서 끌려가는 동포를 보며 자식을 두고 떠나는 라헬의 슬픔, 자식을 잃게 되는 어머니 라헬의 슬픔을 생각했을 것이다. 라헬을 위한 유일한 위로는 잃은 자식의 회복이며, 예레미야서 31장 17절은 자녀들이 돌아오리라는 미래의 소망을 전한다. 마태복음 2장 16-18절은 헤롯의 유아 학살과 이 본문을 연결시킨다. 마태는 탐욕스러운 왕으로 인해 졸지에 자녀를 잃은 어머니의 눈물을 떠올렸고, 예수님께서 이 눈물을 닦아주실 분이심을 마음에 간직했을 것이다.

헤벨

너의 **헛된** 모든 날, 하나님이 세상에서 너에게 주신 **덧없는** 모든 날에 너는 너의 사랑하는 아내와 더불어 즐거움을 누려라. 그것은 네가 사는 동안에, 세상에서 애쓴 수고로 받는 몫이다. _ 전 9:9

전도서에서 가장 알려진 표현은 **헤벨**이다. **헤벨**은 '기운(사 57:13), 숨결(시 144:4), 사라지는 안개'(잠 21:6) 같은 의미도 있고, '무가치하고 쓸모없음'(욥 7:16, 잠 31:30, 렘 10:15, 16:19, 애 4:17) 같은 의미도 있으며, 우상의 '헛됨'(왕하 17:15, 렘 2:5, 10:3)을 가리키는 데도 쓰였다. 기운이나 숨결이 있다가도 금방 없어지는 것을 생각하면 '쓸모없음, 헛됨' 같은 의미가 거기서 파생했음을 짐작할 수 있다. 그래서 **헤벨**의 기본적인 의미는 '곧 사라짐, 덧없음, 일시적임'이라 볼 수 있다.

특히 전도서에는 **헤벨**이 자주 나온다. 어떤 이들은 이를 '불합리함'으로 이해하기도 하지만, 전도서에 있는 **헤벨**을 모두 설명하기에는 그리 적합하지 않다. 9장 9절 같은 구절은 **헤벨**을 '평생, 모든 날'과 결합시킨다(또한 6:12, 7:15). 여기에서도 **헤벨**은 '금방 지나가는 덧없음'으로 이해할 수 있다. '금방 지나간다' 하여 다 부정적인 것은 아니다. 그러므로 누군가는 무척이나 수고하고 재주도 있지만 이웃에게 시기를 받는다(4:4). 이것을 두고 **헤벨**이라 하는 까닭은 사람의 평판이 오래 가지 못하고 있다가도 사라져버리는 것이기 때문이다. 곧 사라지는 것이기에 사는 날 동안에 즐거워하는 것이 중요하다. 이렇게 볼 때 **헤벨**은 부정적인 의미라기보다, 짧으면서 순식간에 지나가버리는 삶의 본질을 표현한 것이라 볼 수 있다. 그렇기에 전도자는 여러 번 그 짧은 날 동안 즐거움을 누리며 살 것을 권한다(2:24, 26, 3:13, 22, 5:18-19, 8:15, 9:7-10, 11:7-8). 덧없이 짧은 삶 동안 사람의 몫은 수고와 그 수고의 결과로 얻는 즐거움이다. **헤벨**이 그 복수형인 '하발림'과 함께 쓰인 '**헤벨** 하발림' 같은 표현은 히브리어에서 최상급을 표현하는 방식임을 생각하면 '극도의 불합리함' 혹은 '극도의 찰나, 순식간에 지나감'으로 이해할 수 있다. 전도서 첫머리와 끝머리(1:2, 12:8)에 놓인 '**헤벨** 하발림'은 전도서 전체의 주장을 단번에 요약한다.

רְעוּת רוּחַ

레우트 루아흐

하나님이, 마음에 드는 사람에게는 슬기와 지식과 기쁨을 주시고, 눈 밖에 난 죄인에게는 모아서 쌓는 수고를 시켜서, 그 모은 재산을 하나 님 마음에 드는 사람에게 주시니, 죄인의 수고도 헛되어서 **바람을 잡 으려는 것**과 같다. _ 전 2:26

루아흐는 전도서에서 '바람'으로 이해된다. **레우트**는 '애쓰다, 마음을 쓰다'라는 의미다(전 2:22). 같은 의미를 지닌 다른 단어 '라욘'도 **루아 흐**와 함께 쓰인 경우가 전도서에 두 번 나온다(1:17, 4:16). **레우트 루아 흐**는 그보다 좀 더 쓰였다(1:14, 2:11, 17, 26, 4:4, 6, 6:9). '바람을 잡는 것'은 4장 6절을 고려할 때 '잡아서 간직할 수 없는 것을 잡으려는 것'으 로 이해할 수 있다. 바람은 분명히 존재하는 것이지만 결코 가두어두거 나 확보해둘 수 없다. 그저 바람을 느끼고 누리는 것이 최선이다. 그래 서 '바람을 잡으려는 것'은 누려야 할 것은 누리지 못한 채 아무 소용없 는 노력을 기울이는 행동인 셈이다. 수고한다고 해서 다 제것이 되지 않 는다. 하나님께서는 죄인의 수고를 사용해 하나님께서 기뻐하시는 이들 에게 주실 것이다. 그러므로 죄인이 수고해 자신의 것으로 만들 수 없고, 그의 수고는 '바람을 잡는 것'일 뿐이다. 이를 생각하면 '바람을 잡는 것' 이라는 표현을 그저 부정적으로만 생각할 필요는 없다. 이 표현은 사람 이 제 것이라 주장할 수 없음, 제 마음대로 할 수 없음을 지적한다.

 임마누엘

전략을 세워라. 그러나 마침내 실패하고 말 것이다. 계획을 말해보아라.
마침내 이루지 못할 것이다. **하나님께서 우리와 함께 계시기** 때문이다.
_ 사 8:10

임마누는 '함께'라는 의미를 지닌 전치사 **임**에 1인칭복수 대명사접미
어가 붙은 형태다. **엘**은 하나님을 가리킨다. 그래서 **임마누엘**은 "하나
님이 우리와 함께 계시다"라는 의미다. 이 표현은 이사야서 7장에 3번
등장한다(사 7:14, 8:8, 10). 8장 10절 말씀은 유다를 둘러싼 여러 민족
들을 향한 것으로, 유다를 위협하며 전쟁의 함성을 지르며 전쟁을 준비
하는 열방 나라들이 전략을 세우고 계획을 짠다 하더라도 결국에는 실
패할 것을 선포한다. 그러나 전쟁의 승리는 그들의 군사력에 달려 있지
않다. **임마누엘**, 하나님께서 우리, 즉 이스라엘과 함께하시기 때문이다.
임마누엘은 이스라엘을 향한 확고하고도 견고한 구원의 보장처럼 들
리지만, 이사야서에 쓰인 다른 두 경우에서 **임마누엘**은 그 백성을 향한
하나님의 심판을 의미한다. 하나님께서 함께하시니, 하나님께서는 반
드시 하나님을 기억하고 다른 것을 붙잡는 그 백성을 심판하실 것이다.
그러므로 **임마누엘**은 이중적이다. 하나님을 신뢰하고 그 말씀을 따라
살아가는 자들에게는 구원의 약속이요, 하나님의 백성이라면서 실제로
는 하나님을 신뢰하지 않고 열방을 의지하고 강대국을 의지하는 이들
에게는 심판의 상징이다.

 알마

그러므로 주님께서 친히 다윗 왕실에 한 징조를 주실 것입니다. 보십시오. **처녀**가 잉태하여 아들을 낳을 것이며, 그가 그의 이름을 임마누엘이라 할 것입니다. _ 사 7:14

알는 '젊은 여자'를 의미한다. 그런데 그리스어로 번역된 이사야서는 이 단어를 '처녀'를 뜻하는 '파르테노스'로 옮겼고, 이것이 마태복음 1장 23절에 반영되었다. 그러나 히브리어에서 '처녀'에 해당하는 단어는 '베툴라'다(예를 들어 창 24:16, 신 22:19). 잠언 30장 19절에서 남자와 함께 잠을 자는 **알마**를 언급한다는 점에서 **알마**는 '젊은 여자'로 이해하는 것이 타당함을 알려준다. 그러나 이사야서 본문에서 여성이 '처녀'인지 여부는 전혀 중요하지 않다. 7장 14절의 모든 초점은 태어난 아기의 성장이다. 그 아이가 자라 일정한 나이가 되기 전에 어떤 근본적인 변화가 일어날 것이라는 점이 이 예언 말씀의 초점이다. 그러므로 7장 14절에서 여성의 '처녀성'에 집중하는 것은 본문의 의도와는 전혀 무관하다. 더구나 이 말씀은 구원 말씀이 아니다. 하나님을 믿는다면서도 하나님을 신뢰하지 않고 도리어 괴롭히는 아하스와 다윗 왕가를 향한 심판 말씀 맥락에 이 구절이 놓여 있기 때문이다. 그래서 여기서의 **임마누엘**은 심판의 하나님이다. 그러므로 누구도 하나님을 가벼이 여길 수 없다.

 세돔(소돔)

네 동생 소돔의 죄악은 이러하다. **소돔**과 그의 딸들은 교만하였다. 또 양식이 많아서 배부르고 한가하여 평안하게 살면서도, 가난하고 못 사는 사람들의 손을 붙잡아주지 않았다. _ 겔 16:49

소돔(히브리어 발음으로는 **세돔**이다)이 구약에 언급될 때는 하나님의 진노를 불러일으키는 죄악의 상징으로(예를 들어 창 13:13, 렘 23:14), 그리고 그런 죄악으로 인해 하나님의 심판이 임하여 완전하게 멸망했음을 알리는 상징으로(예를 들어 신 29:23, 렘 49:18) 쓰인다. 소돔같이 죄를 지으면 소돔같이 멸망할 것이다. 그렇다면 소돔의 죄악은 무엇인가? 에스겔서 본문은 "자신들이 누리는 평안함에도, 가난하고 못 사는 이들의 손을 잡아주지 않은 것과 교만함"이라 명확히 규정한다(겔 16:49-50). 흔히 소돔의 죄악을 두고 '동성애'라고 말하는 이들이 있지만, 에스겔서 본문은 겉으로 드러난 '동성 성폭행' 사건의 본질이 '가난한 자의 손을 잡아주지 않은 교만'임을 분명히 한다. '동성애'를 금지한다고 소돔에 평화가 찾아오는 것이 아니라, '가난한 자의 손을 잡아주고 가난해도 안전하게 살아갈 수 있는 세상'을 만드는 것이야말로 소돔을 평화롭게 하는 길이다. 그러므로 소돔과 고모라의 죄악을 '동성에 대한 집단 성폭행'과 구분하지 않은 채 그저 '동성애'로 단정하는 것은, 지금도 여전히 '가난한 자'을 돌아보는 일을 간과하게 한다. 그러나 이어지는 에스겔서 16장 52절은 놀랍게도 '동성 성행위' 같은 것이 전혀 일어나지 않은 유다가 소돔의 죄악보다 훨씬 더 역겹다고 증언한다.

샤하트

하나님이 노아에게 말씀하셨다. "땅은 사람들 때문에 무법천지가 되었고, 그 끝날이 이르렀다. 내가 반드시 사람과 땅을 함께 **멸하겠다**." _ 창 6:13

샤하트는 수동형(니팔)에서 '썩다, 부패하다'를 의미하고(예를 들어 창 6:12, 출 8:20), 강조형(피엘)으로는 '썩게 하다, 상하게 하다', 그래서 '멸망시키다'를 의미한다(예를 들어 출 21:26, 렘 12:10). 창세기 6장 11절과 6장 12절 전반절에서는 니팔형, 그리고 6장 12절 후반절과 6장 13절에서는 피엘형이 각각 쓰였다. 이에 따르면 하나님의 홍수 심판의 주된 원인은 '썩음' 때문이다. 땅이 썩게 된 근본적인 까닭은 '무법천지' 가 되었기 때문이다(창 6:11, 13). 새번역이 '무법천지'로 옮긴 히브리어 는 '폭력(하마스)으로 가득참'이다. 힘이 센 사람이 약한 사람을 짓밟고 유린하는 '폭력'이 지배하게 되자 땅은 썩어버린다. 당연한 말이지만 땅의 부패는 땅의 잘못이 아니며 그 위에 살아가는 사람의 잘못, 구체적으로는 폭력이다.

그러자 하나님께서는 그렇게 땅을 썩게 만든 사람과 썩어버린 땅을 '썩게 하시기로', 즉 '멸하시기로' 결정하신다. 결국 하나님의 홍수 심판은 갑작스럽거나 뜬금없는 일이 아니라 "그들이 행한 대로 받으리라"라는 원칙, "네가 때렸으니 너도 맞을 것이다. 네가 대접하였으니 너도 대접 받을 것이다"가 관철된 것임을 깨닫게 된다. 홍수 현상 역시 기후와 연관된 것이라는 점에서 당연히 하나님께서 고대에 일으키신 크고 놀라운 기적이지만, 하나님의 기적을 빼더라도 사람들의 썩어빠진 행실로 인한 결과가 땅의 부패, 그리고 종국에는 사람의 멸망이라는 점에서 홍수 역시 기후 위기의 최종 결과라고 말할 수 있을 것이다.

אָח 아흐

주님께서 가인에게 물으셨다. "네 **아우** 아벨이 어디에 있느냐?" 그가 대답하였다. "모릅니다. 제가 아우를 지키는 사람입니까?" _ 창 4:9

아흐는 '형제'를 의미한다. 이 단어는 가인과 아벨을 표현하기 위해 구약에 처음 쓰인다(창 4:2). '가인'이라는 이름은 하나님으로 말미암아 얻었음을 기억하느라 '얻음'이란 뜻의 '가인'이라 지어진 반면, '아벨'은 히브리어 '헤벨'로 '덧없음, 기운' 같은 뜻의 단어라는 점에서 왜 이렇게 지었는지 이해하기 쉽지 않다. 그러나 아벨의 제사를 하나님께서 받으신 것으로 인해 그 중요해 보이는 인물 가인은 하찮아 보이고 덧없어 보이는 아벨을 죽여버린다. 아벨이 어떻게 되었는지 몰라서 하나님께서 가인에게 물으신 것은 아닐 것이다. 하나님의 질문은 우리가 서로에게 어떤 사람이어야 하는지 물으신 것이다. "내가 형제를 지키는 자입니까?"라는 가인의 대답은 오늘도 우리를 향해 말한다. 형제 가운데 하나가 자식 없이 죽으면 남은 형제 중 하나가 죽은 형제의 아내를 취하여 자식을 낳도록 하라는 신명기의 규례(신 25:5-10)는 말 그대로 서로가 서로의 형제를 지키고 책임지는 관계임을 명확히 보여준다.

עִיר הַהֶרֶס

이르 하헤레스

그날이 오면, 이집트 땅의 다섯 성읍에서는 사람들이 가나안 말을 하며, 만군의 주님만을 섬기기로 충성을 맹세할 것이다. 그 다섯 성읍 가운데서 한 성읍은 '**멸망의 성읍**'이라고 불릴 것이다. _ 사 19:18

이르는 '성읍, 도시'를 의미한다. **헤레스**는 '멸망'을 의미한다. 그래서 **이르 하헤레스**는 '멸망의 성읍'이라는 의미가 된다. 그런데 19장 18-25절은 이집트가 하나님의 백성이 되고 하나님 앞에 나아오게 될 것을 선포한다. 이집트를 향한 구원이 시작되는 것이 이집트 땅에 있으면서 만군의 주님만을 섬기기로 다짐한 다섯 성읍이다. 그런데 그 다섯 성읍 가운데 하나의 이름이 '멸망의 성읍'이라는 것은 문맥의 흐름과 전혀 맞지 않다. **헤레스**가 '멸망'을 의미하지만 첫 자음 '헤' 대신에 '헤트'를 사용한 **헤레스**는 '태양'을 의미한다(삿 14:18, 욥 9:7). '헤'와 '헤트'는 지극히 미미한 차이만 있기에 사본을 필사할 때 종종 실수가 벌어지곤 한다. '태양'을 의미하는 **헤레스**라면, **이르 하헤레스**는 '태양의 성읍'이 된다. 그렇다면 이것이 가리키는 것은 그리스어로 '태양'을 뜻하는 '헬리오스'가 포함된, 헬리오폴리스(Heliopolis)가 될 것이다. 실제로 주전 2세기 경 헬리오폴리스 관내의 한 장소에 유대인들이 세운 성전이 세워진다는 점에서도, 이사야서 구절이 의미하는 것은 '멸망의 성읍'이 아니라 '태양의 성읍'이 타당할 것이다. 아마도 '멸망의 성읍'이라는 표현은 예루살렘이 아닌, 외부에 성전이 세워지는 것에 대한 비판적 판단에서 생겨난 표현으로 여겨진다.

לֹא עַמִּי

로 암미

주님께서 말씀하셨다. "그의 이름을 로암미라고 하여라. 너희가 **나의 백성이 아니며**, 나도 너희의 하나님이 아니기 때문이다." _ 호 1:9

로는 히브리어의 부정어다. **암미**는 '백성'을 의미하는 암에 1인칭대명사접미어가 붙은 형태이니, **로 암미**는 "내 백성이 아니다"를 의미한다. 특히 '내 백성'은 하나님과 이스라엘의 특별한 관계, 언약 관계를 표현하는 핵심적인 용어다. 하나님께서 이스라엘을 이집트에서 구원하시고, 하나님은 그들의 하나님, 그들은 하나님의 백성이 되는 언약을 맺었다(출 6:6-7, 그외 레 26:12, 렘 11:4, 겔 11:20, 37:26-27 등). 그런데 **로 암미**는 이러한 언약 관계를 전면적으로 부정한다. 호세아와 고멜의 결혼은 하나님과 이스라엘의 언약을 상징하는 관계였는데, 두 사람 사이에 태어난 세 번째 아이의 이름이 **로 암미**였다. 이제 '내 백성-너희의 하나님' 관계가 깨진 것이다. '언약 관계의 깨어짐'을 상징하는 이 이름은, 장차 북왕국에 임하게 될 재앙이 일시적인 것이 아니라 근본적 재앙이며, 하나님과 그 백성이라는 본질적인 관계가 다 깨어졌음을 알리는 것임을 증언한다. 그러나 이러한 심판과 깨어짐이 끝은 아니다. 하나님께서는 훗날에 다시 그 백성을 회복시키시고 그들을 향해 **암미**, 즉 '내 백성'이라고 부르실 것이다(호 2:1, 23).

לֹא רֻחָמָה 로루하마

고멜이 다시 임신하여 딸을 낳았다. 이때에 주님께서 호세아에게 말씀
하셨다. "그 딸의 이름은 **로루하마**라고 하여라. 내가 다시는 이스라엘
족속을 불쌍히 여기지도 않고, 용서하지도 않겠다." _ 호 1:6

호세아와 고멜의 결혼은 하나님의 명령이었으면서, 하나님과 이스라엘
의 관계를 보여주는 상징이었다. 두 사람 사이에 태어난 둘째 딸의 이름
을 하나님께서는 **로루하마**라 짓게 하셨다. **로**는 히브리어에서 부정어
다. **루하마**는 '라함' 동사에서 만들어진 단어로, '라함'은 '불쌍히 여기
다, 긍휼히 여기다'를 의미한다. 그래서 **로루하마**는 '불쌍히 여김 받지
못함'을 의미한다. '라함' 동사는 주로 그 백성을 향한 하나님의 마음을
표현하기 위해 쓰인다(예를 들어 출 33:19, 왕하 13:23, 사 14:1). 범죄했
을지라도 그 악한 길과 생각에서 돌이킬 때, 죄악 가득한 과거에도 불구
하고 하나님께서는 그 백성을 불쌍히 여기신다(사 55:7). 그래서 하나님
께서는 포로로 끌려간 이스라엘을 다시 불쌍히 여기실 것이다(신 30:3,
렘 30:18). 호세아와 고멜의 둘째 아이의 이름을 **로루하마**로 짓게 하시
고, 하나님을 떠나 바알을 섬긴 이스라엘을 하나님께서는 심판하실 것
이다(호 2:8-9). 그러나 그것이 끝이 아니다. 하나님께서는 다시 그들을
광야로 데리고 가서 타이르실 것이다(호 2:14). 그날에 이스라엘은 다시
루하마, 즉 '불쌍히 여김받음'이라 불리게 될 것이다(호 2:1, 23).

미쯔라임

만군의 주님께서 이 세 나라에 복을 주며 이르시기를 "나의 백성 **이집트**야, 나의 손으로 지은 앗시리아야, 나의 소유 이스라엘아, 복을 받아라" 하실 것이다. _ 사 19:25

히브리어 **미쯔라임**은 이집트를 가리키는 이름이다. 이집트는 이스라엘에게는 이중적인 의미를 갖는 장소다. 한편으로는 이스라엘이 끊임없이 의지하고 기대어 죄를 짓게 되는 장소다. 그래서 구약 곳곳에서는 "이집트로 내려가지 말라"고 경고하는 소리가 있다(예를 들어 창 26:2, 신 17:16, 렘 2:18, 겔 29:6 등). 다른 한편으로, 이집트는 위기에 처한 이들이 피신하여 생명을 이어갈 수 있는 피난처였다(예를 들어 창 12:10-20, 왕상 11:17-18, 40, 또한 마 2:13-15). 놀랍게도 이사야서 19장 16-25절에서는 훗날에 이집트가 어려움 중에 하나님의 도우심을 부르짖게 되고 마침내 하나님께로 돌아올 것을 선포한다(사 19:16-22). 그날에 앗시리아와 이집트 사이에 길이 놓이게 되며 자유롭게 서로 왕래하게 될 것이다(사 19:23). 그리고 하나님께서는 이집트를 일러 '나의 백성'이라 부르실 것이다. '나의 백성'은 하나님과의 언약 관계를 상징하는 이름으로(예를 들어 출 6:6-7, 호 2:1, 23), 19장 25절은 구약 전체에서 하나님께서 이방 백성을 향해 언약 백성을 의미하는 '내 백성'이라 부른 유일한 경우다. 그래서 이 구절에 이르러 하나님의 구원은 그야말로 온 세상을 포괄하는 보편적인 구원이 된다.

יהוה נִסִּי   아도나이 닛시(여호와닛시)

모세는 거기에 제단을 쌓고 그곳 이름을 '**여호와닛시**'라 하고, "주님의 깃발을 높이 들어라. 주님께서 대대로 아말렉과 싸우실 것이다" 하고 외쳤다. _ 출 17:15-16

닛시는 '깃발'을 의미하는 '네스'에 1인칭 대명사접미어가 붙은 형태로 '나의 깃발'이라는 의미가 된다. 그래서 **아도나이 닛시**는 '여호와는 나의 깃발'을 뜻한다. 깃발은 사람들을 모으는 중심 역할을 한다. 깃발을 보고서 사람들은 깃발 아래로 나아오게 된다(예를 들어 사 5:26, 11:12). 이 구절들은 이스라엘이 아말렉과 싸운 전투의 결론부에 나온다. 아말렉은 애굽을 떠난 이스라엘이 처음 만난 대적이며, 이스라엘을 공격한 첫 집단이기도 하다. 비슷한 내용을 다룬 신명기에 따르면 이스라엘이 이집트에서 나올 때 아말렉은 백성들이 피곤하고 지친 틈을 타서 뒤에 처진 사람들을 공격했다(신 25:17-19).

출애굽기 17장에서 아말렉과 맞선 전투는 흔히 보는 전쟁과는 달랐다. 모세가 손을 들고 있으면 이스라엘이 이기고, 손이 내려오면 아말렉이 우세했다. 그래서 아론과 훌은 모세의 팔을 양쪽에서 붙들어 올렸다. 이것은 이 전쟁이 이스라엘의 전투 능력에 달린 것이 아니라 하나님께 달린 것임을 말한다. 모세의 팔에 능력이 있다거나, 모세에게 능력이 있음을 말하지 않고, 이 전쟁은 주 하나님께 달렸음을 말한다. 그래서 16절은 이스라엘이 아니라 '주님께서' 대대로 아말렉과 싸우실 것이라 선언한다. 그럴 때 **아도나이 닛시**는 우리의 힘과 능력이 아니라 하나님의 능력을 의지하라는 의미이며, 승리는 하나님의 것임을 선언한다. 하나님의 백성의 본질적인 특징은 자신들의 능력과 무관하게 오직 하나님을 신뢰하며 하나님의 깃발 아래 모이는 자들이라는 점이다.

파르

너희는 말씀을 받들고 주님께로 돌아와서 이렇게 아뢰어라. "우리가 지은 모든 죄를 용서하여주십시오. 우리를 자비롭게 받아주십시오. **수송아지**를 드리는 대신에 우리가 입술을 열어 주님을 찬양하겠습니다."
_ 호 14:2

파르는 '수송아지'를 의미하며 하나님께 드리는 제사에 바쳐지는 제물 가운데 하나다(예를 들어 출 24:5, 레 4:3). 마지막 문장 히브리어를 직역하면 "우리가 수송아지를 우리 입술로 갚겠습니다"가 된다. 하나님께 제사를 드리되, 더 이상 수송아지의 제사가 아니라 입술의 진실한 고백으로 드리겠다는 의미로 볼 수 있다. 새번역 역시 이런 맥락에 따른 것이며, 자연스럽게 하려고 '찬양하겠다'는 표현까지 추가했다. 그런데 '수송아지'에 대항하는 히브리어 **파르**를 다소 수정하면 '열매'(페리)가 된다. 이 경우 "우리가 우리 입술의 열매로 갚겠습니다"가 되며, 이런 이해가 그리스어 칠십인경에 반영되었고, 신약성경 히브리서 13장 15절 ("… 하나님께 찬미의 제사를 드립시다. 이것은 곧 그의 이름을 고백하는 입술의 열매입니다")에도 반영되었다. 개역성경은 '황소'도 살리고 '입술의 열매'도 살린 특이한 번역이다. 분명한 것은 호세아서 14장 2절은 이제까지 드린 제사의 본질이 그저 송아지나 양과 같은 가축이 아니라 '우리 입술의 진실한 고백', 우리의 진실한 삶의 고백이라는 점이다.

 야톰

다시는 앗시리아에게 우리를 살려달라고 호소하지 않겠습니다. 군마를 의지하지도 않겠습니다. 다시는 우리 손으로 만들어놓은 우상을 우리의 신이라고 고백하지도 않겠습니다. **고아**를 가엾게 여기시는 분은 주님밖에 없습니다. _ 호 14:3

> **야톰**은 '고아'를 의미한다. '고아'는 '과부'와 '나그네'와 더불어, 세상에서 아무것도 의지할 데라고는 없는 사람을 대표한다(시 72:12). 그래서 구약에서 사회적 약자를 이야기할 때 '고아와 과부'(예를 들어 출 22:21), 혹은 '고아와 과부와 나그네'(예를 들어 신 10:18) 같은 식으로 자주 언급된다. 호세아서 본문은 손으로 만든 것을 향해 "우리의 신이라" 하지 않겠다는 고백을 전한다. 호세아서가 내내 벧엘의 송아지를 언급했음을 생각하면 여기에서 '손으로 만든 것, 우리 신'과 같은 표현은 여로보암 이래 세워졌던 벧엘의 금송아지를 염두에 두었을 것이다.

백성들이 다시는 의지하거나 바라보지 않을 대상으로 앗시리아, 군마, 그리고 손으로 만든 우상이 다루어진다. 이것이야말로 송아지 우상의 본질이니 바로 권력, 군사력이다. 그러면 앗시리아와 군마와 금송아지 우상의 반대편에는 무엇이 있는가? 매우 특이하게도 호세아서 본문은 여기에서 '고아를 가엾게 여기시는 주님'을 언급한다. 그러므로 앗시리아와 군마와 금송아지의 반대편에는 '고아'가 있다. 구약에서 '고아'는 천지간에 아무것도 의지할 이가 없어 오직 하나님만이 유일한 기댈 존재요, 피할 바위인 존재를 상징한다. 그런 점에서 금송아지 숭배의 반대는 타종교 거부가 아니라 고아 같은 하나님의 백성, 오직 하나님 한 분 의지하는 하나님의 백성이 되는 것이다. 우리가 고아처럼 오직 주님으로 힘을 얻는 자임을, 내 힘과 내 능력, 주님만이 우리의 힘이 되심을 기억하는 것이 중요하다.

רָחַב 로하브

하나님께서 솔로몬에게 지혜와 총명과 **넓은** 마음을 바닷가의 모래알처럼 한없이 많이 주시니. _ 왕상 4:29

로하브는 '폭, 너비'를 의미한다(예를 들어 창 13:17, 욥 37:10). '마음'을 의미하는 '레브'와 결합해 '넓은 마음'으로 번역되었다. 이 구절은 하나님께서 솔로몬에게 '넓은 마음'을 주시되 '바닷가의 모래알처럼' 주셨다고 표현한다. '넓은 마음'은 '하늘의 별'과 더불어 아브라함 자손이 많아질 것을 가리키는 데 '바닷가의 모래'가 쓰인다는 점(예를 들어 창 22:17, 32:12)은 이 이미지가 무수히 많음, 셀 수 없을 만큼 많음을 표현한다고 볼 수 있고, 새번역은 아예 이를 번역에 반영했다. 결국 '넓은 마음'의 근본은 한두 가지의 경우만이 아니라 바닷가 모래처럼 무수히 많은 경우를 생각하는 것에서 비롯된다고 할 수 있다.

고대 이스라엘에서 '마음'은 감정의 공간이라기보다는 지적인 작용의 공간이다. 그래서 '넓은 마음'은 나 자신의 경우, 나 자신의 삶에만 집중하는 것이 아니라, 다른 사람의 경우를 더 아는 것과 연관된다. 이 사람의 경우를 알게 되고 저 사람의 경우를 알게 될 때, 우리는 쉽게 몇 마디 말로 다른 이를 판단하거나 규정할 수 없게 된다. 이렇게 '넓은 마음'을 갖게 되는 것은 감정이 아니라 지적인 활동의 결과다. 세상이 어떻게 움직이는지를 공부하고 이해하며, 다른 사람의 삶은 어떠한지, 다른 곳에서는 어떤 일이 이루어지는지, 다른 이들의 삶에는 어떤 슬픔이 있고 고통이 있는지를 배우고 이해하게 될 때 우리는 넓은 마음을 품게 된다. 많은 경우 공감, 관대함, 관용은 학습과 공부에서 비롯된다.

נָהָר　나하르

주님, **강**을 보고 분히 여기시는 것입니까? **강**을 보고 노를 발하시는 것입니까? 바다를 보고 진노하시는 것입니까? 어찌하여 구원의 병거를 타고 말을 몰아오시는 것입니까? _ 합 3:8

'강'으로 번역된 히브리어는 **나하르**다. 8절에서 하나님께서 바다와 강들에 맞서시는 것이 언급되며, 15절에서도 바다와 물결에 맞서시는 것이 다시 언급된다. 강과 바다와의 싸움이 8-15절 전체를 둘러싸는 역할을 한다. 하나님을 대적하는 세력으로서의 바다와 강에 대한 이해는 고대 중동 본문과 구약에서 흔히 볼 수 있다. '강'이 농경을 기반으로 한 고대 사회에서 가지는 중요성은 말할 필요가 없다. '강'으로 인해 강을 이용한 운수가 가능하고, '강'이 한 지역과 다른 지역의 경계를 결정짓기도 하므로 '강'을 건너는 행동의 위험성과 상징성도 컸을 것이다(가령 얍복강을 건널 때 야곱에게 일어난 일). 이런 점으로 인해 고대 사회에서 강과 연관된 신 혹은 강 자체를 신격화하는 일이 빈번히 등장한다. 하나님께서 출애굽 때 그 백성을 위해 행하신 일은 종종 '바다와의 싸움, 강과의 싸움' 모티브로 표현되는데, 하나님께서는 바다를 둘로 나누셨고(시 74:13, 114:3, 5, 사 51:10), 요단도 갈라지게 하셨다(시 114:3, 5, 사 43:2). 요단강을 건널 때 여호수아가 '성결'을 명령하고(수 3:5) 지극히 신앙적이고 상징적인 행동을 하는 것(수 3:6-14)은 여호와께서 요단으로 대표되는 신을 제압하는 과정으로 이해할 수 있다. 강, 바다, 혹은 '큰 물결'(합 3:15, 또한 시 29:3, 32:6, 124:4-5)은 이처럼 고대 중동 체계에서 신화적 힘을 가진 세력으로 여겨졌으며, 구약 본문은 이들을 물리치신 것을 전하며 하나님의 능력과 권세를 증언한다. 하나님의 능력은 곧바로 그 백성의 구원하심을 의미한다.

 키헤쉬

무화과나무에 과일이 없고, 포도나무에 열매가 없을지라도, 올리브나무에서 딸 것이 **없고** 밭에서 거두어들일 것이 없을지라도, 우리에 양이 없고 외양간에 소가 없을지라도, 나는 주님 안에서 즐거워하려네. 나를 구원하신 하나님 안에서 기뻐하려네. _ 합 3:17-18

키헤쉬는 '카하쉬' 동사의 강조형(피엘)으로 '속이다'를 의미한다. "올리브나무에서 딸 것이 없다"로 옮겨진 문장을 직역하면 "올리브나무의 소출이 속였다"이다. 즉 당연히 올리브나무에서 소출이 났어야 하는데 전혀 나지 않았다는 의미다. 여기에 **키헤쉬** 동사를 사용해 전혀 예상 밖의 결과가 생긴 것을 두드러지게 표현한다. 무화과와 포도는 하나님께서 허락하신 땅의 풍성함을 상징하는 것이지만(민 13:23, 신 8:8), 이제 그들에게는 무화과도 포도도 없다. 포도와 무화과가 모두 사라졌다는 것은 메마름의 상징이며(민 20:5, 사 34:4), 하나님의 심판의 상징이기도 하다(시 105:33, 렘 5:17, 8:13, 호 2:12, 욜 1:7,12, 암 4:9). 하나님께서 허락하신 풍성함을 상징하는 감람나무 역시 기대했던 열매를 맺지 않았다. 들에서도 먹을 것이라곤 전혀 나지 않았다. 17절 전반절이 작물과 열매에 대한 내용이었다면, 후반절은 가축에 대한 것이다. 양이 우리에서 모두 사라졌으며 외양간에 소가 없다. 그의 현실은 아무런 결실을 거두지 못한 메마르고 황폐한 지경이지만, 하박국은 "내가 즐거워하리라, 내가 기뻐하리라" 단호히 외친다. 그의 기쁨과 즐거움의 근원은 '주님 안에서, 나를 구원하신 하나님 안에서'다. 하나님께서 이루실 구원으로 말미암아, 그렇게 행하실 주님으로 말미암아 하박국은 그가 선 자리에서 낙심하거나 체념하지 않고, 도리어 크게 기뻐하고 즐거워한다. 그의 기쁨은 다른 무엇 때문이 아니라 오직 하나님으로 인한 것이다.

 라파

주님께서 말씀하셨다. "너희가, 주 너희 하나님인 나의 말을 잘 듣고, 내가 보기에 옳은 일을 하며, 나의 명령에 순종하고, 나의 규례를 모두 지키면, 내가 이집트 사람에게 내린 어떤 질병도 너희에게는 내리지 않을 것이다. 나는 주 곧 너희를 **치료하는** 하나님이다." _ 출 15:26

라파는 '치료하다'를 의미하는 동사다. 이 구절 앞부분에는 이집트를 떠나온 후 그들이 처음 맞이한 광야 길에서 마실 물이 없어 고생하다가 마침내 한 곳을 찾았는데 그곳 물이 너무 써서 마실 수 없었던 사건을 다룬다(출 15:22-23). 모세는 하나님께서 보여주신 나뭇가지를 물에 던졌고 그 물은 마실 수 있는 단물로 바뀌었다. 하나님께서는 종종 설명할 수 없는 기적을 행하신다. 그러나 이 모든 사건의 본질은 '주 하나님의 규례와 명령에 순종하는 삶'이다. 이것이 없다면 그 어떤 기적도 사람을 변화시키지 못하고 믿음으로 살아가게 하지도 못한다. 우리에게 필요한 것은 기적이 아니라, 우리를 건지신 하나님을 신뢰하며 그의 규례와 법도를 따라 살아가는 것이다. 그럴 때 하나님께서 쓴 물도 달게 하시며 우리의 모든 아픔과 질병도 고치신다. 그럴 때 하나님은 우리의 치료자가 되신다. 흔히 '치료하시는 여호와'가 '여호와 **라파**'로 알려져 있지만, 엄밀히 말해, '여호와 로페'가 '여호와는 치료자'를 의미한다. 히브리어로 읽을 때 '여호와'를 '아도나이'로 읽는 것을 반영하면 '아도나이 로페'가 된다.

 쉐메쉬

그러나 내 이름을 경외하는 너희에게는, 의로운 **해**가 떠올라서 치료하는 광선을 발할 것이니, 너희는 외양간에서 풀려난 송아지처럼 뛰어다닐 것이다. _ 말 4:2

쉐메쉬는 '태양'을 의미한다. '의로운 해'는 '**쉐메쉬** 쩨다카'를 옮긴 것이다. 용광로의 불길같이 모든 것을 사를 날이 올 것이고 그날에 교만한 자와 악을 행하는 자는 다 타버릴 것이다. 그러나 하나님의 이름을 경외하는 이들에게 그날은 '**쉐메쉬** 쩨다카', 즉 '의로운 해'가 떠오르는 날이다. 똑같이 뜨거운 열기지만, 악인과 하나님을 경외하는 이들에게는 전혀 다르게 임한다. 하나님께서 애굽 온 지경을 암흑 속에 가두셨을 때 그 백성 이스라엘이 거주하던 고센 지역에는 '빛'이 있었다(출 10:23). 태양이 이집트와 메소포타미아에서 태양신을 상징했다면, 당연히 구약에서는 여호와 하나님을 상징할 것이다(시 84:11, 사 30:26, 60:1). 태양이 떠오를 때 발하는 빛이 백성의 모든 연약함을 치료할 것이다. 이사야서에도 빛과 치료를 결합한 표현이 나온다(사 30:26). 이 빛을 경험한 백성들은 마치 외양간에서 잘 자란 송아지가 그곳으로부터 나와 경중경중 뛰게 될 것이다. '치료'가 언급된다는 것은 이 백성들에게 어떠한 상처나 아픔이 있었음을 전제하고 있으며, 외양간에서 나와 뛰게 된다는 것은 구원의 날을 경험한 백성의 모습을 보여준다. 여호와를 경외하고 그 이름을 중히 여기며 사는 삶에 고통과 괴로움이 있었으며, 여호와께서 행하시는 날에 그 모든 상처가 치유될 것이다. 그래서 이땅에 오신 하나님의 아들 예수 그리스도께서 행하신 주된 일은 바로 병든 자들을 고치신 일이었으며, 예수 그리스도 역시 빛에 비유된다(눅 1:78, 요 1:4, 8:12, 9:5, 12:46).

סֵפֶר תּוֹרַת מֹשֶׁה

세페르 토라트 모쉐

그것은 주님의 종 모세가 이스라엘 자손에게 명령한 대로, 또 **모세의 율법책**에 기록된 대로, 쇠 연장으로 다듬지 아니한 자연석으로 쌓은 제단이다. 그들은 그 위에서 번제와 화목제를 주님께 드렸다. _ 수 8:31

'세페르'는 '책'을 의미하지만, 고대 배경에서는 '두루마리'다. '토라'는 '율법'을 의미하는 단어이므로, **세페르 토라트 모쉐**는 '모세의 율법책'을 의미한다. 여호수아기 구절이 가리키는 '모세의 율법책에 기록된 대로'는 신명기 27장 5-6절을 가리킨다. 다듬은 돌로 제단을 쌓으라는 명령은 출애굽기 20장 25절에도 있지만, 사용된 용어 부분에 차이가 있어 여호수아기가 신명기를 가리킨다는 것을 알 수 있다. 여호수아가 행하는 행위 역시 신명기 27장 2-8절 명령에 따른 것이다.

그래서 신명기를 비롯해서 여호수아기, 사사기, 사무엘기상하, 열왕기상하에 나오는 '모세의 율법' 혹은 '모세의 율법책'은 실질적으로 신명기를 가리킨다. 이 책들은 신명기가 명령하는 말씀의 관점에서 가나안 땅 정착 시기부터 마지막 멸망까지 다루었다는 점에서 흔히 '신명기역사서'라 불린다. 이 책들의 관점은, 모세의 율법에서 명하는 대로 순종하면 번성이 있고 불순종하면 멸망이 있다는 것이다. 이스라엘의 최종적 멸망은 모세의 율법에 불순종한 결과다. 그래서 이 책들은 멸망의 원인을 설명할 뿐 아니라, 이제라도 율법에 순종하는 삶으로 돌이킬 것을 촉구하는 것을 목적으로 저술되었다 할 수 있다.

페레쉬

나는, 너희 때문에 너희 자손을 꾸짖겠다. 너희 얼굴에 **똥**칠을 하겠다. 너희가 바친 희생제물의 **똥**을 너희 얼굴에 칠할 것이니, 너희가 **똥**무더기 위에 버려지게 될 것이다. _ 말 2:3

> **페레쉬**는 '똥'을 의미한다. 구약에서 주로 제사장이 자신을 위해 드린 속죄제와 연관하여 언급되는데, 수송아지나 암송아지를 죽여서 제단에서 태울 기름 부위를 제외한 나머지 부분은 진 바깥 재 버리는 곳에서 불살라야 한다. 이때 불살라지는 부분의 하나로 **페레쉬**가 언급된다 (출 29:14, 레 4:11, 8:17, 16:27, 민 19:5). 하나님께서는 절기 때에 드려진 속죄제 제사에서 나온 제물의 똥을 제사장들의 얼굴에 뿌려버리실 것이다. 제물의 똥은 반드시 진영 바깥 재 버리는 곳에서 불살라야 한다. 이렇게 불살라질 똥이 뿌려진 제사장이 어떻게 제사를 집전하고 백성들에게 축복을 선언할 수 있을까. 똥이 뿌려진 제사장은 제사를 집전할 수 없는 제사장이다. 나아가 제물의 똥이 뿌려진 제사장은 똥과 마찬가지로 다루어져서 진 바깥 재 버리는 곳에서 불살라져야 할 것이다. 그 점에서 제사장의 얼굴에 똥을 뿌리신다는 말씀은 제사장들을 불살라버리실 것임을 의미한다고 볼 수 있다. 하나님께서는 제사장을 전적으로 완전하게 거부하며 몰아내신다. 3절 마지막 문장은 그 결과를 간결하게 표현한다. 제사장들은 제물의 똥과 함께 제하여버림을 당할 것이다. 이 말씀이 어찌 말라기 시대에만 해당되는 말씀일까.

미슈에네트

너는 부러진 갈대 **지팡이** 같은 이 이집트를 의지한다고 하지만, 그것
을 믿고 붙드는 자는 손만 찔리게 될 것이다. 이집트 왕 바로를 신뢰하
는 자는 누구나 이와같이 될 것이다. _ 사 36:6

> **미슈에네트**는 '의지하다'를 의미하는 '샤안' 동사에서 파생한 명사로,
> '의지할 것'이라는 의미에서 '지팡이'를 뜻한다. 이사야서 구절의 배경
> 은 앗시리아가 유다 전역을 휩쓸고 마지막 남은 예루살렘을 포위한 채
> 로 사자를 보내어 히스기야와 유다를 조롱하고 위협하는 상황이다. 당
> 시에 유다와 이집트 사이에 동맹이 있었고(왕하 19:9), 앗시리아는 이
> 것을 꼬집는다. 앗시리아의 말이지만, 그 자체로는 마치 하나님의 말씀
> 과도 같다. 강력한 제국 사이에 끼어 있던 이스라엘은 언제나 메소포타
> 미아의 강국들과 이집트 사이에서 강대국을 살 길로 삼아야 겨우 살 수
> 있는 처지였다. 하나님께서 '젖과 꿀이 흐르는 땅'이라 표현하셨던 땅
> 은 그런 지정학적 위치였다. 그럼에도 불구하고 이스라엘이 열강을 의
> 지할 때마다 하나님께서는 예언자들을 보내셔서 강력하게 규탄하고
> 심판을 선포하셨다. 앗시리아의 말대로, 이집트와 같은 강대국은 '의지
> 하고 신뢰할 대상'처럼 보이지만 사실은 '부러진 갈대 지팡이'요, 그것
> 을 쥐다가는 손만 찔리게 될 존재에 불과하다(또한 겔 29:6). 하나님의
> 백성의 나라가 강력해서 열방을 의지하지 않는 것이 아니라, 강력한 제
> 국에 비해 한 줌도 안 되는 처지임에도, 결코 강대국을 의지하지 말라
> 는 것이 하나님의 뜻이다. 그래서 이같은 말씀은 러시아, 중국, 일본, 그
> 리고 미국과 같은 강대국 사이에 끼어 있는 오늘의 한반도와도 연관된
> 다.

 레호브

나 만군의 주가 말한다. 예루살렘 광장에는 다시, 남녀 노인들이 한가로 이 앉아서 쉴 것이며, 사람마다 오래 살아 지팡이를 짚고 다닐 것이다. 어울려서 노는 소년 소녀들이 이 도성의 **광장**에 넘칠 것이다. _ 슥 8:4-5

레호브는 '넓다'라는 동사 '라하브'에서 파생한 명사로, '광장(예를 들어 슥 8:1, 3), 거리'(예를 들어 삿 19:15, 삼하 21:12, 잠 26:13)를 의미한 다. 스가랴서 구절에는 이 단어의 복수형(레호보트)이 쓰여 '거리마다' 혹은 '광장마다'를 의미한다. 복수형 '레호보트'는 8장 5절에도 쓰였다. '광장'은 공개된 넓은 지역이기에 어디서나 마을이나 도시의 중심 역할 을 한다. 스가랴서 8장 4-5절은 그 광장마다 나이든 노인들, 그리고 어 린아이들이 한가롭게 쉬기도 하고 마음껏 뛰놀기도 하는 그림을 전한 다. 예루살렘의 거리마다 이러한 늙은 남녀들과 어린 남녀들이 가득하 게 된다는 것은 예루살렘 거리가 이렇게 연약한 이들이 다니기에도 충 분할 만큼 안전하고 편안한 곳이 되었음을 의미할 것이다. 그래서 4-5 절은 예루살렘에 이루어질 평화를 보여준다. 기력이 부족하고 지팡이 없이는 지탱하기도 힘들지만, 이러한 나이든 노인들이 평화로이 마을 의 광장에 나다닐 수 있고 앉을 수 있다. 그 광장에는 철모르는 어린아 이들이 까르르 웃으면서 사방을 뛰어다니며 놀고 있다. 그런 점에서 참 된 평화는 힘 있고 능력 있는 사람들보다는 취약한 이들을 통해 증명된 다고 할 수 있다. 그런 점에서 약하고 힘 없는 사람들이 평화롭게 살 수 없는 '평화'는 더 이상 평화가 아닐 것이다.

다달

그는 **부자가 되었다.** 재산이 점점 늘어서, 아주 **부유하게 되었다.** _ 창 26:13

가달은 '자라다, 커지다, 위대해지다'를 의미하는 동사로 여기서 생겨난 형용사가 '가돌'이며, 그것은 '큰, 위대한'이란 의미다. 창세기 26장 13절을 직역하면 "그는 자랐다(혹은 커졌다), 계속해서 자랐고(혹은 커졌고), 아주 자랐다(혹은 커졌다)"이다. 이를 생각하면 '부유함'으로 옮긴 번역은 어디까지나 해석이라 할 수 있다. 한 마디로 이삭은 계속해서 자라갔다. 그가 자란다는 것은 무슨 의미인가? 그저 "재물이 많아지는 것인가?" 블레셋이 허락해준 땅에서 이삭은 가는 곳마다 우물을 팠다. 블레셋은 자기 땅이라면서 이삭이 판 우물을 거듭 빼앗고, 이삭은 다시 더 메마른 땅으로 나아갔고 거기서도 우물을 판다. 블레셋은 내내 따라다니며 우물을 빼앗는 이들이라면, 이삭은 메마른 땅으로 나아가고 가는 곳마다 우물을 파는 사람, 즉 우물을 좇아다니는 사람인 셈이다. 이삭은 '우물' 있는 땅을 차지하는 것이 관건이 아니라, 하나님을 신뢰하며 메마른 땅을 개의치 않고 걸어가는 것이 중요함을 깨닫게 되었을 것이다. 그것이 이삭의 '자라감, 성장'이다. 그에게 중요한 것은 '재물'이 아니다! 변두리 메마른 땅으로 거침없이 하나님을 신뢰하며 나아가는 것이 관건이다. 이삭과 같은 하나님의 백성이 가는 곳마다 메마른 땅에 샘물이 날 것이니, 이같은 사람이 이미 우물 있는 좋은 땅을 차지하고 있는 것은 낭비일 뿐이다.

 야다

주 하나님이 말씀하셨다. "보아라, 이 사람이 우리 가운데 하나처럼, 선과 악을 **알게 되었다.** 이제 그가 손을 내밀어서, 생명나무의 열매까지 따서 먹고, 끝없이 살게 하여서는 안 된다." _ 창 3:22

야다 동사는 '알다'를 의미한다. 이 동사는 그저 지적인 앎이 아니다. 아담이 하와를 알자 가인을 낳았다(창 4:1, 또한 삼상 1:19, 왕상 1:4). 소돔 사람들이 몰려와 나그네를 위협할 때 나온 "우리가 알아야겠다"(창 19:5) 역시 성관계를 가리킬 것이다. 상대방의 동의 여부와 무관하게 성관계를 하겠다는 것이니, 여기에 가장 어울리는 표현은 집단 성폭행일 것이다. 하나님께서는 세상 모든 족속 가운데 오직 이스라엘만 '아셨다'고 말씀하시는데(암 3:2), 여기서의 '알다'는 '선택하다'를 의미한다. 창세기 2-3장과 비슷하게도 '선과 악을 알다'는 표현은 구약 다른 곳에서도 쓰이는데, 그런 본문에서의 '알다'는 '분간하다, 분별하다'를 의미한다고 볼 수 있다(신 1:39, 삼하 19:36, 참고. 욘 4:11). 창세기 2-3장에서 선과 악을 알게 되는 나무 열매를 먹어 선악을 알게 된다는 것은 선과 악을 스스로 판단하고 선택하고 분간한다는 데 초점이 있다고 할 수 있다. '우리 가운데 하나처럼', 즉 하나님이야말로 선악의 판단자이신데, 이제 사람은 스스로 선악을 판단하고 분별하게 되었다는 것이다. 이것이야말로 뱀이 말하고(창 3:5), 하나님께서 평가하신(창 3:22) "선악을 아는 일에 하나님처럼 되었다"는 말의 의미일 것이다. 이제 더 이상 사람은 하나님의 선택과 결정이 필요하지 않게 되었고, 자신들의 판단 기준은 오직 자신들의 욕망과 욕구가 되었다.

우리말 순으로 찾는 **히브리어 365**

히브리어	NO.	성경
가달	364	창 26:13
가돌	78	신 4:7-8
가라쉬	218	창 4:14
갈라	255	나 3:5
게르 ·	43	레 19:34
게물	77	시 137:8
게부라	279	미 3:8
게불	301	암 1:13
게울라	28	레 25:24
게펜	284	미 4:4
고랄	217	욘 1:7
고엘	49	레 25:25
골라	54	겔 1:1
길갈	199	수 5:9
깁보르	123	습 3:17
나비	42	암 3:7
나사	40	겔 36:7
나샤크	317	시 85:10
나시	313	겔 34:24
나임	69	시 133:1
나지르	220	암 2:11
나캄	244	시 58:10-11
나타프	272	미 2:11
나하르	283	사 2:2
나하르	356	합 3:8
나하쉬	231	암 9:3
나할라	41	신 15:4-5
네옴 아도나이	240	렘 1:19
네페쉬	16	시 146:1
네필림(네피림)	273	창 6:4-5
노크리	322	삿 19:12
니슈바르	169	시 51:17
니함	67	시 90:13
다라크 알 바모트	257	신 33:29

히브리어	NO.	성경
다바르	45	사 55:10-11
다바크	241	룻 1:14
다아트 엘로힘	122	호 6:6
달	6	삼상 2:8
담	128	창 4:10
데로르	26	레 25:10
도드	38	아 2:10
도르	127	사 34:17
디베레 시느아	308	시 109:3
라	280	합 2:9
라담	215	욘 1:5
라마	340	렘 31:15
라바쉬	185	사 59:17
라아	302	겔 34:15
라아	323	출 1:16-17
라아쉬	228	학 2:6-7
라야	92	아 4:7
라엘라	195	창 1:5
라즈	253	단 2:19
라파	358	출 15:26
라함	56	사 49:15
라함	187	출 14:13-14
람마	190	렘 15:18
레바드	315	시 51:4
레브/레바브	76	시 112:7
레아	93	레 19:18
레우트	259	사 34:16
레우트 루아흐	342	전 2:26
레헴	192	신 10:18
레호브	363	슥 8:4-5
로 암미	349	호 1:9
로루하마	350	호 1:6
로하브	355	왕상 4:29
루아흐	15	겔 37:14

히브리어	NO.	성경
리레가임	328	욥 7:17-18
리브야탄(리워야단)	162	사 27:1
리프네 아도나이	84	창 17:1
릴리트	260	사 34:14
림무딤	291	사 50:4
마나	299	욘 4:6
마샬	327	시 8:6
마쉬아흐	55	시 105:15
마아세	233	레 18:3-4
마오즈	213	사 25:4
마임 하임	25	렘 2:13
마콤	234	신 12:5
만	81	신 8:3
말라크	208	시 99:1-2
말라트	206	렘 39:18
말아크	202	말 3:1
맘라카	209	대상 29:11
맛쩨바	203	사 6:13
맛테	200	겔 4:16
메온 코드쇼	309	시 68:5
메텍	318	시 32:9
멜렉	207	렘 22:2-3
멜리짜 히도트	214	합 2:6
모에드	197	레 23:2
모즈나임	271	레 19:36
무사르	124	잠 1:7
무트	196	겔 33:14-15
물	37	창 17:10
플라카	204	잠 22:29
미드바르	4	시 63:1
미슈네	321	신 17:18
미슈에네트	362	사 36:6
미슈칸	35	출 40:38
미슈테	64	사 25:6

히브리어	NO.	성경
미슈파트	1	창 18:19
미즈베아흐	198	출 20:24
미쯔라임	351	사 19:25
미쯔봐	239	신 6:25
미크레	331	룻 2:3
민하	30	레 2:11
밀하마	205	사 2:4
바나	116	시 127:1
바라	20	창 1:1
바라크	120	민 6:27
바루크	125	대상 29:10
바마	115	왕하 23:8
바싸르	121	욜 2:28
바알	117	호 2:16
바이트	263	미 2:2
바자	163	말 1:7
바카	113	시 126:6
바카쉬	119	겔 34:16
바타흐	109	시 112:7
바하르	108	신 7:7
베게드	105	창 27:15
베리트	23	출 24:8
베코르	114	민 18:15
베트-레헴(베들레헴)	290	미 5:2
베트-아붼(벳아웬)	134	호 10:5
베헤마	106	욘 3:8
벨리야알	249	나 1:11
보 알레누 라아	281	미 3:11
보슈	107	겔 36:32
보케르	118	레 19:13
빈	110	잠 29:7
사리스	295	사 56:4-5
사카르	265	신 24:15
사탄	306	시 109:6

히브리어	NO.	성경
사파	191	창 11:9
샤다드	256	나 3:7
샤마	320	삼상 15:22
샤마드	303	겔 34:16
샤마트	79	출 23:11
샤브아	66	출 2:23
샤아르	297	암 5:10-11
샤탈	337	겔 17:22
샤파트	48	시 10:18
샤하르	311	시 57:8
샤하트	346	창 6:13
샬라흐	189	창 3:23
샬로쉬	300	욘 1:17
샬롬	8	사 32:17
샵바트	44	사 58:13
세돔(소돔)	345	겔 16:49
세바	269	레 19:32
세페르	238	단 1:17
세페르 토라트 모쉐	360	수 8:31
쇼아	339	습 1:15
쇼하드	275	신 16:19
숙카트 다비드	232	암 9:11
숙코트(숙곳)	46	레 23:42-43
숨 알-레브	236	단 1:8
쉐메쉬	359	말 4:2
쉐미니	304	레 22:27
쉐밋타	80	신 15:1-2
쉐베르	223	암 6:6
쉐에리트	296	암 5:15
쉐올(스올)	24	전 9:10
쉐펠라	242	수 11:16
쉠	193	겔 20:9
쉬르	226	암 8:3
쉬케쯔	338	시 22:24

히브리어	NO.	성경
슈브	68	렘 4:1-2
아가브	126	겔 33:32
아나	250	나 1:12
아니 아도나이	329	겔 7:4
아니/아나브	5	시 10:12
아담	94	시 8:4
아도나이	111	출 6:3
아도나이 닛시(여호와닛시)	352	출 17:15-16
아도나이 샴마(여호와샤마)	314	겔 48:35
아도나이 이르에	164	창 22:14
아라펠	146	겔 34:12
아론	102	렘 3:16
아룸	130	창 3:1
아르몬	221	암 3:10-11
아만	100	대하 20:20
아말	334	시 73:16
아바드	19	창 2:15
아브/아보트	89	왕상 21:3
아샤크	264	레 19:13
아샴	33	레 6:5-6
아슈레	73	시 1:1-2
아인	330	삿 21:25
아칼	276	미 3:3
아파르	57	시 103:14
아프	101	삼하 22:9
아하르	336	시 73:24
아하리트	210	사 2:2
아하바	22	아 8:6
아하브	235	신 6:5
아흐	347	창 4:9
알라	247	암 9:7
알마	344	사 7:14
암마	254	겔 40:5
앗수르(앗시리아)	305	스 6:22

히브리어	NO.	성경
야나	194	겔 45:8
야다	156	시 42:5, 11, 43:5
야다	365	창 3:22
야드	155	사 56:5
야라드	165	욘 1:3
야라쉬	166	신 11:31
야르케테 짜폰	332	시 48:2
야민	161	사 41:10
야샤	168	시 72:4
야샤르	172	신 6:18
야아잔야후(야아사냐)	70	겔 8:11
야인	63	잠 31:4-5
야카흐	212	사 11:3
야톰	354	호 14:3
야함	312	시 51:5
야흐다브	158	사 11:6
얄라드	159	창 21:2
얌	160	욥 7:12
에드	286	사 43:10
에레쯔	103	레 25:4
에레크 아파임	246	출 34:6
에메트	7	시 119:142
에무나	62	합 2:4
에베드	18	사 41:9
에벤 하이제르(에벤에셀)	91	삼상 7:12
에벳멜렉	71	렘 38:7
에쉐트 하일	12	룻 3:11
에제르 케네그도	251	창 2:18
에즈라흐	270	레 19:34
에	248	렘 8:1-2
에파	227	암 8:5
에페스	287	사 41:12
에하드	96	느 8:1
엔 마하리드	285	레 26:6

히브리어	NO.	성경
엘	97	창 16:13
엘	262	미 2:1
엘 샤다이	39	창 17:1
엘 조엠	307	시 7:11
엘 칸나	245	출 34:14
엘라흐 쉐마야	252	단 2:18
엘로힘	98	창 1:31
엘리야후(엘리야)	85	왕상 17:1
엠	99	레 19:3
예샤야후(이사야)	86	사 1:1
예슈아	51	시 74:12
예짜르	61	사 26:3
예헤즈켈(에스겔)	88	겔 1:3
옐레드	211	사 9:6-7
오레크 야밈	333	시 23:6
오르	95	창 1:3
오벳에돔	90	삼하 6:11
오즈	325	시 8:2
오헬 모에드	34	출 33:7
올라	29	레 1:9
요벨	27	레 25:10
욜레다	289	사 42:14
욤	157	출 16:4
욤 아도나이	222	암 5:18
울라이	216	욘 1:6
이르 하헤레스	348	사 19:18
이르메야후(예레미야)	87	렘 38:6
이르아	58	잠 9:10
이쉬 마크오보트	293	사 53:3
이쉬 하일	13	룻 2:1
이트납베	243	겔 37:10
이트할렐	237	렘 9:24
임마누엘	343	사 8:10
자카르	136	겔 36:31

히브리어	NO.	성경
자켄	137	왕상 12:6-7
자하브	135	출 25:23-24
제라	138	시 126:6
제바흐 쉘라밈	31	레 7:34
조나	201	사 1:21
짤마붸트	60	시 23:4
쩨다카	2	창 18:19
쩨마흐	17	슥 3:8
찌드키야후(시드기야)	83	렘 37:3
찌온	65	시 137:1
카나프	177	룻 3:9
카도쉬	36	레 19:2
카라트	183	창 15:18
카라흐	261	미 1:16
카로브	316	시 85:9
카바	292	사 42:3
카베드	75	애 2:11
카보드	173	레 9:23
카사	179	시 32:1
카삼	278	미 3:11
카샤르	224	암 7:10
카자브	219	암 2:4
카타브	184	신 17:18-19
카프	181	전 4:6
카프토르	230	암 9:1
케렘	182	사 5:7
케베스	174	레 4:32
케세프	180	잠 16:16
케쯔	225	암 8:2
켈라요트	74	렘 12:2
켈림마	188	겔 34:29-30
코아흐	176	슥 4:6
코헨	175	레 14:52
쿠트	112	겔 36:31

히브리어	NO.	성경
키	298	욘 2:10
키페르	50	레 17:11
키헤쉬	357	합 3:17-18
킬아임	268	레 19:19
킷세	178	잠 29:14
타르쉬스	167	욘 1:3
타메	154	레 12:2
타밈	186	신 18:13
타아	277	미 3:5
타호르	153	레 20:25
탄닌	21	창 1:21
탈	310	호 14:5
테힐라	52	시 33:1
토라	9	시 119:1
토브	59	시 73:28
톨라아트	288	사 41:14
티크봐	10	렘 31:17
파님	267	레 19:15
파라쯔	274	미 2:13
파르	353	호 14:2
파샤	294	사 66:24
파카드	326	시 8:4
페레쉬	361	말 2:3
페샤	258	미 1:5
페씨흐	47	출 12:27
페아	266	레 19:9-10
페티	129	잠 1:32
펠라트야후(블라댜)	72	겔 11:1
하르	133	시 121:1
하르 아도나이	282	미 4:2
하마스	104	시 25:19
하말	324	출 2:6
하무도트	229	단 9:23
하샤브	152	창 15:6

히브리어	NO.	성경
하시드	171	시 12:1
하야	131	겔 1:3
하이	144	렘 2:13
하일	145	시 33:16
하자크	142	학 2:4
하존	319	사 1:1
하캄	147	잠 3:7
하타	143	레 4:2
하타트	32	레 5:5-6
하파크	132	호 11:8
할라크	11	시 119:45
할랄	148	겔 20:9
할렐루야	53	시 150:6
할롬	335	시 73:20
헤레브	151	겔 5:17
헤마	149	에 3:5
헤벨	341	전 9:9
헤세드	3	렘 9:24
호데쉬	139	호 2:11
호크	150	신 6:24
호크마	14	잠 8:1
혼네니	170	시 57:1
후쯔	141	레 4:12
히네니	82	사 6:8
히슈타하바	140	시 5:7

생각을 깨우는 **히브리어 365**

1쇄 발행일 2024년 3월 25일
2쇄 발행일 2024년 7월 27일

지은이 김근주
펴낸이 최종훈
펴낸곳 봄이다 프로젝트
등록 2017-000003
주소 경기도 양평군 서종면 황순원로 414-58 (우편번호 12504)
전화 02-733-7223
이메일 hoon_bom@naver.com

책임편집 이나경
디자인 designGo
표지 이미지 shutterstock
인쇄 SP

ISBN 979-11-92240-08-4
값 23,000원